新形势下
高校创新创业教育

陈忠平 董芸 著

北京
冶金工业出版社
2021

内容提要

本书结合知识经济时代对创业人才的素质要求和国内外高校人才培养模式的比较研究，依据人才培养模式的构建原理，系统介绍了高校创新创业教育的内涵与实践。通过阐述高校创新创业教育认识论基础、创新创业人才培养目标的定位、创新创业人才培养的策略、创新创业教育实践体系建设，旨在普及创新创业知识，提高大学生创新创业意识及能力，探索高校创新创业教育方法，对我国高校创新创业人才培养教育有一定的参考价值。

本书可供教育类相关工作者及高校师生参考阅读。

图书在版编目（CIP）数据

新形势下高校创新创业教育／陈忠平，董芸著．—北京：冶金工业出版社，2019.9（2021.4 重印）
ISBN 978-7-5024-8216-9

Ⅰ.①新… Ⅱ.①陈… ②董… Ⅲ.①大学生—创业—研究 Ⅳ.① G647.38

中国版本图书馆 CIP 数据核字（2019）第 175429 号

出 版 人 苏长永
地 址 北京市东城区嵩祝院北巷 39 号 邮编 100009 电话 (010)64027926
网 址 www.cnmip.com.cn 电子信箱 yjcbs@cnmip.com.cn
责任编辑 曾 媛 美术编辑 吕欣童 版式设计 郑小利 孙跃红
责任校对 石 静 责任印制 禹 蕊
ISBN 978-7-5024-8216-9
冶金工业出版社出版发行；各地新华书店经销；北京中恒海德彩色印刷有限公司印刷
2019 年 9 月第 1 版，2021 年 4 月第 2 次印刷
169mm×239mm；13.25 印张；256 千字；203 页
56.00 元

冶金工业出版社 投稿电话 (010) 64027932 投稿信箱 tougao@cnmip.com.cn
冶金工业出版社营销中心 电话 (010) 64044283 传真 (010) 64027893
冶金工业出版社天猫旗舰店 yjgycbs.tmall.com

前 言

党的十八大报告明确提出了“建设创新型国家”“以创业带动就业，提高创业能力”等内容，“大众创业，万众创新”已成为我国全面深化改革、推进经济发展方式转变的重要动力，培养创新创业人才的重要性日益凸显。

2015 年，国务院办公厅印发了《关于深化高等学校创新创业教育改革的实施意见》，其中要求：“各高校要设置合理的创新创业学分，建立创新创业学分积累与转换制度，探索将学生开展创新实验、发表论文、获得专利和自主创业等情况折算为学分，将学生参与课题研究、项目试验等活动认定为课堂学习。实施弹性学制，允许保留学籍进行创新创业。”近年来，我国越来越把创新创业人才培养列为高校教育工作的重中之重，许多高校也卓有成效地开展了创新创业教育的探索和实践。在我国高等教育大众化的大环境下，高等学校毕业生的规模逐年增加，大学毕业生就业形势日趋严峻，要从根本上扭转大学生就业难、层次低的困境，应该从更新转变学生的就业择业观念入手，切实推进高校学生从被动就业向自主创业转变。目前，中国大学毕业生自主创业比例与西方发达国家相比差距较大，创业支持体系不完善、创新创业教育的缺失使人才的创造力和创新力没有完全得到释放。为此，各级政府相继出台了一系列鼓励和扶持大学生创业的政策，激励大学生通过自主创业实现就业并创造出更多的就业岗位。

当前我国经济下行压力加大，经济增长的传统动力减弱，互联网成为经济转型升级的重要动力。以“互联网 +”为驱动推进我国经济社会创新发展，可以为推进“大众创业、万众创新”提供有效的政策保障。

创新创业教育是一项可以复制的过程，笔者正是基于以上思考，结合自身多年教学及实践经验，对高校创新创业人才培养教育进行全面研究，通过国内外创新创业教育对比，论述了我国当前创新创业教育的现状，人才培养模式与教育体系构建以及创新创业教育的内容、方法与评价等内容，同时分析了中国高校创新创业教育发展面临的挑战和问题，并提出解决之道，以期能找出为高校所用、为社会所用的创新创业教育方法，为当前创新创业教育领域研究略尽绵薄之力。

本书由牡丹江师范学院陈忠平、董芸共同撰写，在编写过程中参考借鉴了相关专家学者著作与资料，在此谨表谢意。限于编者水平，书中不足之处在所难免，还望各位专家和同行及时指正，不胜感激。

作　者

2019年1月

目 录

第一章 绪　　论

第一节 创新创业教育基础知识

一、我国高校创新创业教育发展的新形势与重大意义

在经济发展新常态背景下，我国经济下行压力加大，通过创业解决就业、推动产业转型升级成为我国创新创业教育的特有诉求。随着“双创”的持续深入，全民参与创新创业的氛围不断完善，高校创新创业教育的发展需求进一步加大。同时，互联网、大数据以及共享经济的发展，为创新创业教育更低成本、更大规模、更便捷高效地实施提供了可能。国务院办公厅《关于深化高等学校创新创业教育改革的实施意见》等系列文件的出台，标志着创新创业教育已经上升为国家战略。截至 2015 年 10 月，112 所中央部委所属高校制定了深化创新创业教育改革方案，众多高校将创新创业教育改革纳入学校综合改革方案。全国有 137 所高校、50 家企事业单位和社会团体联合成立了“中国高校创新创业教育联盟”。新疆、甘肃、陕西、青海四省区的 16 所大学科技园，联合建立了“丝绸之路经济带众创空间”。2015 年前 10 个月，全国高校共设立创新创业基金达 10.2 亿元，吸引校外资金 12.8 亿元，为大学生创新创业提供了有力的资金支持。

新时期的创新创业教育对于深化高校教育改革、完善人才发展机制、支撑“双创”以及创新驱动发展战略都有着重要的意义。

（一）创新创业教育是推动高校教育改革、改变传统教育体系与实践脱节

困境的重要破局点高校教育改革涉及诸多板块和内容，最为关键的是响应新时期技术、经济和社会条件的变化以及解决与实践脱节等固有问题。创新创业教育具有很强的实践属性，是能力教育和素质教育，客观上要求教学与实践需求的统一、知识与方法技能的统一，必然要求高校体制机制创新，创新倒逼改革；另一方面，将创新创业教育作为推进高校教育改革的破局点和检验标准，也是满足人才发展需求，提升学生创新理念、创业技能的重要内容。

（二）创新创业教育的目标超越了对于就业的补充，是完善人才发展机制和加速人才培养的重要举措

相对于一般学科教育以“植入”专业教育为主的特性，创新创业教育是跨学科的通识教育，倡导拓宽学生知识宽度、实现学科融合的教育方式，更加符合以人为本、培养复合型创新创业人才队伍的要求。创新创业教育丰富了教育的内涵，延伸了人才培养的边界，拓展了就业的渠道，为“人尽其用”提供了更为丰富的可能。

（三）高校创新创业教育的根本是促进高校学生参与创新创业，是支撑“双创”和创新驱动发展战略实施的重要举措

国家之间的竞争是创新能力的竞争，而创新能力的竞争是创新人才的竞争。坚持创新驱动的实质是人才驱动，人才是发展的第一资源，抓人才就是抓发展，强人才就是强实力。据调研，我国高校在校学生和当年毕业学生的创业人数的比例呈现增长态势，当前在校学生创业比例达到4.6%，应届毕业生创业比例达到3.1%。按照全国高校毕业生总数规模来计算，高校学生已经成为推动“大众创业、万众创新”的重要力量，是国家创新驱动发展战略的重要支撑。

二、创新创业教育的概念厘清

科学界定创新创业教育的内涵和外延，有利于清晰辩证内涵之中各要素之间的关系，为创新创业教育的持续推进及质量提升奠定认知基础，避免由于对创新创业教育内涵的异化理解造成实践的误区。对于创新创业教育，可以从系统论、功能论及价值链等不同视角进行界定。

（一）不同视角的创新创业教育

1. 系统论视角的创新创业教育

基于国家创新系统理论，创新作为一项复杂的系统工程，对涉及的创新主体、创新内容以及创新机制的内容范围广度及深度都有较高的要求。因此，创新创业教育也是一项较为复杂的系统工程，涉及教育的全过程以及社会的其他方面，包括政策法律法规、管理体制、运行机制、教育理念及教育内容等，其中，教育理念是创新创业教育的核心内容，也是决定创新创业具体内容的发展方向(王丽娟、高志宏，2012)。

2. 功能论视角的创新创业教育

从功能论视角看创新创业教育，主要是从高校的人才培养目标来界定创新创业教育。

1991 年，东京创业创新教育国际会议从广义上把“创业创新教育”界定为：培养最具有开创性个性的人，包括首创精神、冒险精神、创业能力、独立工作能力以及技术、社交和管理技能的培养(王贤芳、孟克，2012)。

创新创业教育的核心功能，是以培养具有创业基本素质和开创型个性的人才为目标，不仅要培育在校学生的创业意识、创新精神、创新创业能力，而且要面向全社会，针对那些打算创业、已经创业、成功创业的创业群体，分阶段分层次地进行创新思维培养和创业能力锻炼的教育。创新创业教育本质上是一种实用教育。

3. 价值链视角的创新创业教育

从价值链视角看，创新创业教育是指基于不同年级、具有不同特质的学生群体，提供分层分类的创新创业教育（图 1–1）。例如，面向全体学生，要以目标驱动、兴趣驱动为导向，强化他们的创新意识、创业精神，挖掘学生创新创业的潜力，激发创新创业的兴趣，点燃创新创业的热情，提升学生创新能力和创业思维；面向拟创业群体，以问题驱动为导向，为他们提供创业实践指导；面向创业群体，要以能力驱动为导向，为他们提供创业帮扶；面向成长型的拔尖人才，以成就驱动为导向，助力他们成长为顶尖的科学家、工程师、企业家、艺术家等。

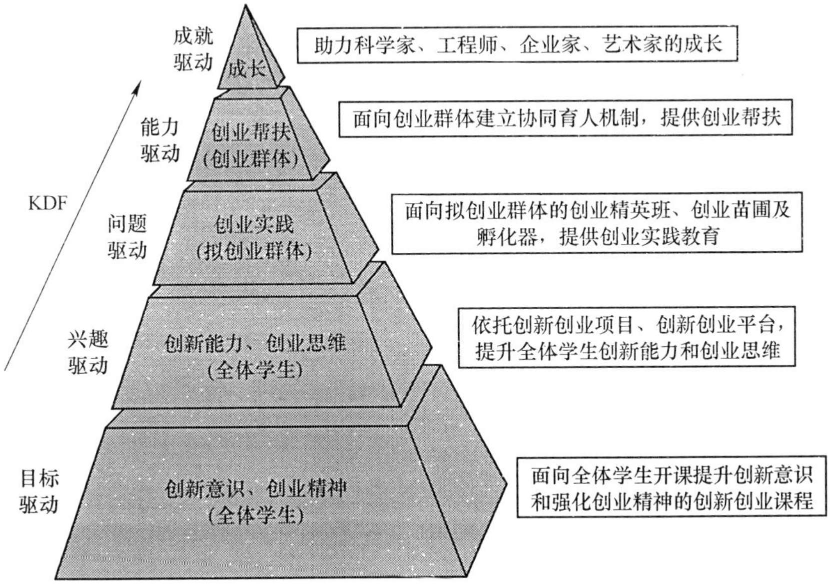

图 1-1　基于价值链视角的创新创业教育

（二）创新创业教育内容体系

基于创新创业的理念，大学生创新创业教育的具体内容通常是基于创业教育的内容进行深化，结合“双创”背景进行具体阐释的，其中，创业教育是指通过培养人的创业意识，训练人的创业思维和锻炼人的创业技能，使其具备创业的综合素质，最终促使教育者拥有一定的创业能力(张涛，2007)。在“双创”背景下，创新创业教育的内涵在创业教育的基础上进行深化，通常是指为了适应国家和社会的发展需要，以培养具有创业意识的创新开拓型人才为目的，采用的教学理念与教学模式。其中，创新创业教育的本质并非是为了解决大学生的就业问题，而是通过对其意识、思维和能力进行训练，使其具备就业创业的能力，真正实现了“授人以鱼不如授人以渔”的教育目标(马永斌、柏喆，2015)。具体包括：

（1）意识培养：启蒙学生的创新意识和创业精神，使学生了解创新型人才的素质要求，了解创业的概念、要素与特征等，使学生掌握开展创业活动所需要的基本知识。

（2）能力提升：解析并培养学生的批判性思维、洞察力、决策力、组织协调能力与领导力等各项创新创业素质，使学生具备必要的创业能力。

（3）环境认知：引导学生认知当今企业及行业环境，了解创业机会，把握创业风险，掌握商业模式开发的过程，设计策略及技巧等。

（4）实践模拟：通过创业计划书撰写、模拟实践活动开展等，鼓励学生体验创业准备的各个环节，包括创业市场评估、创业融资、创办企业流程与风险管理等。

（三）创新创业教育的实现路径

从中国高校创新创业教育的发展进程来看，行之有效的实现路径主要有如下几种类型：

（1）重大赛事型：如以“挑战杯”及创业设计类竞赛为载体，开展创新创业教育。

（2）就业指导型：如以大学生就业指导课为依托，开展创新创业教育。

（3）双创平台型：如以大学生创业基地或高校科技园区为平台，开展创新创业教育。

（4）专门机构型：如以创新创业学院或创新创业中心等专门组织机构为依托，推动创新创业教育的开展。

（5）实验区试点型：如以人才培养模式创新实验区为试点，培养创新型人才。

（6）课程体系型：如搭建创新创业教育课程体系，实施创新创业教育。

（7）全面实施型：融入人才培养方案，全面实施创新创业教育。

三、创新创业的几对关系

(一) 创新与创业的关系

1. 概念辨析

对于“创新”概念的具体阐述，可追溯至熊彼特(Joseph A Schumpeter，1883~1950)的著名经济发展理论，其首次从经济学角度对创新的特征进行了系统性阐述。该理论认为，资本主义的发展以及产生波动的根源在于企业家的创新行为，通过该行为对生产要素进行重组，进一步降低生产成本，提高利润，以便获取超额利润(熊彼特，1991)。熊彼特将创新区分为五个方面的内容——生产新的产品、采取新的生产工艺、开发新的市场、控制新的原材料来源、采用新的产业组织形式。其中，新的产品和生产工艺与创造学的“技术发明”或者“技术创新”密切关联；市场、原材料、产业组织形式则属于经济学领域的范畴(傅世侠，2002)。经济发展理论中，技术创新与经济发展密切联系，该理论强调了创新的目的在于促进经济发展，而不仅仅为科技创造领域的技术发明。在这一阶段，“创新”的概念更多与经济运行规律捆绑，自身与科技创造相关的属性被轻视。后期，“创新”在理论与应用研究的基础上，其本身的概念回归了科技创新的属性。

“创业的核心和本质是创新，创新支撑着创业。”大学生创业，是指以高等学校的在校生为创业主体，进行创业活动的过程。大学生由于接受了系统专业知识技能的培训，通过社团活动具备了活动组织能力，时间相对较为充裕成为了其创业的先天优势(傅世侠，2002)。此外，国内外关于创业能力培育的研究结果显示，创业能力并非先天决定，其可以经过后天培养和训练得到提高，实现能力的提升(高桂娟、苏洋，2014)。因此，大学生创业的内涵可以进一步理解为，高校学生通过社会、学校及家庭资源，进行创新，实现个人追求的动态过程。

2. 关系辨析

创新与创业被同时提起，也引起了国内外学者对于创新与创业两者之间的比较研究。Zhao(2001)认为，创新是基于市场需求，并能够积极转化为创业的现实所需。Ahmed等(2010)认为，创新能够显著预测创业意向。Rauch和Frese(2007)认为，创业者更具有创新性，企业成功与创新性存在显著正相关性。国外学者认为创新与创业两者呈正相关的关系。国内学者研究主要是基于创新与创业两者之间的相互作用，其中创新奠定了创业的基础，是创业的核心资本；同时，创业实现了创新价值，进一步使潜在的知识、技术及机遇“落地”，通过转化为产品或者服务，创造价值。此外，创业也蕴含着价值创新，创业是一种不断自我创新的动态过程，创业者的创业特征反映了我们通常所说的“企业家精神”；创业可以进一步深化创新，创业可以将技术创新落实到具体的新产品或者服务上，实现财富的增值，进一步激发创新的动力(贺腾飞、康苗苗，2016)。

创新与创业相互作用，创业可以理解为创新的动态实践过程。在创业过程中，创新被不断重复，呈现螺旋上升态势，创新通过生产要素的重组形成了新的产品或者服务。创业将新产品或者服务从概念到落地生产，通过试探消费者的反应，进而试探市场的接受程度，通过不断试错，最终价值得以实现。随后，价值的物化，又为创新积累了资本及技术，转化为新一轮创新的动力，创新也将为创业者及其组织带来新的机遇。

（二）高校创新与企业创新的定位及内容的差异性分析

1. 定位差异性分析

大学的基本功能是人才培养、科学研究、文化传承创新、社会服务和国际交流与合作，其中人才培养是大学的根本任务和职责。当今世界，虽然全球经济发展不均衡，国家异质性特征明显，但是各国对于大学在创新系统建设过程中的重要作用形成了统一认识。1995 年 5 月，江泽民同志明确提出了实施科教兴国的战略，将科技和教育作为国家发展的基本方针，突出了教育的重要作用，进一步强化了“科学技术是第一生产力”的理念。党的十八大以来，党中央又一次突出了人才强国的重要战略地位，习近平总书记多次强调了科教兴国、人才强国的重要性。近年来，随着国家综合实力的不断提升，国家教育经费支出不断增加，其中大学作为高等教育的载体，在国家创新系统中承担着重要使命。在激烈的国际竞争中，创建世界一流大学成为我国高校教育的重要工作方向，在创建过程中，创新作为核心要素，有利于我国高校进一步提升国际竞争力水平。创新型高校在我国经济发展进入新常态、产业结构转型进入深水区的现状下，成为驱动国家发展的重要力量。

企业是市场经济活动的主体，企业通过组织生产要素为社会提供生产活动，向消费者提供商品，企业的生产和经营活动直接关系着整个市场的发展。经济市场的竞争表现为企业之间的竞争，在竞争过程中不仅实现了社会财富的创造和积累，也通过生产技术水平的提高进一步提升了整个社会的技术水平。企业的根本动机是追求利润，通过技术研发活动提高生产效率，追求超额利润。因此，企业对于创新的追求动力更为强劲，希望通过技术创新降低产品成本，或者通过产品功能的多元化提高产品利润，进而获取更多的市场份额以及更多的利润。企业在国家创新系统中承担着技术创新的落地性工作，作为创新活动链的主体，企业承担了技术的生产、传播和应用。R&D(研究与开发)是企业技术创新实现的根本途径，R&D 能力的直接企业内化和间接企业内化，都需要高等教育提供创新人才和科技创新转化的支持。

因此，高校是国家创新系统的基础，通过培养创新人才的创新精神和创新能力，为社会创新提供人才资源的保障以及理论基础的支撑。此外，高校通过基础性、原创性科学研究，通过社会服务的技术创新支持，为国家创新夯实基础。人才是创新活动的核心内容，是建设创新国家的基本保障。人才直接决定了科研的效率，对于科技创新活动有着重要作用，科研团队中的核心人才对于科研活动的结果具有主导作用。此外，人才也是企业创新活动的重要因素。企业作为国家创新系统的核心要素，通过创新活动实现技术的落地，通过技术要素组合方式的重新定义实现创新的经济价值。

2. 内容差异性分析

基于高校与企业在国家创新系统的定位差异，高校的基本职责是人才培养，企业是以提高全要素生产率、追求利润为目标。因此，前者的创新内容除了原创性科学研究和技术创新外，关键在于创新人才的培养。后者的创新表现为创新管理、生产过程与销售形式。

高校的创新行为，主要体现了高校对于学生创新精神和创新能力的培养，属于制度创新与文化创新的范畴。高校通过教育制度、教育体系内容的变化，强调对学生培养系统的变更，做到与时俱进。

企业的创新具体表现为管理模式、商业模式以及业态创新。管理模式创新，即企业组织对企业战略管理、决策体系以及人力资源管理的创新。在创新创业时代，人口红利带来的成本比较优势效应渐微，人力资本更多体现在智力资本上。商业模式创新，是基于信息技术水平的不断提升，社会资源配置方式变得更为高效、智能化，其中以分享经济、人工智能为代表的新商业模式的创新，正是企业基于科学技术水平的提高，对资源配置方式进行的变革创新。业态创新，是企业面对社会经济发展，消费者需求更为多元化和细分化，对业态提出了更高、更新的要求，近年来，体验式消费以及“互联网消费”在不断冲击传统消费就是很好的例证。

3. 关系辨析

高校与企业分属于不同的社会体系，两者承担着不同的社会职能。但是，高校与企业之间存在正相关性。高校培养的人才和研发成果需要企业来实现价值，而企业也为高校的人才培养提供物质基础和实践平台。企业创新能力的提高可以从内外两方面进行：对内，企业通过研发投入及研发效率的提升，提高生产效率，降低生产成本；对外，企业依靠外部创新活动的溢出效应来提高科技成果的生产转化能力。其中，高校创新作为企业外部创新的主要渠道，通过创新人才的培养及训练，以及在基础应用领域的研究，对企业产生知识溢出效应。此外，企业也进一步促进高校创新，通过为高校创新提供良好的外部氛围，以市场应用为导向，对高校创新人才培养及基础科研领域方向提供现实指导（揭红兰，2016）。

（三）创业与就业的关系

1. 创业与就业关系的理论基础

对于创业就业两者之间关系的研究，主要包括创业能否拉动就业、创业的就业效应受到哪些因素的影响等问题，对于促进落实“以创业带动就业”具有重要的现实意义。中国高校应届毕业生供给与人才需求呈现出“双缺口”特征：一是随着高校扩招带来规模性的毕业生就业供求缺口，全国高校毕业生人数逐年增加，2017 届高达 795 万人，2018 届达 820 万人，再创历史新高 (见图 1–2)；二是全球新一轮科技革命和产业变革带来结构性的毕业生就业供求缺口，中国转型升级与结构优化对于高匹配度人才的缺口近年来呈现出扩大之势。

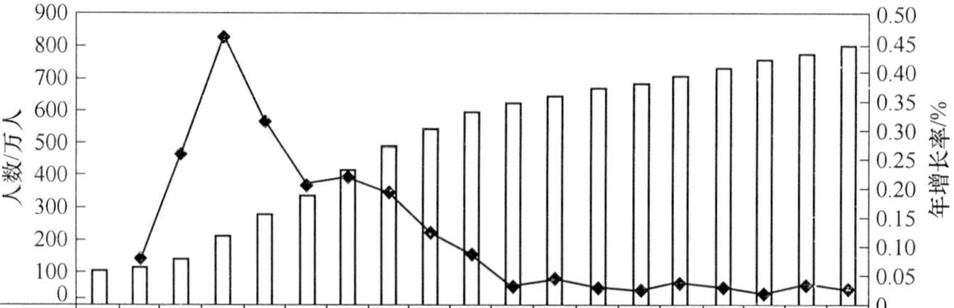

年份	2000	2001	2002	2003	2004	2005	2006	2007	2008	2009	2010	2011	2012	2013	2014	2015	2016	2017	2018
人数/万人	107	115	145	212	280	338	413	495	559	610	630	660	680	699	727	749	765	795	820
年增长率/%	—	7.5	26.0	46.0	32.0	20.0	22.0	19.0	12.0	9.1	3.3	4.8	3.0	2.8	4.0	3.0	2.1	3.9	3.1

图 1-2　2000~2018 年全国普通高校毕业生数据

在“双创”背景下，研究创业与就业关系，揭示生存型创业与机会型创业的差异及规律具有重要的研究价值，可以使学生的就业动机类型清晰化，有助于为学生创业提供“个性化定制”的指导，进而提高创业教育的质量。

生存型创业，是指由于没有其他就业选择，或者个人对于现有的就业岗位不满意，进而从事创业活动；机会型创业，相较于生存型创业而言，更具有主动性的特征，通常是基于对商业机遇的预判及追寻，从而进行创业活动 (Reynolds，2002)。在生存型创业的情境下，多数情况是由失业所造成的，可以追溯至失业推动就业理论，Knight(1921) 提出了就业状态的相对收入理论，认为个人通常是在失业、创业与就业三种状态之间做出选择，并且依据三种状态的相对价格进行选择。Oxenfeld (1943) 在此观点的基础上，进一步提出了人们在遭遇失业而感到就业前景不明朗的情况下，通常会转向创业以便自谋出路，由此得出推论：自主型创业是由就业所推动的。当经济处于衰退或者萧条时期时，个人的就业机会将会减少，社会失业率将会上升，进而衍生为“难民效应”假说，即在此境遇下，创业机会成本将会上升，创业的成功率将会下降(Audretsch，1995)；同时，当个人财富水平下降，创业者面临的资金约束将会上升(Johansson，2000)。

不同于生存型创业，机会型创业通常是关注新的市场发展方向，同时对企业的增长预期要高于生存型创业企业(池仁勇，2010)。不同于“难民效应”假说，考虑到创业通常是由经济活力所拉动的，机会型创业者通常具有经营才能，其创业行为相较“难民效应”假说的被动创业更具有活力，对经济增长的促进作用更为显著，具体表现为：机会型创业者面临的资金预算约束较小，在创业行业的选择过程中更多考虑到客观的市场机会及技术壁垒，相较生存型创业者而言，更为关注企业的长期利润，选择投资回报更为可观的项目，从而拉动整个区域的投资活力，驱动区域经济增长(Van Stel, et al，2005)。此外，在面临较高的技术壁垒的情况下，通常会采用新的技术或者新的生产要素组合，进而获取市场的超额利润，技术创新将会造成社会生产效率的提高。在上述因素的共同作用下，企业家将会拉动经济增长，提高社会就业水平，促进区域创新技术的发展，形成企业家效应。

2. 关系辨析

在我国，创业教育与就业教育是在不同时期、不同背景下分别提出来的(曹扬、邹云龙，2014)。其中，就业教育在先，并且已经在我国高等教育中作为一项较为成熟的工作内容，在指导高校学生就业过程中发挥了重要的作用，为高校学生提供了社会招聘信息的渠道，组织大学生招聘专场，为高校学生提供了就业资源。相较就业教育而言，创业教育是近年来提出的新事物，在国家政策的支持以及“双创”宏观环境的作用下，创业教育发展较为迅速，作为新生事物，各类高校结合自身的专业特长优势，进行了不同角度的探索，通过举办各类活动、提供实践指导，切实提高了学生的创业思维、能力以及风险防范意识。

创业教育与就业教育存在着广泛的联系，虽然产生的时间、教育内容之间存在差异性，但是两者共同面临着职业生涯教育的问题。在职业生涯教育过程中，创业教育更多涉及对人综合能力的培养，就业教育涉及对个体职业素质、职业基本素养的教育。同时，创业教育与就业教育都涉及对于个体能力和职业生涯的匹配问题，基于 Knight 提出的失业、创业及就业三种职业状态，在创业教育与就业教育过程中，应当基于个体不同特质，对创业与就业进行有针对性的引导。此外，从个体不同职业发展阶段看，基于外在机遇、自身能力的积累等内在与外在条件的共同作用，学生、雇员或者创业者等是个体在不同阶段的角色定位，创业教育与就业教育存在一体化融合的趋势。

四、创业教育理念与其他教育理念分析

“应试教育”重视高分学生，忽视大多数普通学生，尤其是差生。重视高分学生，更确切地说，是重视高分。这就违背了义务教育的宗旨，违背了“教育机会人人均等”的原则。“应试教育”过分重视考试成绩，简单地认为考取高分就是教学的效果好，教育的成绩突出，却违背了对学生的全面教育。与应试教育截然不同的博雅教育往往注重培养学生心灵的自由，博雅教育不主张专业知识的学习，采用的是捆绑式教育。一个学生在一学期要应付十多门的课程，教育出来的学生貌似什么都懂，实际上是什么都不精，而且出来工作后在学校学的东西一般都应用不上，加上学得又不深入，就造成了知识容易遗忘的现象，在一定程度上造成了教育资源的浪费。支持通识教育的学者往往赞成提高学生对综合知识的把握和学习，特别重视对人的均衡发展培育。实施素质教育是我国社会主义现代化建设发展的需要，素质教育就是要培养学生的创新精神和实践能力，培养学生树立正确的世界观、人生观、价值观，养成良好的社会公德、职业道德和家庭美德。职业培训教育以学生未来就业岗位需求为目标,更侧重于技能和操作层面的学习。终身教育包括教育体系的各个阶段和各种方式，既有学校教育，又有社会教育；既有正规教育，也有非正规教育。一般而言教育思想发展都有其必然的时代背景，往往不能简单地得出对与错的结论，但在以下几点结论中还是存在有益的价值：

第一，根据系统论的观点，在可能获得的知识、技能及素质的提升方面，强调了一方的重要，另一方就会减弱。这是前面所述的六种教育思潮的共性的很好总结，简单地说就是在这六种教育思潮中，知识、技能和素质等是在一个恒定的平衡系统中，这个系统中的各个因素之间一定存在一个此消彼长的反应，不可能出现所有的因素都一起增长的可能，这也是前面所诉六种教育思潮的一个共同弊端。就拿应试教育来说，在这个系统中，学生的知识得到了增加，但同时损失的是学生的动手技能甚至是学生的身体素质的下降，不可能达到双赢的局面。

第二，根据分析比较原理，把一个系统所有构成元素同等看待时，也就是没有主次之分，难免会产生一些缺失。这也是对六种教育思潮较为悲观的一种总结，但这是符合事实的。换句话说就是在这六种教育思潮中，不可能出现同时变好的可能，相反，如果同样把这六种思潮中的各个要素比作一个系统，对系统中的要素等同对待，这种情况只会使每个要素都达不到实际要求。所以，在这六种教育思潮下，必须只能选择某些要素，不得不放弃其他的要素。以职业教育为例进行说明，职业教育培养的是学生的动手技能，这也是职业教育必须要做的，不能够既要培养学生的动手技能，还要强调专业知识，这样只会使学生两者都学不好。

第三，根据平衡因素比较，创业教育和企业家精神培养是对前述教育主张的继承和超越。创业教育和企业家精神培养不同于前面的六种教育思潮，创业教育

和企业家精神培养很好地解决了六种教育思潮无法达到的共赢局面，它能很好地在追求系统平衡的时候还让系统里的主要因素共同向好的方向发展。如果将知识、技能和社会贡献看成是创业教育和企业家精神培养中的几个重要因素，首先创业教育和企业家精神培养涉及管理学、心理学、教育学、经济学等多门学科的知识，所以创业教育和企业家精神培养可以很好地提高学生的知识。其次，创业教育和企业家精神培养还是一门实践性和社会性都很强的学问，必须要求学生拥有良好的沟通技能和实践能力。最后，创业教育和企业家精神培养不但能解决个别人的就业问题，而且还会带来更多的就业机会和更多的社会财富。因此，创业教育和企业家精神培养很好地平衡了各方面的因素，是教育思潮的一次新的突破。

根据上述观点，在我国劳动力供需矛盾尖锐，高等教育逐步大众化，科学技术主导社会发展的背景下，主张创业教育是对职业教育、博雅教育、通识教育、素质教育的继承和超越。创业教育以创造性就业和创造新的就业岗位为目的，强调摆脱现有可控资源的束缚，理性地、审慎地发现和寻找市场机会。创业教育重视培养学生创新能力和对社会变化的积极应对能力，而创新能力的培养需要以知识的掌握为基础，更离不开人文素养。创业教育帮助学生树立创业志向、发展创业品质、培养创业意识、提高创业能力。创业教育也主张通过创新、创业，为他人提供就业机会，既促进社会经济发展，又实现了自己的人生价值。因此，创业教育紧随时代变迁的脚步,进一步发展和深化了以前教育思潮和教育理念的诉求。此外，创业教育适应于任何阶段的任何人，从这一视角看它与终身教育也是一脉相承的。

五、国外国内研究启示

创新创业教育在欧美等发达国家几十年的历史长河中，一直深受重视，其发展和实施现今已非常成熟并颇具规模，国外各学术界专家对创新创业教育相关领域的研究已经完成从定性深入到定量层面的转化。美国、英国、澳大利亚等国家的创新创业教育相对于我国已经有几十年的发展历史。他们以创业过程为核心，构建一个从内至外的完整的教育课程体系与传授创业相关技能的模式，造就出大批拥有首创观念、冒险精神、创业意识与工作的自立能力等创新型的开创性人才。发达国家的创新创业教育已经呈现出从生存型到发展型的承接、从阶段性教育延至终身教育、从经济领域到文化领域拓展、从宏观内容到细化内容等一些特点。他们从科学认识创业的高度上，推动整个经济发展、科技进步与社会创业进程的步伐，突显了社会公益性的特征。

经过近几十年的发展和完善，发达国家已建立以全日制课程模式为主的正规学历型职业教育和以短期特殊培训课程模式为辅的非正规学历型职业教育的、完备的、形式多样的高等职业教育体系。纵观发达国家高等职业教育发展历程，可以得到如下几点启示。

（一）社会经济和科技的不断进步是直接动因

20世纪60~70年代，世界范围的一些经济发达国家，由于产业结构的调整、生产方式的转型以及新的管理制度的引进等原因，都促使生产一线迫切需要补充大批既懂理论又具有较高水平的技术应用型人才。为此，各国产业界强烈呼吁大力发展高等职业教育，培养高层次的职业人才，这就是高等职业教育在世界发达国家和地区迅速兴起、蓬勃发展的直接动力。

这要求我们在制定人才培养模式时，应充分考虑社会经济的现状和发展趋势，做到与时俱进，这样才能保证人才培养模式适应的长期性和发展性。

（二）课程教学体系的灵活性和职业功能性是重要保证

课程教学体系的灵活性和职业功能性是发达国家高等教育课程教学体系所共有的基本特征。发达国家许多学校均设有可提供高级文凭、证书或证明的课程，课程内容广泛，既着眼于专业能力的培养，又注重基本知识的学习和基本职业技能的培养。在课程设置方面，十分注重增强课程的弹性，兼顾理论和实务，广泛增设选修课数量，注重学生个性的发展和职业适应性的需要，在课程内容方面，注重围绕社会的需要，坚持以职业对技能和知识的实际需求为课程内容的依据，重视课程的职业功能性。

（三）课程体系实施方式的针对性和实效性是基本特色

课程实施目标明确、理论与实践结合贯穿始终、教学方法独特实用是发达国家教育课程实施方式的基本特色。课程实施最终通常体现在两个方面：一是实行面向社区、面向行业、面向地方经济的“三面向”方针；二是保证课程体系的完整性和保证满足学生上岗、就业的需要。

课程是教学内容的集中体现，而教学内容又是人才培养模式的关键部分，因此，课程体系的改革将是人才培养模式创新中重要的体现。

（四）多样化的产学合作教育形式是必经之路

发达国家职业教育多样化的合作办学形式，有利于学校与企业之间在人力、物力、财力和实践场所方面的资源共享，缩短高级专门人才从理论到实践的距离，加速了高级专门人才的培养。企业拥有物力、财力和实践场所，但需要智力和人才支持；而学校搞教学和科研又需要财力、物力和实践场所的帮助，科研成果也急需投入应用，特别是应用性科研成果，必须尽快投入应用才具有真正的价值。通过多种形式的产学合作，把两者的优点结合起来，做到一举多得、共同发展。

从中外高等职业教育的发展和经验来看，产学合作教育是办好高等职业教育的必由之路。要实现高等职业教育的人才培养模式创新，应该正确处理两者的关系。

（五）实现办学层次适度高移是社会经济和科技进步是必然要求

人才的合理结构是社会和经济正常运行和发展的基础，而教育类型的合理结构是社会人才合理结构的根本保证。从发达国家来看，高校教育正逐渐向高层次延伸。

从高校教育的产生和发展来看，它总是随着社会和经济的不断发展而不断变化和适应，办学层次的提升是适应当今经济社会发展的有效对策。因此，我国高校教育人才培养模式中应及时关注到这个趋势。

通过对国外高校创新创业教育的比较研究，我们知道在世界范围内高等教育蓬勃发展的大格局下，可从国外多样化的人才培养模式中吸取宝贵的经验，并准确把握高校创新创业教育的发展趋势，这对于我国高校职业创新创业教育的发展和改革会起到重要的借鉴作用。

第二节 创新创业教育的理论支撑

一、概念的界定

高校创新创业教育的核心，就是要启蒙学生的创新意识和创业精神，这就需要了解创新型人才的素质要求，了解创新创业的概念、要素与特征等，掌握开展创新创业活动所需要的基本知识。

（一）创新

“创新”起源于拉丁语，有3层含义：第一，更新；第二，创造新的东西；第三，改变。在使用之初是一个经济词汇，最初由美籍奥地利经济学家熊彼特在他出版的《经济发展理论》一书中提出。

创新是以新思维、新发明和新描述为特征的一种概念化过程，在国外的有关文献中并没有发现与“造型人才”或“创新人才”对等的概念。一些相关的概念如“creative mind”“creative man”“creative thinking”等，大都是从心理学的角度研究创造性思维、创造性人格的特点。国外对创新人才的理解比较宽泛，他们大都是在强调人的个性全面发展的同时突出创新意识、创新能力的培养。美国心理学家吉尔福特曾把富有创造性的人的人格特点概括为8个方面：有高度的自觉性和独立性，不肯雷同；有旺盛的求知欲；有强烈的好奇心，对事物的运动机制有深究的动机；知识面广，善于观察；工作中讲求理性、准确性与严格性；有丰富的想象力、敏锐的直觉，喜欢抽象思维，对智力活动与游戏有广泛兴趣；富有幽默感，表现出卓越的文艺天赋；意志品质出众，能排除外界干扰，长时间地专注于感兴趣的问题之中。

创新是指以现有的思维模式提出有别于常规或常人思路的见解为导向，利用现有的知识和物质，在特定的环境中，本着理想化需要或为满足社会需求，而改进或创造新的事物、方法、元素、路径、环境，并能获得一定有益效果的行为。

创新是人类特有的认识能力和实践能力，是人类主观能动性的高级表现，是推动民族进步和社会发展的不竭动力。一个民族要想走在时代前列，就一刻也不能没有创新思维，一刻也不能停止各种创新。创新在经济、技术、社会学及建筑学等领域的研究中举足轻重。

（二）创业

“创业”是一个有着丰富内涵的词语，最早是由 Knight 于 1921 年提出的。“创业”一词的概念来源于 Entrepreneur，意为企业家、创业者。“创业”与“企业家”这两个概念在意义上存在着密切的联系。多角度去理解“创业”时会发现它存在着性质、类别、范围和过程阶段等方面的差别。创业学领域的学者们往往是从经济学的角度去给“创业”一词下定义的。杰弗里・蒂蒙斯 (Jeffry A Timmons) 在《创业学》中指出：“创业是一种思考、推理和行为方式，这种行为方式是机会驱动的，注重方法和与领导相平衡。”熊彼特认为：创业是实现创新的过程，而创新是创业的本质和手段。荣斯代特认为：创业是一个创造与增长财富的动态过程。财富是由这样一些人创造的，他们承担资产价值、时间、事业承诺、提供产品或服务的风险，他们的产品或服务未必是新的或唯一的，但其价值是由企业家通过使用必要的技能与资源并进行配置来注入的。全球创业观察组织将创业定义为“依靠个人、团队或一个现有企业，来建立一个新企业，例如，自我就业、一个新的业务组织或一个现有企业的扩张”。“创业”一词在中国同样具有悠久的历史和厚重的文化底蕴，而且它并不代表着某类企业的创办，更重要的是指一种巨大的成就或贡献。《辞海》中将“创业”定义为“开创建立基业、事业”。复旦大学郁义鸿、李志能在《创业学》一书中认为“创业是一个发现和捕捉机会并由此创造出新颖的产品或服务，实现其潜在价值的过程”。

从以上组织或个人对“创业”所做的诠释来看，大家对创业存在着如下一些共识：

（1）创业是创造和创新的过程，在过程中会产生某种有价值的新鲜事物。

（2）创业是创造的过程，创业包含着开拓创新的意思，所以创业应该能够产生某种有价值的新事物或对地区、国家具有一定的积极影响。

（3）创业是存在风险性的，创业者需要有一定的承担和承受能力。

（4）创业成功者会获得创业所带来的回报。努力的创业者通常都会得到创业的回报，这些回报也许是可观的收益，也许是成就带来的满足，也许是各种经历沉淀出的智慧。

（5）创业需要创业者付出努力。创业是艰辛的旅程，创业的道路上，存在着无法预测的风险，所以创业者必须做好迎接各种挑战的准备。

从创业的内涵上讲，创业有广义和狭义之分。

广义的创业是指人类的创举活动，或指代有开拓、创新并有积极意义的社会活动。狭义的创业是指创业者对自己拥有的资源或通过努力对能够拥有的资源进行优化整合，从而创造出更大经济或社会价值的过程，也就是指创业者的生产经营活动，主要是开创个体和家庭的小企业或者创办企业等。本书将创业定位在狭义的范围。

（三）知识型创业

知识型创业的概念是在转变经济发展方式的路径意义上提出的。在知识社会条件下，创新驱动是由创新创业过程组织起来的。在创新驱动的过程中，所需求的创业者是接受高等教育的群体，这类群体被德鲁克称为“知识劳动者”，而非一无所知的劳动者。知识劳动者是创新驱动经济中的主要创业群体，这就提出了不同于前知识社会里“古典创业”的知识型创业，它是以创新为基础的创造性思维训练。

知识型创业又称知识溢出创业（Knowledge Spillover Entrepreneurship）。有研究者认为：将创业这一过程作为知识溢出或知识再造的一种表现形式，认为知识接受者将获取的知识、自身知识及其周围环境凝聚起来并相融合后，更容易挖掘出新知识、制造出创业的新机会。同时，知识型创业的承担主体是知识劳动者，即接受过高等教育的大学生群体，因为这些群体有丰富的知识存量和比较完备的知识结构，有利于新观念的产生，并且在其知识存量和创新能力上的优势是其他群体无法与之媲美的，受教育程度越高，接受创新过程就越迅速越彻底，从而就越能产生新发明，越能适应环境与事态变迁，更易于开展文化交流活动，更易于走向现代化。罗杰斯概括了最易于接纳创新的人的六大特点全部同教育水平有关，但他还是把“受过较好教育”和“较有文化”列为第一、第二特征，以示强调。

知识型创业顾名思义是具备较高知识含量的创业活动，外国学者也早证实了那些没有被商业化的知识是创业机会极其重要的来源之一，这些知识往往是在现存的企业中被创造出来的，知识型创业被看成是创业过程中知识溢出的一种形式和结果，新创企业在将知识予以商业化、企业化的整个进程中完成了逐步创新的拓展及蔓延，而且，知识型创业整个进程也是创新能力的吸取与聚集、凝结的进程，创新能力凝聚很可能是获益于需求条件、企业决策、生产要素等一系列外生性因素。但核心的内生性变量是产业知识的吸取和其创新能力。可见，知识型创业活动完全可以认为是在区域创新网络下形成的若干吸引因素，既可巩固、拓展已有的创新型集群和创新网络，也可以在相应环境下培育或是形成新的创新型集群。

知识型创业的特点是有效利用知识、技术、智慧与创造力去创办新企业、新的市场，核心点与关键点是一个“创”字。企业或是基于知识与技术创办的新企业、新市场，或是通过他们的自主创新在企业内进行创业，以此通过不断创造新财富和新知识价值来满足经济和社会发展需求，从而继续获得更好的生存与发展机会。创业学研究者杰克·M·卡普兰将创业者与普通企业家分离开来，将“创业型企业”与普通小企业分离对待，认为“尽管全部企业家与创业者都曾或正在开办新企业，但并非所有新企业都属于创业”，普通的老板不能享受企业家与创新者的桂冠。知识分工的存在必然发生知识劳动，与传统资源性的创业不同，知识型创业所面对的，不仅是物质资本的有效组合，更多的是知识驱动、创新驱动，是洞悉各项知识之间的互补性。

知识经济的发展使人们看到了知识型创业所带来的巨大经济价值和社会价值，同时也在增强国家竞争力中确立了知识创新和创业的重要地位。越注重将增强知识创新能力放在国家全面建设突出位置的国家，其知识经济就越发达。现有大量案例研究发现，知识型创新创业在社会和经济发展过程中做出了重大贡献。

（四）人才培养模式

人才培养模式是指在一定的教育思想和教育理论的指导下，为实现培养目标而采取的教育教学组织样式和运行方式，这些组织样式和运行方式在实践中形成固定的风格和特征，具有明显的计划性、系统性和范型性。专业设置模式、课程体系状态、知识发展方式、教学计划模式、教学组织形式及非教学或跨教学培养形式等都是培养模式的各要素，它们都是培养过程中为实现培养目标而带方向性的管理内容，而且彼此之间存在着内在的逻辑关系。

培养模式的构成是一个颇有争议的问题，由于建立人才培养模式的准则不同，其人才培养模式也会不一样，尽管提法众多，但是，人才培养模式主要由以下几个要素构成：

（1）培养目标：培养目标可以有多种表达方式，《教育大辞典》对培养目标的解释是指教育目的或各级各类学校、各专业的具体培养要求，一般包括人才根本特征、培养方向、培养规格、业务培养要求等内容。培养目标受社会对人才类型、规格的需要与学生的基础条件及全面发展要求的共同制约，它是培养模式中的决定因素。人才培养目标，即培养者对所要培养出人才的质量和规格的总规定。一般可以表述为：培养社会发展需要的、具有某些素质的全面发展的人才。

这里全面发展指个体身心和谐地发展，并不是样样精通、百科全书式的通才。

（2）培养内容：人才培养内容是培养者作用于培养对象的影响物。学校人才培养内容是以课程的形式体现出来的。这里所指的课程除了课程表中所规定的课程外，还包括配合课内教学所组织的全部课外活动，以及在整个学校生活中教师与学生集体的价值观、态度、行为方式等校园文化因素对学生的影响。

（3）培养过程：培养过程是为实现培养目标，依据人才培养制度的规定，运用教材、实验实践设施等中介手段，相互配合，以一定方式从事教学活动的过程。因而培养过程是人才培养模式的本质属性，它包括专业设置、课程体系、培养途径和培养方案等要素。

（4）培养制度：培养制度是指有关人才培养的重要规定、程序及其实施体系，是人才培养得以按规定实施的重要保障与基本前提，也是培养模式中最活跃的一项内容。它主要包括专业设置制度、修业制度和日常教学管理制度3类。

（5）培养评价：培养评价是指依据一定的标准对培养过程及所培养人才的质量与效益做出客观衡量和科学判断的一种方式。它是人才培养过程中的重要环节，对培养目标、制度、过程进行监控，并及时进行反馈与调节。

因此，人才培养模式在人才培养中既不属于内容范畴，也不属于纯粹的形式范畴；既不属于目的范畴，也不属于结果范畴。培养模式的根本属性，表现在它是一种过程范畴，即它是一种对于培养过程的设计、建构和管理，是关于人才培养过程状态的总体性表述。

二、概念间的关系

（一）创新与创业

在西方文化中，“创业教育”的内涵是一个不断演化的过程，有历时性。目前创业教育、企业家精神和创业精神共同使用“entrepreneurship”这个词语来表述。而在中国，大部分高校一直将创业教育偏向围绕着创业技能培养、创业实践活动而开展实施（即狭义的创业教育）。可见，对高校创新创业教育的研究，就是在当下经济发展方式转变、急需创新型人才投身创业活动的特殊阶段，对以创新意识、精神、能力培养为目的的创业教育的不断探索与研究，更符合世界高等教育改革的发展趋势。将“创新”的理念渗透、融入创业教育中。从受教育者的行为主体、生存发展的命题，“知行统一观”的角度着眼，将创新创业教育作为一个完整的范畴研究分析，在理论上是成立的。

“创新”“创业”两者都强调“创”，亦即强调一种开始，一种从“无”中生“有”的意蕴，简单说，两者都突出强调创造性提出问题、分析问题和解决问题，内在都蕴含开创精神，其共同目标与追求都是培养创新创业型人才。与广义上的“创业”教育的内涵相比，把“创新”的理念渗透、融入以往的创业教育里，强调这种教育是培养更多的有创新精神和能力的优秀创业者，使他们投入到创业活动中，并非是就业困难的学生为了谋生而不得不去创业，为此提出了“创新创业教育”的新定义。所谓“创新创业教育”是指以培养受教育者的创新精神、创业意识与能力为基本价值取向的教育理念与教育模式。

新概念通常蕴含着新的理念。“创新创业教育”表达着一种与时代精神相吻合、与社会发展需要相适应的新理念。如果将创新与创业相对比，创新为“里”，创业为“表”，创新比创业更根本。实质上，创新教育更重视对受教育者全面发展的全局掌控，创业教育更重视的是受教育者如何实现自我价值，两者既互相制约又互相推进、具有紧密相连的辩证统一关系。从某种角度上说，创业能力的强弱映射出一个人的创新与实战能力的高低；创新是创业的基础，创新教育的最终效果需经历其培育各类人才在将来创业工作的实效中进行充分验证，它以创业作为验证的载体和最终效果的表现模式，创业是否能成功完全依赖于创新教育根蒂的坚固程度。创新教育与创业教育交叉、紧密、叠加，彼此蕴含，以集合的视角，将创新教育与创业教育作为一个整体来推进和研究，已经是经济增长方式和教育发展改革的必然趋势。

“创新创业教育”是指普及性和广义上的创业教育。如果将“创新创业教育”与“创业教育”做严格概念区分，确实存在细微的区别，但共性要远远大于差异性，二者间的差别是“同中之异”，从广义而言其高度一致，为此可将两个概念相互使用。

应用在高等教育中，创新创业教育核心目标不仅是培养学生企业家，更是培养学生开创性精神和能力素质，最终成为具有开创性的个人。创新创业教育在重视挖掘和提升学生的基本素质、创造性思维、预见能力、创新精神、风险意识、辨别机遇能力的同时，更重视不断提高与之相伴的其他素质和实践训练能力。

在教育过程中特别强调为使其能够在实践活动中独自去发现问题和解决问题，并在其中提出自己的新观点、新构思和创造有价值的东西，更要加强自我创业意识和展示创新操作能力，进而成为具有较高素质的社会主义现代化建设者。在创新设计、创业发展中，依赖单纯的传统理论教学早已不能实现，必须着重加强创新和创业作为引导，借助长期积累的实践经验，以敞开式为教学模式和理念，促进学生成为自主创新的探求者，转变过去的被动适应。创新创业教育实现了知识教育和智慧体悟、教育民主化与个性化、解决生存问题与提升生活意义的有机结合。它是素质教育的具体化，是素质教育的题中应有之义，更是对素质教育的新指认。创新创业教育所涵盖的基本素质是受教育者全部素质培养中最重要的部分，也是素质教育极为重要的部分和落脚点。通过充分发挥学生的自觉性和独立性来培养学生的创新精神，通过开展实践活动来提升创业素质，通过理论联系实际满足社会对创造能力的培养需要和适应市场经济的需求。

人类文明步入知识社会以来，社会经济发展日益密切依赖于人的创新创业活动。创新创业精神是人类探索世界和开展创造性物质实践的本性。创新创业教育是将素质教育的感染作用进一层融入的一种新形式。全面提高学生的素质，集中体现了教育的效果、质量和收益。但在自发秩序下，社会所能够输出的创新创业才能已经远远不能满足知识经济发展的需要，而在先行迈入知识社会的国家里，通过大规模的教育来鼓励、培养和输出创新创业才能已经成为高等教育为社会经济发展服务的明确任务。

对于中国来说，高等院校必须坚持在党和国家的教育方针指导下，开展和实施创新创业教育，对于建设创新型国家和实施以创业带动就业战略具有重大意义。“创新创业教育”明确了“面向全体学生”“结合专业教育”“融入人才培养全过程”，表征着一种教育理论、一种教育体制、一种新的教育实践，是对当前国家发展战略在教育领域中的新确证和新响应。

（二）创新教育和创业教育

由于目前中国资源耗尽与人口老龄化等诸多原因，现代化转型之路和经济发展方式转变的要求已经非常急迫，它成为国家空前重视的深远的战略意图。高校开展创新、创业教育，实际上是把学生进行素质教育、创新教育、创业教育有机互为融合，提升学生们的综合素质，进而促进学生全面发展。由此可见，培养学生创新和创业精神、能力是实施素质教育的重点，在人才培养目标中三者应保持高度的一致性。当受教育者具备创新观念和愿望，加上实战能力和机遇把握，创业的成功就将指日可待。创业是因创新观念而致的一种行为，它与创新概念内在价值的侧重，径直影响到高校创新创业教育思路的出发点和目标设立。

创新与创业既有区别又有联系，创新更多是思维层面的推陈出新、锐意进取、勇于尝试，精神和态度勇于开拓、转化的一种创造；创业则关注在行动层面上，在社会经济、文化、政治等相关领域里开创新事业和新企业，并开展新业务，从而将实现新商品或新服务的机会确认和挖掘出来，给他人及社会缔造、产出新价值与新财富的全过程。一方面，没有拘泥于就创业来讲创业，而是从培养学生创新思维、创造精神出发，把创新教育融入创业指导的全过程。另一方面，没有拘泥于狭义的自主创业，而是结合创业是“一种发掘机会，并组织资源建立新组织，进而提供新价值的过程”这一广义含义，不仅注重培养全体大学生自主创办企业的能力，更着力提升所有大学生的创新思维和创新理念，培养更多的高校毕业生立足本岗位，解放思想、开拓进取、创造新技术、开创新事业。因此，创新与创业二者紧密相连，创业是创新的重要载体和表现形式，创新是创业的支撑、核心和本质。创业不是停滞于思想、意识上的创新，是属于行动和行为上的创新活动，是创新行为的呈现。正如学者奥德莱斯切认为的：没有创新或创新性不足的生存型创业更多是一种“流亡”效应，他们很少为经济增长做出贡献，因为他们拥有的资本较少，创业能力不强。

创新教育重视对人的发展的总体把握，是以培养受教育者的创新素养、提升受教育者的创新潜能为最终宗旨，区别于以往守旧式传统教育的被动吸收或一成不变式教育模式，将创新的活动力融入教育活动；创业教育则重视对人的价值的具体体现，是指以培养学生的创业意识、精神、素质为宗旨，使其形成创业初步管理技能的教育活动，以此满足社会生存需求、促进经济社会的全面发展。创业教育的有限性决定着创新教育迟早都要全面回归到教育制度设计的总体上。创业教育所承担的创新教育内容，在范围上应以不影响创业教育自身的专业化进程为界。创新与创业教育是两个不可分离的教育理念，二者的价值取向目标是一致的，均是对受教育者创新精神与实践能力的培养，尽管两者提出的问题的时间先后与角度不同，但已成为历史性的课题在新时代被提出，都是大力推动实施素质教育的核心内容，其被视为一种新的教育思潮，创新教育与创业教育应该是一个统一的系统。

素质教育强调受教育者的全方位发展，解决受教育者如何“成人”的问题；而创新教育着重关注受教育者的全面发展程度，解决受教育者如何“成才”的问题。创业教育着重关注受教育者自身自我价值如何体现、完成，解决的是“成家立业”的问题。所以，创业教育与创新教育目标取向一致、内容本质相通、功能作用相同，它们之间互为依存又互为制约，具有息息相通的辩证统一关系。创新教育以创业教育为最终目标，创业教育以创新教育为本质与核心，创新教育是素质教育的重点之所在，其目标是培养具有创新意识和精神，成为创新型人才，来适应国家经济发展的需求。创业教育是全面推进素质教育的重要突破口和实施的关键。使受教育者创新理念、创造思维、开拓精神、学习品质、专业能力等方面贯穿于教育实践的不同方位，真正实现教育活动由过去空泛的应试教育走向具有灵魂的素质教育。因此，创新与创业教育是素质教育的高质地、高层次、高呈现的一种活动过程。通过以上关于三者关系的论述，清晰梳理了素质教育、创新教育与创业教育三者的关系。

受教育者在实施素质教育中创新能力培养的过程，是对受教育者创业能力培养的内在要求和支柱；受教育者在实施素质教育中创业能力培养的过程，也是受教育者创新能力的准确呈现和尝试。积极努力地在高校进行创新和创业教育活动，提高自主创新能力，是高校创业教育理念由“技能型”到“素质型”的转型升级过程，标志着创新与创业素质培养已经逐步融入人才培养理念之中，从而进一步落实中国创新型国家建设的战略。

（三）知识型创业和创新创业间的关系

20世纪90年代初期，国有企业改革进入了“抓大放小”阶段，政府基本退出竞争性生产领域，由此产生了大量的国有企业“失业下岗”人员。为稳定社会秩序，国家第一次开始鼓励和扶持个体自主创业。这种创业和改革开放初期的“下海”，以及后来风靡全国的“招商引资”有着共同之处：它们基本与创新无关，或是倒买倒卖，或是位于产业链最低端的劳动密集型创业，提供出来的大部分都不是知识密集的产品或服务。创新和创业、创新教育和创业教育是刚刚联系在一起的事情。“经济发展方式转变”的调整方向和主线是“创新驱动”，影响经济发展方式转变的最根本因素是创新。没有创新，无以开展知识型创业；没有知识型创业，创新难以注入经济发动机当中。正是在这样的背景下，创新创业第一次被联系到一起，使创新成为创业的核心问题。企业家只需要创生一个有远见的新观念，就足以使某些知识经组合后的有用性增加。“创新驱动”依赖人力资本的不断创新，产生“知识溢出”，只有大学生这样接受过高等教育的知识劳动者才有可能承担起创新驱动的重任。可见，知识型创业是创新驱动的发动机。创新创业教育能够提供适应“创新驱动”的人力资本积累，即从主要关于制造的知识转向创造的知识。它的内容组织目标是围绕知识型创业为核心的创业形态。虽然大学生群体为数众多，但由于受创新创业教育不足影响，他们的创新创业能力还远远没有达到与中国人力资本密度相称的水平，这导致全社会创新创业能力不足，成为制约“经济发展方式转变”的瓶颈。创新驱动是由创新创业过程组织起来的，依赖于创新创业活动，创新创业教育是“创新驱动”的源泉。

从“资源驱动”转变到“创新驱动”阶段，关键问题有两个。首先是人力资本积累，其核心是通过扩张高等教育的规模，尽可能地将生育率迁移过程导致的多余的简单劳动者转换为知识劳动者，以使他们的人力资本含量和所能激发出的创造力与“人力资本驱动”经济的需要相适应。这一积累过程始自20世纪末的高校扩招。尽管它在初期曾备受争议，但鉴于转型的迫在眉睫，仍然是当时必须实施的战略选择。其次是“知识就是力量”，即知识—资本—创新—增长的现实演化路径。科学知识不再自动意味着生产力，其核心是确立与转型相适应的理论共识，以适应和指导这一转型期的经济和教育政策。两个问题中，前者的目标已经确立并得到相应实施，后者在理论和实践上还处于探索阶段。

创新驱动是以知识为基础的经济发展方式。创新驱动是为了探讨知识成为生产力的组织机制。知识型创业，即在创新的基础上提供知识密集的产品或服务的创业类型，包括发现新知识、应用新知识、已有知识的新应用、不同知识的新组合等。把知识作为变量建立起一个内生增长理论，经济学上称作新增长理论，证明了知识型创业是创新驱动的发动机。创新驱动与创新创业教育息息相关，它要求高等教育提供的是能够适应创新驱动，而不再是传统模式的人力资本积累，即从主要是关于制造的知识转向创造的知识。知识型创业的主体是知识劳动者，即大学生群体是知识型创业的承担者。真正发挥创新创业教育对人、社会经济发展的促进作用，首先离不开的是高等教育的支持，因为高素质的社会劳动者是中国高校创新创业教育的主要教育对象，在现阶段乃至今后一段时间内仍是具有较高素质的一类群体，开展创新创业的同时更离不开创业者多年来在高等教育中拥有和积淀的背景与知识。这就要求高等学校应继续提高对创新创业教育的认识，树立创新创业教育的理念，将大学生的创新精神和创业能力培养作为高等学校基本目标之一，并形成有自身特点、结合实际的创新创业教育理论和实践体系，提供"鼓励每一个人在每一个方向上创新"的教育环境；开启心智，把尽可能多的有希望的方向和价值观展示给学生，使一些优秀的知识劳动者能够投身创业，最大化释放他们的创新与创业能力，努力培养学生成为合格的求职者、岗位的创造者、企业创新的推动者、国家创新的主力军。没有创新，无以开展知识型创业；没有知识型创业，创新难以注入经济发动机当中，就无法实现经济发展方式的转变。如果正规高等教育无法提供适应"创新驱动"的知识劳动者，那么不难想象，创新创业教育的职能就只能由社会，更确切地说主要是由企业来承担，这意味着大量知识劳动者个体可能由于教育的失误而错过创造力养成的最佳学习窗口。同时，这种状况的持续可能导致的最严重后果或将使中国错过最佳的调整机遇。

三、创新创业基本理论

创新创业教育是以培养具有创业基本素质和开创型个性的人才为目标，不仅仅以培育在校学生的创业意识、创业精神、创新创业能力为主的教育，而是要面向全社会，针对那些打算创业、已经创业、成功创业的创业群体，分阶段分层次地进行创新思维培养和创业能力锻炼的教育。创新创业不是凭空臆造的，它是建立在知识的传播、转化和应用的基础之上的。高校培养创新人才绝非为教育创新而创新，而是有着厚重的理论底蕴作为支撑。

（一）人力资本理论

所谓人力资本，即指凝聚在劳动者身上的知识、技能及其所表现出来的能力。人力资本理论的产生可以追溯到18世纪。早在1776年，现代经济学的创始人亚当·斯密就在他的代表作《国民财富的性质和原因的研究》中指出，个人通过学习所获得的已成为个人能力一部分的知识和技能，也应视作社会财富的一部分，是社会固定资本的组成部分。

随着经济和科技的发展，到20世纪中叶时，学者们对人力资本的研究开始系统起来。其中，最杰出的代表人物当属美国的西奥多·舒尔茨，他在其名著《论人力资本投资》中指出："事实证明，人力资本是社会组织和个人投资的产物，其质量高低完全取决于投资多少。"人力资本是关于人口质量的投资，它比物力资本更加高效，在人力资本形成的各种途径中，教育是一条最重要的途径。西方大多数专家指出，教育是一种生产性投资，它对经济增长具有举足轻重的作用。

在人类所拥有的一切资本中，人力资本是第一宝贵的，自然成了现代管理的核心。更好地提高人力资本的管理水平，不仅是发展经济、提高市场竞争力的需要，也是一个国家、一个民族长期兴旺发达的重要保证，更是一个现代人充分开发自身潜能、适应社会、改造社会的重要措施，因此管理好人力资本有着重要的意义：

（1）通过合理的管理，可以实现人力资源的精干和高效，取得最大的使用价值，同时，人的使用价值达到最大等同于人的有效技能最大地发挥作用。

（2）通过采取一定措施，可以充分调动人力资源的积极性和创造性，也就是最大限度地发挥人的主观能动性。调查发现：按时计酬的员工每天只需发挥自己 20%~30% 的能力，就足以保住个人的饭碗。但若充分调动其积极性、创造性，其潜力可发挥出 80%~90%。

（3）通过教育和培训，人力资本的效能可以不断提高。人类社会的发展，无论是经济的、政治的，最终一切都是为了人本身的发展，马克思指出，教育不仅是提高社会生产的一种方法，而且是造就全面发展的人的唯一方法。随着社会的发展，教育和培训在人力资源开发和管理中的地位越来越高。

21 世纪的中国处在一个知识经济时代，也是一个创业的时代，这是源于日益激烈的人才竞争，严峻的就业形势及国家经济发展方式的转变，于是对人才的素质、对人才开发的力度和高校人才培养模式也有了新的要求。除了要求大学生掌握知识、技能之外，还需着力提升大学生的文化修养、企业家精神、创新创造能力，以提高其综合素质。

人力资本理论为创业人才的培养提供了理论依据，创业人才的培养是时代的要求，高校培养出来的创业人才是经济发展和社会进步的有力推动者。

（二）实用主义教育理论

实用主义教育理论于 19 世纪末在美国兴起，是以批判赫尔巴特代表的传统教育学为基础，以美国实用主义文化为背景，建构起来的一股教育思潮，它深深地影响了 20 世纪全球的教育理论的研究和实践。实用主义教育理论代表人物有美国哲学家、教育学家杜威 (John Dewey，1859~1952) 和克伯屈 (Kilpatrick W H，1871~1965) 等。

杜威非常重视教育过程中师生之间的合作关系，他认为，在教育过程中激发学生自己发现问题、解决问题，并不是指教师可以袖手旁观，保持沉默，而是共同参与学生的活动。在这种共同参与活动的过程中，教师或学生愈少意识到自己在那里施教或受教就愈好。杜威反对那种依靠威吓和压制的方法进行教育和教学，要求各门课程的教学过程成为师生合作的相互作用的过程，成为师生两方面都是作为平等者和学习者共同参与的过程。

实用主义教育理论的观点总结如下：

第一，教育即生活，教育的过程和生活的过程是合二为一的，而不是为将来的某种生活做准备。

第二，教育即个人经验的增长，教育在于让学生在真实的情境中增长自己的经验，这是教育的最终目的。

第三，教育即成长，是个人经验的增长过程。

第四，学校的课程是以学生的经验为中心的，打破了原来以学科为中心的课程体系。

第五，教育教学中不再以教师为中心，教师只是学生成长的帮助者，学生才是教育教学的中心。

第六，在教育教学过程中，要注重学生创造性的发挥，提倡让学生在学习的过程中独立探讨、发现问题。

在当今社会依然认为实用主义教育哲学拥有它的极大社会价值，认为当代“杜威教育思想依然是有生命力的”。

总之，实用主义教育理论所倡导的以学生为中心、活动课程、做中学为特色的教学思想，为教学思维的改变和教学模式的更新，以及创业人才的培养策略提供了理论基础。

（三）创新型国家理论

通常，人们按照实现工业化和现代化道路的不同将国家进行划分：有些国家主要依靠自身丰富的自然资源增加国民财富，如中东产油国家，即资源依赖型国家；有些国家主要依附于发达国家的资本、市场和技术，如一些拉美国家，即依附型国家；还有一些国家把科技创新作为基本战略，大幅提高科技创新能力，形成日益强大的竞争优势，国际学术界把这一类国家称为创新型国家。创新型国家是指以技术创新为经济社会发展核心驱动力的国家，主要表现为：整个社会对创新活动的投入较高，重要产业的国际技术竞争力较强，投入产出的绩效较高，科技进步和技术创新在产业发展和国家的财富增长中起重要作用。

作为创新型国家，至少要具备以下 4 个特点：

（1）创新投入高，国家的研究开发投入占 GDP 的比例一般在 2% 以上。

（2）自主创新能力强，国家的对外技术依存度指标通常在 30% 以下。

（3）科技进步贡献率要在 70% 以上。

（4）创新产出高，目前世界上公认的约20个创新型国家所拥有的发明专利数量占全世界总数的绝大部分。

为了在竞争中赢得主动，依靠科技创新提升国家的综合国力和核心竞争力，中国把推进自主创新、建设创新型国家作为落实科学发展观的一项重大战略决策。创新型国家理论在中国不断地渗入。2006年1月9日，国务院发布《国家中长期科学和技术发展规划纲要(2006—2020年)》(以下简称《纲要》)。《纲要》立足国情、面向世界，以邓小平理论和“三个代表”重要思想为指导，认真落实科学发展观，以增强自主创新能力为主线，以建设创新型国家为奋斗目标，对中国未来几年科学和技术的发展做出了全面规划和部署。《纲要》反复强调，要建设创新型国家，其基础是要培养创新人才。2006年6月5日，胡锦涛在中国科学院院士大会和中国工程院院士大会上再次强调：“建设创新型国家，关键在人才，尤其在创新型科技人才。”

高校在国家整个创新体系建设中扮演着特殊的角色，它肩负着生产、建设、服务、管理第一线的专业知识和科技创新的使命，承担着培养创新人才的重要任务，而创新人才在推动生产一线科技成果转化、服务社会主义现代化建设等方面发挥着不可替代的作用。因此，培养创新人才是建设社会主义现代化、实现全面建成小康社会的重要环节，也是建设创新型国家的需要。

（四）人的全面自由发展理论

马克思在《共产党宣言》中概括了共产主义新人形象的本质特征，即“每个人的全面而自由的发展”。所谓“人的全面而自由的发展”，蕴含了两个方面的内容：一是人的性格和智慧得到全面的合理的发展，具体地说，就是在道德、智力、情感等方面得到全面、和谐的发展；二是人的个性和才能得到自由自主的发展，具体地说，就是进行自由的生命活动和自觉的创造活动，“一切人的自由发展”与“每个人的自由发展”及其辩证关系，构成了马克思“人的全面而自由的发展”理论的基本内容。

在马克思看来，人的全面发展还包括个性自由，人的性格、智慧等方面的发展。传统教育模式以培养适应社会政治经济发展的人才为目标，在教育实施上有着重共性、轻个性的倾向，这显然与人的全面自由发展相违背。从对创新人才的界定上看，对创新思维、创新能力、创新品质和意志等方面的要求，本质上是以人的全面自由发展为依据的同时，推进人的全面自由发展，与促进社会、经济、文化的发展，是互为前提和基础的。人越是全面自由发展，社会的物质精神财富就会创造得越多；反之，社会物质精神财富越充分，又越能推进人的全面自由发展。

人的全面自由发展理论已经充分地渗透到当前高等教育实践之中。中央创造性地提出了“以人为本”的科学发展观，将人的全面自由发展与整个社会的和谐发展联系起来。可以说，创新人才的最高标准即是个性全面自由发展了的人，培养创新人才是高校践行科学发展观的客观要求，为此高校应转变教育观念、确立“以学生为本”的教育理念，遵循青年心理和生理发展的科学规律，主动地进行高素质人才培养的教育实践活动。

（五）创新教育理论

根据知识能否清晰地表述和有效地转移，可以把知识分为显性知识 (Explicit Knowledge) 和隐性知识 (Tacit Knowledge)。社会生产、生活具体行为中的隐性知识大量存在，需要有知识基础的“有心人”去发现、概括、总结、提炼，提出解决方案，一个一个隐含的问题被攻破、被解决，就是技术进步。技术进步不是在某一时刻的突变，而是日积月累的渐变。

隐性知识到显性知识的转化，是一个建立重复利用知识体系的过程，它重点强调的是信息采集、组织、管理、分析和传播。在这一过程中，信息在不断聚合过程中产生新的理念。私人知识并不能直接共享，可以进行传递的仅仅是知识中的有关观点和信息。他人在接收信息后，要对其进行深入地感知、理解和内化，然后才能形成自己的新知识。

内化，意味着新创造的显性知识又转化为组织中其他成员的隐性知识。显性知识隐性化的目的在于实现知识的应用与创新。知识的创新与应用是知识管理的终极目标，组织能否在竞争中占有优势取决于组织能否充分利用组织的知识，能否不断地创造出新的知识，进行知识的更新。经过隐性到显性，再由显性到内化，组织竞争力得到提高，知识管理完成一个基本循环。

上述由创造知识到提高技术的转化过程，隐性知识向显性知识的转化是核心，是知识生产的最直接和最有效的途径。生产组织中员工个人的隐性知识，是企业新知识生产的核心。如何有效地激发个体的隐性知识，避免转化过程中的障碍，增加转化方式的互动作用，将影响企业新知识产生的水平。

生产一线的劳动者，除把隐性知识转化为显性知识这一创造新知识的功能外，现代工业社会劳动本身，就是智力运用与创造的过程。

高校培养的是高技能专门人才，是生产一线的劳动者，他们的劳动过程，就是新知识的生产过程、智力运用过程、创造性劳动过程。高等教育如果没有创新教育的内容，只能认为是在给机器输入程序，而不是培养活生生的人。若培养的是人，而且是人才，就必须把创新教育作为核心内容。

（六）杰弗里·蒂蒙斯创业理论

创业理论源于 18 世纪时“entrepreneur”（创业者、企业家）这一词的出现。随后，有关创业的研究逐渐就多起来了。学者们从各自不同的视角对创业相关的创业现象、创业本质、创业理论进行了探讨。杰弗里·蒂蒙斯是富兰克林·欧林创业学杰出教授，是创业管理教育领域的权威人士，1999年起成为美国国家创业委员会的特别顾问。蒂蒙斯对创业过程模型给出了经典的诠释：

第一，商业机会是创业过程的核心驱动力，创始人或工作团队是创业过程的主导者，资源是创业成功的必要保证。创业过程始于创业机会，而不是钱、战略、网络、团队或商业计划。开始创业时，商业机会比资金、团队的才干和能力及适应的资源更重要。在创业过程中，资源与商机间经历着一个适应—差距—适应的动态过程。商业计划提供沟通创业者、商机和资源3个要素的质量、相互间匹配和平衡状态的语言和规则。

第二，创业过程是商业机会、创业者和资源三个要素匹配和平衡的结果。处于模型底部的创始人或工作团队要善于配置和平衡，借此推进创业过程，他们必须做的核心过程是：对商机的理性分析和把握，对风险的认识和规避，对资源的最合理的利用和配置，对工作团队适应性的分析和认识。

第三，创业过程是一个连续不断寻求平衡的行为组合。在三个要素中绝对的平衡是不存在的，但企业要保持发展，必须追求一种动态的平衡。保持平衡的观念展望企业未来时，创业者必须思量的问题是：目前的团队是否能领导公司未来的成长、资源状况；公司下一阶段成功面临的陷阱。这些问题在不同的阶段以不同的形式出现，牵涉企业的可持续发展。

蒂蒙斯创业理论对创业相关的商业机会、创业者、资源及它们之间的关系进行了详细的分析，诠释了创业过程的含义。蒂蒙斯创业理论为如何培养创业人才，从哪几个方面入手培养，创业人才应该具备什么样的素质提供了一定的理论参考，具有方法论的意义。

第三节 高校创新创业教育模式的建构理论

高校教育虽规模不断扩大，办学模式趋向多元化，但人才培养目标和人才培养模式至今尚欠完善，人才培养质量很难保证，这既影响高等教育的可持续发展，也会制约经济与社会的发展。适应形势变化，确立与社会需求相适应的高校人才培养目标，构建创新的高校人才培养模式是社会发展对高校教育发展的必然要求，也是高校教育发展的生命力所在。

一、高校人才培养模式构建基本原理

根据高校教育与社会相互适应的理论，可以认识到，高校教育对社会的适应是全方位的，同时，高校教育对社会的适应，更着眼于未来。教育效果发生的长期性及持久性，对高校教育社会的远见性而非短期性的适应提出了更高的需求。

因此，依据高校教育与社会相互适应的理论，结合中外人才培养模式的研究成果可知，在高校人才培养模式创新构建时，创新创业的高校人才培养模式的人才培养目标是培养与中国社会主义现代化建设要求相适应的，以社会、经济现实和未来发展趋向需求为导向的直接从事生产、建设、管理、服务第一线工作的高级技术应用型专门人才。这种人才是主要从事成熟理论与技术的应用和操作的高级技术和管理人员，他们在具有必备的基础理论知识和专业知识的基础上，有善于解决工程复杂问题的能力，重点掌握从事本专业领域实际工作的基本素质和基本技能，具有良好的职业道德和敬业精神。要达到这一目标，就必须为受教育者构建新的知识、能力、素质结构。

（一）知识结构的构建

高校学生的知识结构是不同内容、不同形式的知识在学生认知结构中所积淀的层次与比例的关系。知识结构是衡量人才培养质量的主要尺度之一。从当前的情况看，知识的基础化、综合化是构建高校学生知识结构的目标。

1. 知识基础化

知识基础化就是要把知识结构的重心放在基础知识、基本原理上，加强基础知识是应对多变社会环境的一种重要策略。基础知识是本源性知识，抓住了事物的共性，可以举一反三。一个人只有在工作和生活中凭借其在学生活动中获得的基础知识和自学能力，不断扩展自己的知识面，优化、更新自己的知识，才可能适应社会。高等教育既要重基础，也要重专业，二者比例要适度。

2. 知识综合化

综合不是简单的叠加，而是一种整合，使学科之间相互渗透，形成整体性概念真正起到的效果。在高新技术的教学应用实践中体会知识综合化的魅力，使学生学会用综合化知识解决专业性、技术性问题。另外，注意人文教育与科学教育的渗透与迁移。要在科学教育中渗透人文思想，促进人文教学与科学教育的自然融合。

（二）能力结构的构建

能力是指保证一个人顺利进行实际活动的稳固的心理特征和知识技能的综合能力，与心理活动的特征有关。关于高校学生的能力目前比较一致的看法是由以下 4 个部分组成，即获取知识的能力、运用知识的能力、创造能力和职业能力。

1. 获取知识能力的培养

在获取知识能力的培养方面，提倡教师主导与学生自觉并重，充分发挥学生学习的主动性、能动性。在课程设置上，要以学习者为中心，在教学中充分体现教师主导和学生主体作用，使学生实现从学会到会学的飞跃。同时，要在学习中构建整体知识网络，注重知识的形成过程和知识的实用价值。这样有助于为学生的不断发展和终身学习打下基础。

2. 运用知识能力的培养

运用知识的能力指人在社会实践活动中运用所学到的知识去分析问题、解决问题的能力，特别是由此迁移到其他情景中分析、解决问题的能力。运用知识的能力与学习知识的能力的核心都是思维，但运用知识的能力偏重于活动，体现智力与能力的结合。培养运用知识的能力的关键，是让高校学生参加实践活动，真正发挥实践教学的功能。要针对专业特点、职业特点、技术特点、岗位特点开展实践活动，让学生用基础理论、基础知识指导实践，从实践中深化对知识的理解，实现知识与能力的融合。

3. 创造能力的培养

高校教育既重视向学生传授知识、技术，又重视学生职业素质、职业能力的培养，强调发展学生的个性和挖掘创造潜能，鼓励学生标新立异。同时，它强调企业、社会的参与，这样有利于学生创新意识与创造能力的培养。要培养高校学生的创造能力，重要的是开展主体性教育和个性教育，鼓励学生以发展的观点看问题，敢于突破常规和定式。目前应建立起以能力考核为主、常规测试与技能测试相结合的制度，重点考核学生运用知识解决问题的能力。同时，加强科研实训基地建设，引进新设备、新机器、新技术，开放实验室，营造创新氛围。

4. 职业能力的培养

职业能力是指个体履行岗位的职业，承担本职工作，完成各项任务的能力。目前，中国企业职工队伍里初中文化程度的占多数，虽有人力成本优势，但产品服务的技术含量低，产品服务的竞争能力弱，限制了劳动生产力的提高。因此，高等教育在培养人才时，必须创设职业岗位环境，对学生进行职业道德、职业素养、职业技能等方面的教育，使学生毕业后能及时进入角色。

（三）素质结构的构建

素质结构按不同方法可划分为不同的单元，人的素质可划分为社会素质、自然素质和心理素质 3 种。高等教育培养的是社会需要的一线人才，高校学生素质结构除了不易改变的先天自然素质之外，主要是培养社会素质和心理素质。

1. 社会素质的培养

社会素质属后天素质，它在素质结构中起到调节作用。它一方面要以生理素质、心理素质为基础，另一方面又给这两种素质打上一定的社会烙印。它既引导个体做人，也引导个体成才。内化是社会素质形成的重要机制，它指个体从外部获得道德和知识，通过内省与吸收成为自我的一部分，使人形成一种好的涵养、好的气质，使个体的人成为社会的人。高等教育在培养学生的社会素质时，要充分发挥正面教育的作用，多树立正面的典型，使学生不自觉地向正面典型看齐，要注意纠正学生在专业课程与公共课程中的一重一轻倾向，避免因这种倾向造成知识的偏差、人格的移位。

2. 心理素质的培养

心理素质是人的所有素质中最容易产生危机的一部分。人的心理素质一旦潜藏危机，就会对个体的发展产生影响，甚至造成难以预料的后果。在国内由于高等教育开展的时间不长，社会的认可度不够，高校学生中的一部分人难免存在一些心理问题。因此，教师在培养学生的心理素质方面更应该加大力度。一要培养学生成就动机，使学生懂得人人都可能成功；二是要创造运用良好的氛围，促使学生构造积极、适当的自我意象，引导学生正确认识自我，找准定位，不断创造自我；三要培养学生情绪控制能力，做到能够以性格培养性格，用情感培育情感，以情绪感染情绪，用情操唤起情操。

知识、能力、素质的划分是相对的，知识不经内化不能形成素质，内化了的知识不经运用，也不可能形成能力。高等教育应根据专业需求的不同，在基础课和专业课、专业理论教学体系与实践教学体系的安排上确定不同的比例，做到从实际出发，灵活多样。总之，高校创新创业教育需要随时代的发展而不断发展，在实践中不断完善。

二、人才培养模式创新的构建

构建新的人才培养模式就是怎样实现新的高校人才培养目标，即实现其知识、能力、素质结构要求的方式。因此，人才培养模式构建与专业设置、教学方式、课程体系、教师队伍及实践形式等紧密相关，通过这些途径落实“以人为本”的教育理念，建立“以能力为核心”的培养模式，使高校能创建全面发展的人文环境，以期达到人性的全面提升。

根据新时期对高校人才的素质要求和国内外高校人才培养模式的现状，可以将新的人才培养模式概括为“两线并重、四位一体”的外向复合应用型人才培养模式。“两线并重”即理论教学与实践教学并重；“四位一体”即专业设置模式、教学模式、实践模式及教师培养模式要实现有机结合，整体统一。

（一）专业设置以就业为导向

高等教育能否满足社会需求，一方面体现在其培养目标是否与社会经济的发展对人才素质的要求相一致，另一方面则体现在其专业设置是否与生产结构的经济发展变化相适应，也就是要建立专业结构与产业结构相适应的专业设置模式。

专业结构是国家现实经济的反映，是与一定历史时期的经济发展和产业结构相联系的，它直接或间接地反映了经济和社会发展的需要及经济结构的特点。是否同经济和社会发展相适应，是衡量专业结构是否合理的根本标志。同时“专业能力”是高校学生能力的一个很重要的方面，高校设置的专业，符合本地区产业发展的需要，培养对口的人才，就会受到用人单位的欢迎与支持，推动本地经济的发展。高校要较好地为本地区经济建设服务，面向市场办学，必须了解本地区经济发展的产业结构状况和它的需求。也就是要了解本地区经济发展都有哪些产业部门和它的隶属关系。如第一产业都有哪些门类，第二、第三产业又有哪些门类，哪些是次要产业，并在这些基础上做好人才需求预测，同时，还必须以科学发展观，即发展的、动态的、变化的观点，探讨本地区产业结构未来发展变化的趋势。明确哪些是本地区大力发展并大有前途的产业，哪些是本地区正在逐渐淘汰的产业，哪些是将随着科学技术的进步和生产力的发展必然要兴起的产业。

高校应该不断调整服务方向，优化专业结构，增加社会急需的新专业，改变就业形势不好的旧专业，取消没有就业市场的老专业，使新旧专业相辅相成，合理搭配。专业设置要考虑学校本身的办学条件，如现有的师资、设备及原有的办学专业基础。专业设置数量要适当，既要避免专业过多，力量分散，影响培养实用型人才的质量和增加就业的压力，又要注意专业数不能太少，学科设置太单一影响办学的经济效益。专业设置要随着时代的需求不断改变，要与科技、经济、社会的发展相适应。

（二）教学模式改革以培养学生职业能力为宗旨

教学模式特指反映特定教学理论逻辑的，为完成某种教学任务而采用的相对稳定而具体的教学活动结构。利用某一种模式，人们可以将教学活动或过程分解为某些关键调控教学活动的一整套方法体系。教学模式是教学理论与教学实践的中间环节，它通过简化、微缩的组成要素规定和调控教学活动。

根据建构主义教学理论的兴起与发展，它对改革高校教学模式的指导意义有如下两个方面：

第一，在教学中要充分发挥学生学习的自主性。由于学生是学习的主体，课堂教学不能采用简单的灌输方法，让学生被动地接受新知识。教师应尽量引导学生进行探究，即主动发现问题，主动收集、分析有关信息和资料。

第二，在教学中要多开展情境性教学。职业教育是手脑并用的技术教育，既要培养学生的理论水平，又要培养学生的动手能力。根据各专业的特点开展情境教学，是培养学生职业能力的一种重要手段。在设计高校教学模式时，要注重教学过程的情境性，通过在一个情境中运用和操作信息，来培养现实中要运用的技能。

教学设计应以学生为中心，以培养职业能力为宗旨。具体而言，这个过程包括如下几个部分：首先，了解相关行业的基本情况。主要包括本行业的一些宏观背景及行业内企业的数量和规模、生产技术水平，对第一线技术人才和管理人才的需求等。其次，根据“有效需求”原则，进一步分析相关的职业岗位的实际需求与分布情况，把专业培养目标分解细化，以便有选择地确定该专业的学生能完成哪些具体岗位工作。再次，进行有关的职业综合能力的分析与分解。职业综合能力主要由专业能力、方法能力和社会能力 3 项基本要素构成。对有关专业或专业方向进行职业综合能力的分析与分解，是高校专业教学设计中最重要、最具特色的一项工作。

（三）实践模式满足对职业资格证书就业准入制的要求

职业资格证书制度是国际上通行的一种对技术技能人才的资格进行认证的重要制度，是中国确定的一项旨在全面提高劳动者素质的重要政策，是发展劳动力市场、促进职业培训和实现就业的重要手段。它是指按照国家制定的职业标准，通过政府认定的考核鉴定机构，对劳动者的职业能力水平进行客观公正、科学规范的评价和鉴定，对合格者授予相应的国家职业资格证书。

国家职业资格证书分为初级（五级）、中级（四级）、高级（三级）、技师（二级）、高级技师（一级）5 个等级。职业资格证书和职业技能鉴定以国家职业分类为基础。新的《中华人民共和国职业分类大典》已经正式实施，划分为 8 个大类、75 个中类、434 个小类、1481 个细类职业。

所谓就业准入，是指根据《中华人民共和国劳动法》和《中华人民共和国职业教育法》的有关规定，对从事技术复杂，通用性广，涉及国家财产、人民生命安全和消费者利益职业的劳动者，必须经过培训，并取得职业资格证书后，方可就业上岗。

为使高等教育培养的毕业生满足就业准入制的要求，必须构建出新的模式：

首先，建立并优化教学体系。一是构建实践教学体系的目标体系，明确要求，抓住关键，落实保障措施。二是建立一个由基础课实验和基本工艺训练、专业课实验和课程设计、跟岗实训和毕业设计、课外活动和社会实践等组成的、较完整的梯次递进的实践教学体系。三是以技术应用能力培养为目标改革实训教学环节对实验较多的课程单独设置实验课，独立考核，减少演示性、验证性实验，增加工艺性、设计性、综合性实验，加强职业技能训练，在实习现场营造真实的现场工作氛围。

其次，根据“培养应用能力，满足就业需求”的原则，探索产学合作教育的途径。一是建立由校内专家和企事业单位的工程技术人员组成的专业委员会。专业委员会成员参与学校专业设置的论证、人才培养计划的制订、课程内容的确定等工作，保证人才培养规格适应工作岗位的要求。二是建立一批校外实践教学基地。学校选择一批设备工艺先进、管理水平高、适合学生动手操作、有利于发挥学生创造力的企业，注入一部分资金，作为学校的实践基地。三是经常组织学生到实践教学基地进行认知学习、课程设计和毕业实习。在校外实践教学基地实习期间，聘请现场的技术人员担任兼职教师，使学生有机会进入生产实际领域，获得真正的职业训练和工作体验。

最后，建立校内专业技能鉴定场所，提高学生技能鉴定通过率。具有设备、场所和技术等方面优势的高校可以在国家职业标准的统一指导下，在职业技能鉴定社会化管理体制的指导下，建立职业技能鉴定场所，开发相应的标准、教材、题库、考试技术及教务管理技术，使其成为先进的职业培训模式、鉴定方法和考试技术的实验中心，成为职业资格证书制度的示范窗口。这样既可以提高学生技能鉴定的通过率，又可以补充更新学校的实习、实训设备，使学生在设备条件充足的情况下学习技能，接受鉴定。

（四）构建“双师型”教师培养模式

师资水平是保证教育质量的关键，只有建立一支有特色的高校教育的师资队伍，才可能办出有特色的高校教育。要培养具备较高素质的人才，教师必须具备更高的职业道德和素质。要培养学生的专业实践能力，教师本身必须具备较强的专业实践能力。能力本位的培养模式要求教师具备更高的素质和能力，具有较强的创业能力和创新意识，在相应的学术领域中获得创造性的成就，只有建立素质高、能力强、以“双师型”教师为主体的师资队伍，才能在教学过程中激活学生的创新意识，塑造学生的创业能力。

抓好“双师型”教师的培养，应该重视以下 3 条途径：

一是培养自己的“双师型”教师队伍。加强教师专业理论水平和实践能力的培养，鼓励教师进修，建立其终身学习的观念。

二是建立高校教育师资培养基地，进行系统的高校教育的师资队伍的培训。为增强未来高校教育师资的专业实践能力，要鼓励他们参加技能鉴定，获取一定等级的专业资格证书，以提升实践技能。

三是规范兼职教师的聘任条例，从校外聘任一批既具有一定的本专业理论知识又具有丰富的实践经验和良好的职业技能的兼职教师，使他们通过专业理论及教育理论的培养和考试，取得兼任高等教育教师的资格。

发展、规范兼职教师队伍是中国高校教育未来发展的必由之路。高校教育办学的灵活性决定了学校不可能也没有必要面面俱到地建立一支庞大的专职教师队伍，否则，随着专业适应社会需要的调整，势必造成人力、财力的极大浪费。

第二章 当前我国高校创新创业教育发展分析

第一节 我国高校创新创业教育的发展轨迹

一、中国高校创新创业教育的兴起

关于中国高校创新创业教育的起点和具体标志性事件，主要有两种代表性观点：第一种认为起点是1997年，以清华大学创业计划大赛作为标志性事件。有研究认为，1997年清华大学创业计划大赛的举办正式拉开了创业的帷幕，高校创新创业教育在清华大学首开先河。这一说法的起始年份正确，但是具体标志性事件有误。之所以不能以清华大学首届创业计划大赛作为中国高校创新创业教育在1997年开始的具体标志性事件，是因为清华大学首届创业计划大赛开始于1998年5月。第二种认为起点是1998年，有学者直接将中国高校创新创业教育的起点定在了1998年，认为中国大学生创业大潮发轫于1998年5月清华大学首发并组织的创业计划大赛。这一提法在知识点上是准确的，但是却把中国高校创新创业教育的起点拖后了1年，也是不可取的。

编者认为中国创新创业教育的起点是1997年，标志性事件是清华大学开设创新与创业方向课程，原因有两个：一是《创新创业教育在中国：试点与实践》研究报告记载："1997年，清华大学经济管理学院最早在国内MBA培养计划中设立专业方向，在MBA项目中开设了创新与创业方向，中心的成员是创新和创业课程的教员。"根据这一记载，中国高校的创新创业教育开始于1997年，它的标志是清华大学经济管理学院在MBA项目中开设创新与创业方向课程。二是据雷家辅教授回忆，1997年，清华大学就实际开设了"创新与创业管理"管理方向课程，1998年学校正式批准了这门课程。虽然在1997年并没有取得学校的正式课程批号，但是毕竟是以融入其他课程的方式实际开设了这个方向的课程。据此，将清华大学经济管理学院在MBA项目中开设创新与创业方向课程作为中国高校创新创业教育在1997年开始的标志。

二、中国高校创新创业教育的发展阶段

回顾我国高校开展创新创业教育实践的发展历程，大致可以划分为四个阶

段，即基于创业实践指导的创新创业教育萌芽期(2002年之前)，教育行政部门引导下的多元探索阶段(2002~2008年)，基于人才培养的创新创业教育拓展期(2008~2010年)和基于创新创业教育理念创新的快速发展阶段(2010年之后)。

(一) 基于创业实践指导的创新创业教育萌芽期(2002年之前)

这一阶段的主要特点包括：部分高校在培养实业家和促进民营经济发展方面，较早地开展了一系列的探索实践；借鉴哈佛大学、百森商学院等学校在创新创业教育的实践，清华大学、复旦大学、华东师范大学、武汉大学、北京航空航天大学、浙江大学等高校在1997年前后对创新创业教育做出了积极有益的探索。

其中，清华大学技术经济与管理系雷家辅教授在清华大学开设全国首门“创业管理”课程。研究报告《创业教育在中国：试点与实践》指出：“1997年，清华大学经济管理学院最早在国内MBA培养计划中设立专业方向，在MBA项目中开设了创新与创业方向。”

1998年5月，清华大学和上海的一家杂志社联合几所高校，成功举办了第一届“清华创业计划”大赛，首次将创业计划大赛引入了国内大学校园。

1999年，浙江大学管理学院与竺可桢学院合作创办了全国第一个以创新创业为主题的教学改革班级——“浙江大学高新技术创新创业管理强化班”。

1999年，由共青团中央、中国科学技术协会、中华全国学生联合会主办，清华大学承办的首届“挑战杯”中国大学生创业计划竞赛成功举行。竞赛汇集了全国120余所高校的近400件作品，在全国高校掀起了一轮创新、创业的热潮，产生了广泛的社会影响。随着创业计划竞赛在全国范围的推广，与之相关的创业计划竞赛辅导、创业课程设置以及创业人才培养越来越多地出现在高校教学活动中。

(二) 教育行政部门引导下的多元探索阶段(2002~2010年)

2002年4月，教育部在9所大学开展创新创业教育试点工作，试点过程中，探索形成了3种教育模式：以中国人民大学为代表，以课堂教学为主导开展创新创业教育模式；以北京航空航天大学为代表，以提高学生创业意识、创业技能为重点的创新创业教育模式；以上海交通大学为代表，以创新教育为基础，为学生创业提供实习基地、政策支持和指导服务等综合式创新创业教育模式。2008年，教育部通过“质量工程”项目，又立项建设了32个创新与创新创业教育类人才培养模式创新试验区，取得了较好的预期成果。

(三) 基于人才培养的创新创业教育拓展期(2008~2015年)

在此期间，以教育部、财政部设立的“人才培养模式创新试验区”和“创新与创业教育类人才培养模式创新实验区”为代表，创新创业教育逐渐从关注大学生创业实践向创新创业人才培养模式转型。

2007年，党的十七大报告明确提出了“实施扩大就业的发展战略，促进以创业带动就业”的战略方针。强调要“完善支持自主创业、自谋职业政策，加强就业观念教育，使更多劳动者成为创业者”。在“以创带就”的政策导向下，高校创业教育立足于就业这样一个最大的民生问题展开，围绕社会和谐与政治稳定，将自主创业作为灵活就业的两个方式（另一个为自由职业）之一，千方百计解决大学生就业问题。

2009年，上海市在上海交通大学等高校设立首批创新创业教育试点；深圳清华大学研究院创新创业学院成立；浙江大学携手百森商学院和里昂商学院，联合创办了以全球化人才培养为特征的“全球创业管理”硕士研究生项目。

2009年，由共青团清华大学委员会举办，北极光创投赞助及协办，清华大学学生创业协会承办了“北极光杯”首届清华大学公益创业实践赛，标志着由原来的“计划赛”向“实践赛”的探索转变，体现了创业者的社会责任感。

2010年5月，教育部颁发《关于大力推进高等学校创新创业教育和大学生自主创业工作的意见》，这是第一个推进创新创业教育的全局性文件。教育部成立了由知名企业家、企事业单位专家、高校教师、有关部门负责同志参加的“教育部高等学校创新创业教育指导委员会”（简称“创指委”）。“创指委”是在教育部领导下，对高校创新创业教育工作进行研究、咨询、指导、评估和服务的专家组织。教育部建立了高教司、科技司、学生司、就业指导中心4个司局联动机制，形成了创新创业教育、创业基地建设、创业政策支持、创业服务“四位一体、整体推进”格局。2012年8月，教育部印发《普通本科学校创新创业教育教学基本要求（试行）》，对创新创业教育的教学目标、教学原则、教学内容、教学方法和教学组织进行了整体规划和顶层设计，推动高等学校创新创业教育科学化、制度化、规范化建设，逐步形成了“政府促进创业、市场驱动创业、学校助推创业、社会扶持创业、个人自主创业”的局面。

（四）国家统一领导下的深入推进阶段(2015年5月至今)

近10年来，两个政策导向极大地促进了创新创业教育发展。一是“以创带就”，始于2007年。党的十七大报告明确提出了“实施扩大就业的发展战略，促进以创业带动就业”的战略方针，指出：“完善支持自主创业、自谋职业政策，加强就业观念教育，使更多劳动者成为创业者。”在“以创带就”政策导向下，高校创新创业教育立足于就业这样一个最大的民生问题展开，围绕社会和谐与政治稳定，将“自主创业”作为灵活就业的两个方式（另一个为“自由职业”）之一，千方百计解决大学生就业问题。二是“大众创业、万众创新”，始于2015年。2015年《政府工作报告》明确将大众创业、万众创新和增加公共产品、公共服务作为驱动经济发展的“双引擎”，明确指出，大众创业、万众创新既可以扩大就业、增加居民收入，又有利于促进社会纵向流动和公平正义。个人和企业要勇于创业创新，全社会要厚植创业创新文化，让人们在创造财富的过程中，更好地实现精神追求和自身价值。此后，大众创业、万众创新的浪潮在中国迅速兴起。在这种社会氛围中，2015 年 5 月，国务院颁发了《关于深化高等学校创新创业教育改革的实施意见》，站在国家实施创新驱动发展战略、促进经济提质增效升级，推进高等教育综合改革、促进高校毕业生更高质量创业就业的高度，明确了深化高等学校创新创业教育改革的指导思想、基本原则、总体目标，提出了 9 项改革任务、30 条具体举措。由国务院发布文件，推进深化改革，标志中国高校创新创业教育进入了国家统一领导下的深入推进的新阶段。高校创新创业教育已经由“以创带就”拓展为以大众创业、万众创新驱动经济社会发展，创新创业教育的实质拓展为以创新为基础的创业，支持创新者去创业，使创新创业成为驱动经济社会发展的引擎。

第二节 我国高校创新创业教育的现状分析

针对当前国内高校创新创业教育的现状特点、突出问题、短板效应等没有全面系统的总体研判，2017 年 7 月至 11 月，上海大学《创新创业教育》课题组研究团队(以下简称“上大课题组”)对高校创新创业教育专家进行了深度访谈，同时针对国内高校创新创业教育现状进行了问卷调查，共回收有效问卷 4610 份，涉及 29 个省市区。调查对象以高校学生为主，其中本科生占比 55.38%，高职高专生占比 35.84%，硕士和博士研究生占比 3.41%，其余为校内创新创业导师、学校行政管理人员、校外创新创业导师。

本节正是基于上海大学专家深度访谈的问题库和问卷调查的数据库，对我国当前创新创业教育现况综合分析，给出了高校创新创业教育供给侧的平台、课程、师资等资源的评价，以及需求侧的认知度、参与度、满意度、心理潜质等方面的测度。

一、高校创新创业教育认知

上大课题组采取李克特量表法对高校创新创业教育的现状认知进行认同调查，以认同值为标准进行测量，最低分为 1 分，满分为 5 分。如图 2–1 所示，非常熟悉创新创业教育的认同值最低，高校创新创业教育的范围和力度还需进一步增加；高校创新创业教育的必要性认同值最高，高校创新创业教育势在必行。目前高校群体普遍认为创新创业教育还需进一步发展完善，其教育成果可以让学生终身受益，支持创新创业教育，并且认为其应该是高校教育的重点。

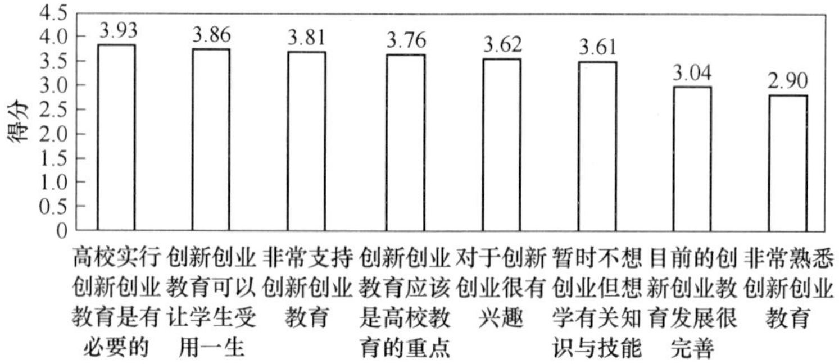

图 2-1　高校创新创业教育认知现状

清华大学经济管理学院院长钱颖一教授指出，对短期功利主义者而言，创新是为了发论文、申请专利、公司上市；对长期功利主义者而言，创新有更高的追求，是为了填补空白、争国内一流、创世界一流；而对注重内在价值的非功利主义者而言，创新有更高的追求，是为了追求真理、改变世界、让人变得更加幸福。对于中国内地高校问卷调查结果显示：认为创新是为了发论文、申请专利、公司上市的占比 52.17%；认为创新有更高的追求，是为了填补空白、争国内一流、创世界一流的占比 71.37%；认为创新有更高的追求，是为了追求真理、改变世界、让人变得更加幸福的占比 73.9%，说明高校创新创业教育的认知层次比较高，高校群体创新更倾向于非功利主义和长期功利主义，但短期功利主义的倾向依然不容乐观。

二、高校创新创业教育的实施主体

如图 2–2 所示，58.55% 的高校设有独立的指导中心作为创新创业教育实施主体，其次主要实施主体按照占比降序排列依次为：校团委 (46.12%)、教务处 (39.05%)、学工办 (33.36%) 和创新创业学院 (31.71%)。由此可见，系统性的创新创业教育部门在高校中已得到较大发展，高校行政管理部门尽管让出了主导地位，但依然为创新创业教育提供了大量支撑。

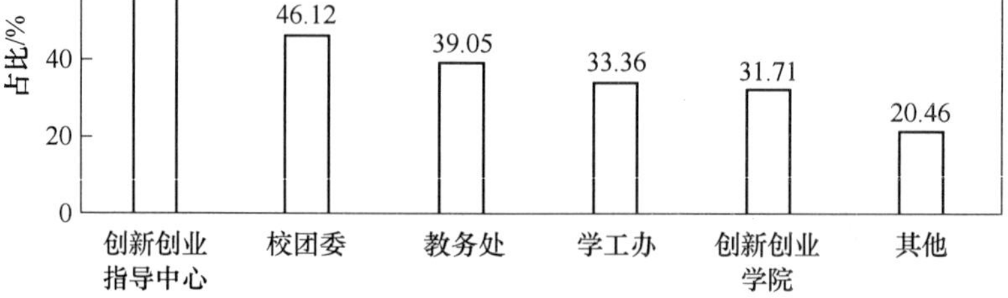

图 2-2　高校创新创业教育的实施主体

创新创业教育实施主体与高校类型的交互分析显示(见表2-1)，“985”“211”高校创新创业教育实施主体分布情况类似，排前三位的都是创新创业指导中心、校团委、教务处；中央部属高校创新创业教育实施主体排前三位的是创新创业指导中心、校团委、创新创业学院。高职(高专)院校与其他高校相差较大，创新创业教育指导中心、创新创业学院的主体地位相比其他类型高校明显降低，学工办承担创新创业教育任务的比重在各类高校中最高。33.44%的高职高专学生选择其他选项，选择原因多为不清楚、不知道主体部门，可见高职(高专)院校创新创业教育还需进一步改革。总体而言，高校创新创业学院的主体地位没有凸显出来，主要原因是高校创新创业学院建设起步晚甚至还没有起步，主要还是依托创新创业指导中心、校团委、教务处、学工办。

表2-1　高校创新创业教育的实施主体与高校类型的交互分析

对比项		教务处	校团委	学工办	创新创业指导中心	创新创业学院	其他
“985工程”院校	占比	36.17%	44.68%	29.79%	55.32%	34.04%	11.35%
	排名	3	2	5	1	4	6
“211工程”院校	占比	33.67%	43.14%	31.42%	68.83%	28.68%	8.48%
	排名	3	2	4	1	5	6
中央部属本科院校	占比	34.71%	47.11%	31.40%	67.77%	35.54%	8.26%
	排名	4	2	5	1	3	6
省属本科院校	占比	39.58%	45.96%	30.38%	67.20%	34.61%	14.59%
	排名	3	2	5	1	4	6
高职（高专）院校	占比	40.18%	47.12%	38.53%	43.31%	27.85%	33.44%
	排名	3	1	4	2	6	5

三、高校创新创业教育的侧重点

如图2-3所示，高校创新创业教育的侧重点按占比降序排列依次为：提高学生整体能力素质(24.03%)、提高学生创业技能(22.99%)、综合性的创新创业教育(19.7%)、第一课堂(教学)与第二课堂(社团等体验式教育)有机整合(18.81%)、创新创业实践基地14.47%。由此来看，目前高校创新创业教育的侧重点为学生自身能力的提升，体验式教育和实践教育需要得到进一步推广和发展。

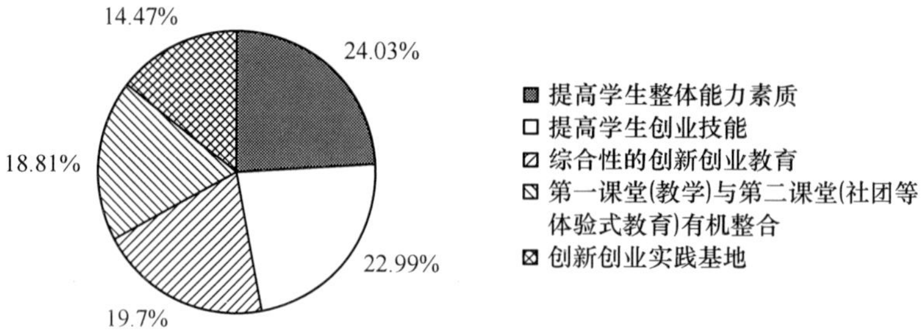

图 2-3　高校创新创业教育的侧重点

如图 2–4 所示，高校对于创新创业教育的目的还是停留在激发学生创新意识与进取心、提高学生综合素质的目标层面，在培养学生人格理想、形成大学内部创新创业文化的目标层面有所欠缺，创新创业教育还需要加强宏观、长远的目标指引。

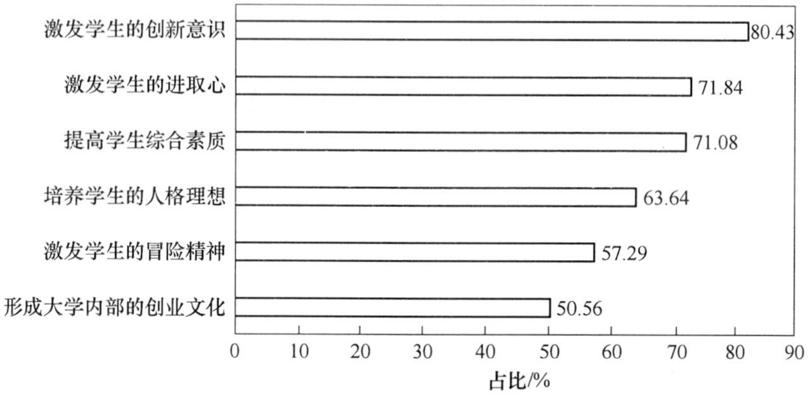

图 2-4　高校创新创业教育目的的侧重点

四、高校创新创业教育内容与途径

如图 2–5 所示，高校创新创业教育内容与教学体系中，实践模拟与课堂教学相结合是常用的教学手段，主要通过课堂教学辅以实践模拟来实现；讲座培训及创业实训等形式在教育过程中也得到了较大的应用，但是依然有 5.86% 的高校尚未开设创新创业类课程，将创新创业类课程纳入必修课的比例仅为 28.31%，还需进一步提高。

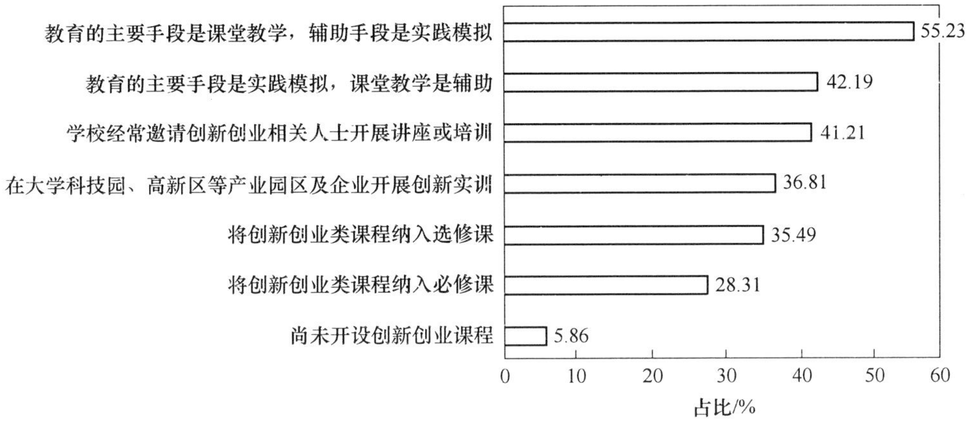

图 2-5　高校创新创业教育内容与途径

五、高校创新创业教育师资

如图 2–6 所示，高校创新创业教育师资中，学校创新创业相关部门的老师 (53.64%) 和专业教师 (52.34%) 占比均超过 50%，创新创业教育的专业性指导有师资保障；创新创业精英 (37.83%) 和创业者 (32.49%) 的榜样引领作用也得到了较大发挥，占比均超过 30%。师资队伍中辅导员的比重为 41.06%，学工系统对于创新创业教育给予了大力支持，贴近学生需求、受到学生信任的辅导员是创新创业教育的有力支撑，未来可以进一步探索辅导员能力的职业化专业化与创新创业教育职业化专业化的有机统一。

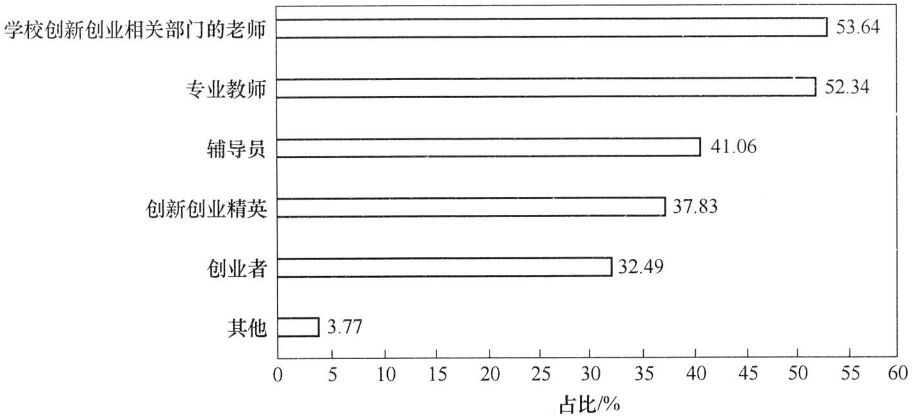

图 2-6　高校创新创业教育师资

在对学生调查中，得出学生最满意的创新创业教师是该领域的精英，其次为专业教师，创业者排第三位，对辅导员和学校创新创业相关部门的老师的满意度分别为第四、第五位，如图 2–7 所示。在高校创新创业师资队伍建设中，创新创业精英和创业者的标杆引领作用需要得到进一步发挥，专业教师的专业指导作用需要进一步强化。

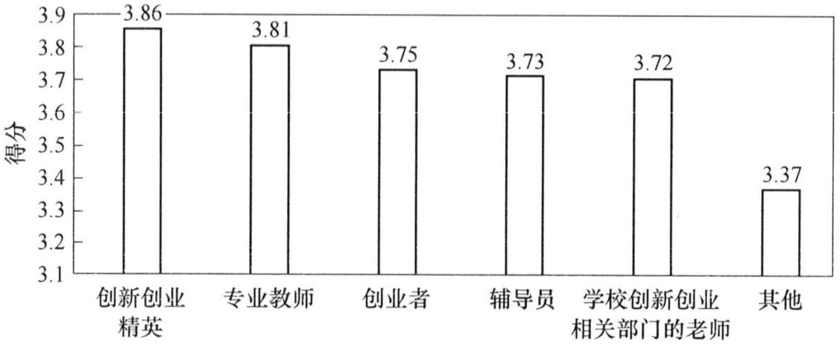

图 2-7　高校创新创业教育师资满意度

六、高校创新创业教育课程模块

如图 2–8 所示，高校创新创业教育课程模块中以素质教育为主，大部分是将现有资源整合后归入创新创业模块，创新创业教育体系中专业教育并未缺失。同时，该课程模块中实务操作和视频公开课的比重还有很大的提升空间。这些模块的教学方式中注重学生基本能力与素质教育培养的创新创业课程占比 56.49%，以专业教育为主的创新创业课程占比 45.21%。

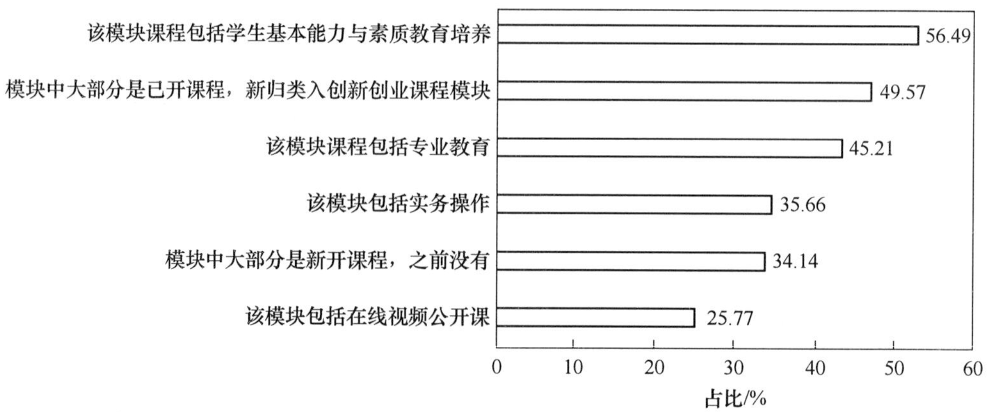

图 2-8　高校创新创业教育课程模块

如图 2-9 所示，各个课程模块中，学生对视频公开课形式的创新创业教育课程满意度最高 (3.78)，但是占比最小 (25.77%)，建议今后的创新创业教育发展方向应以基于互联网的共享型资源为主,视频公开课形式的课程需要进一步推广；新开创新创业课程由于需要一段时间的适应磨合期，满意度最低 (3.53)；包含实务操作和专业教育的课程满意度较高，分别为 3.76 和 3.74。

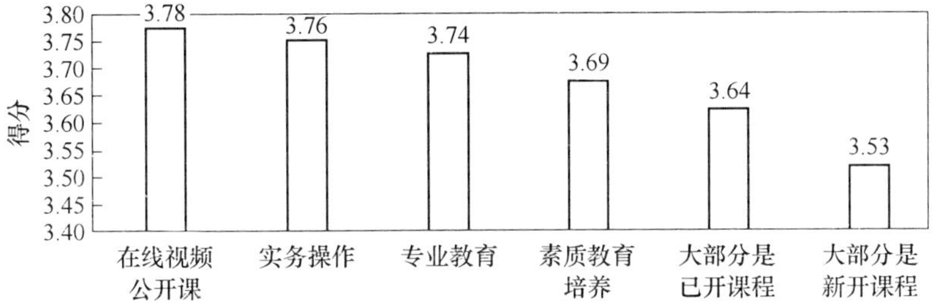

图 2-9 高校创新创业教育课程模块满意度

如图 2-10 所示，高校中普遍认为创新创业教育的有效方法前四名为：一是与企业进行创新创业教育课程共建、实训基地共建 (89.91%)，二是进行模拟或实际创业基础上的实时指导 (87.85%)，三是举办或参加创新创业大赛等模拟活动 (87.59%)，四是邀请专业人士开展培训 (81.89%)。这些都是创新创业实践教育的有效方法，换言之，实务操作型的创新创业教育是目前高校认知中的有效方法，传统的偏向于课堂教学的授课形式排名偏低。

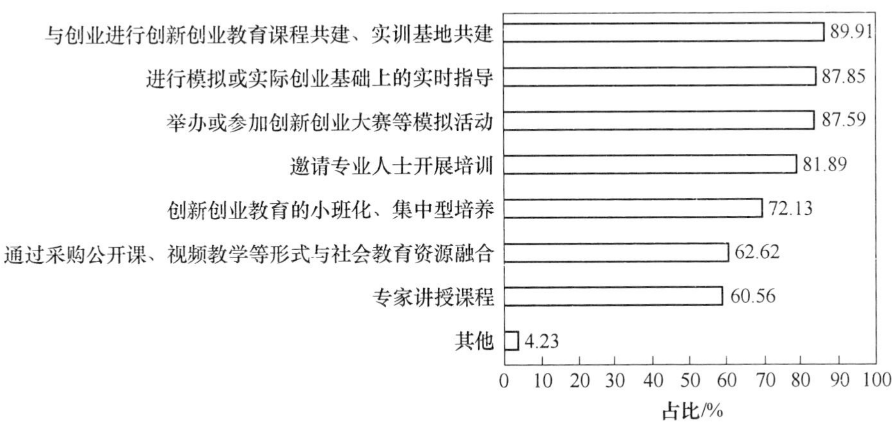

图 2-10 高校创新创业教育有效方法

七、高校创新创业教育体系改革

如图 2-11 所示，对于高校创新创业教育体系的改革评价，满意度最低的是改革教学方法和考核方式的改革，说明高校在这一方面要进一步加强和加大改革力度；满意度并列最高的是强化创新创业实践、加强教师创新创业教育教学能力建设、改进学生创业指导服务，这些调查结果指明了今后高校创新创业教育课程改革的方向。

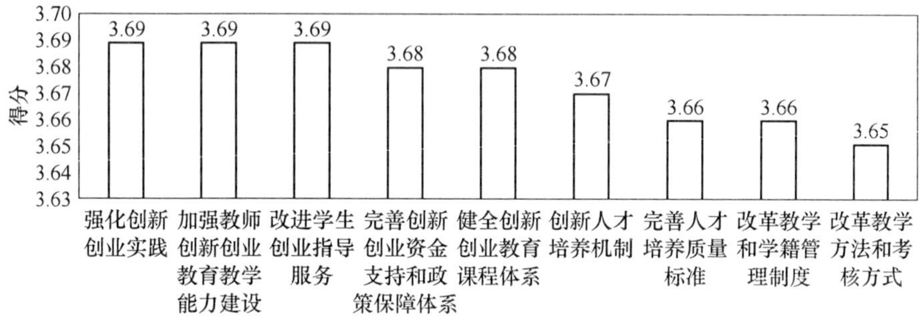

图 2-11　高校创新创业教育改革内容满意度

如图 2–12 所示，高校创新创业教育课程中需求最高的是注重创新创业实践的课程和与专业知识相结合的课程，需求最低的是以创新创业理论学习为主的课程。因此，贴合学生需求开设相应创新创业教育课程才能真正发展创新创业教育。

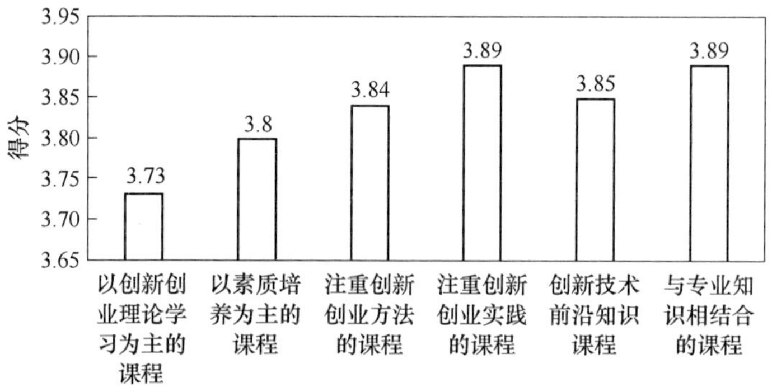

图 2-12　高校创新创业教育课程需求现状

八、高校创新创业教育效果

如图 2–13 所示，有利于学生目前高校创新创业教育效果最显著的是帮助学生掌握创新创业基本素质、获得更大的舞台，效果最不显著的是帮助学生获得更高经济收入。

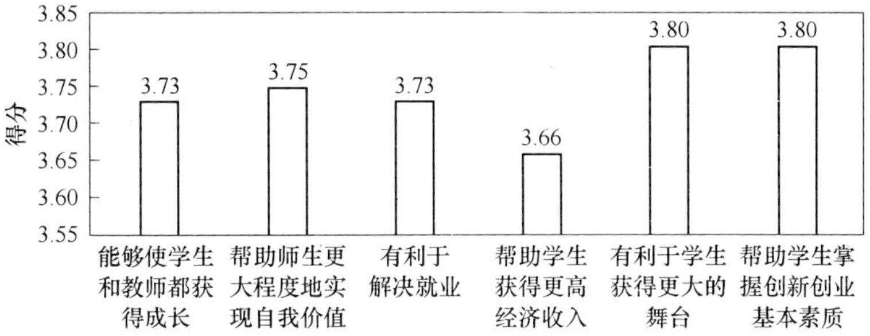

图 2-13 高校创新创业教育效果现状

九、高校创新创业者潜质

通过创业者心理量表对高校创新创业教育群体的创业者潜质进行测量，满分5分，最低分1分，高校群体平均得分3.49，分数较低（见表2–2）。高校群体有一定的创业者激情和感知到的支持，也有一定的激进式/渐进式创造力和自我决定能力，缺乏创业意向和创业活动激情。

表 2-2 高校创新创业教育群体的创业者心理量表

观测值	细分量表项	平均分
创业意向（3.42）	在校期间或毕业后我有创业的打算	3.41
	我渴望拥有自己的企业	3.55
	我有较为详细的创业规划和思路	3.23
	我会主动地去学习创业相关知识、了解创业的详细流程	3.47
创造力自我效能（3.48）	我对自己运用创意解决问题的能力有信心	3.47
	我觉得自己擅长于想出新的点子	3.48
	我很擅长从别人的点子中发展出另一套自己的想法	3.53
	对于想出解决问题的新方法，我很拿手	3.44
创业者激情（3.53）	找出解决市场痛点的新方法令我非常激动	3.54
	我很享受寻找优化产品/服务的新想法	3.55
	我有动力去了解如何使现有的产品/服务变得更好	3.55
	观察、分析环境去寻求新的机会使我激动	3.57
	寻找解决问题的新方法对我来说是极其重要的	3.62
	建立一家新公司使我激动	3.52
	拥有一家公司的想法不断地激励着我	3.49
	我享受实现创业想法的过程	3.53
	成为企业的创始人是我人生的重要履历	3.49
	我享受寻找合适的人来推广产品/服务的这一过程	3.48
	我很兴奋能够找到合适的员工为企业工作	3.56
	不断鞭策我的员工和我自己以使我们公司更好，这个想法一直激励着我	3.55
	培育和发展公司是我人生的重要组成部分	3.48

续表 2-2

观测值	细分量表项	平均分
创业活动激情(3.42)	我投入大量时间参加创业课程实践活动	3.39
	我乐于成为一名企业家	3.48
	成为一名企业家对我来说很重要	3.39
	成为一名企业家对我来说充满了激情	3.47
	成为一名企业家是我人生的一部分	3.38
自我决定(3.48)	我在如何开展工作方面有很大的自主权	3.46
	我在如何开展工作方面有很大的独立性	3.48
	我可以自己决定如何开展我的工作	3.5
激进式 / 渐进式创造力(3.48)	我总是能够提出好的创新性的想法	3.46
	我在团队中表现出创造性	3.46
	我能提出颠覆传统的商业计划书	3.35
	我会基于已有的想法提出新见解	3.52
	我善于适应现有的想法	3.52
	我能调整已有的合作方式来适应当前的需求	3.54
感知到的支持(3.51)	我能够从同学那里获得创业教育活动的支持	3.5
	我能够从朋友那里获得创业教育活动的支持	3.52
	我能够从家人那里获得创业教育活动的支持	3.49
	我能够从学校的老师那里获得创业教育活动的支持	3.53

如图 2-14 所示，不同类型高校的创新创业群体创业者资质也会有所不同，创业者资质排前两位的是中央部属本科院校 (3.52) 和高职 (高专) 院校 (3.51)，其次是“985 工程”院校和省属本科院校，最低的是“211 工程”院校。

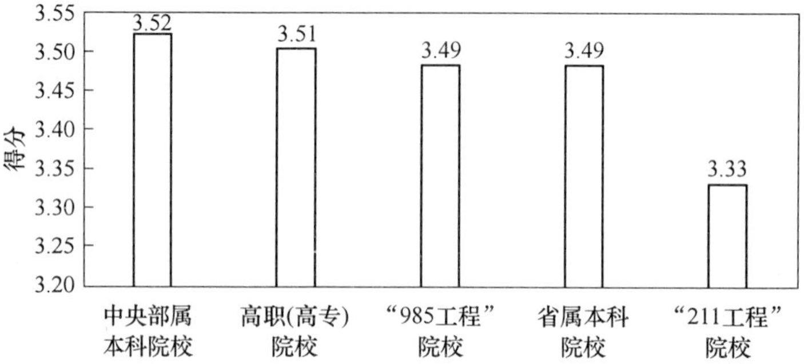

图 2-14　各类型高校的创新创业群体创业者资质

第三节　我国高校创新创业教育的突出问题

同样，基于上海大学专家深度访谈的问题库和问卷调查的数据库可以看出，高校双创教育亟待破解的突出问题及短板效应包括：一是亟待破解体制机制不合理导致的“孤岛效应”；二是需要优化制度安排不匹配导致的结构失衡；三是加快提升发展模式不科学导致的运行效率；四是尽快弥补评估体系不兼容导致的标准缺憾；五是尽快缓解双创教育的区域发展不平衡问题。

一、高校创新创业教育突出问题的总体研判

（一）平台、课程、师资三大问题凸显

上海大学《创新创业教育》课题组的调查数据显示，目前高校创新创业教育的突出问题归纳为以下几点：一是课程设计问题，具体表现为针对性实效性不强、实践平台短缺 (65.53%) 和与专业教育结合不紧、与实践脱节 (62.21%)；二是师资问题，具体表现为教师开展创新创业教育的意识和能力欠缺、教学方式方法单一 (57.90%)，以及指导帮扶不到位、师资短缺 (45.38%)；三是体制问题，如 45.86% 的样本认为领导层重视不够、创新创业教育理念滞后，45.49% 的样本认为创新创业教育体系不够健全 (见图 2–15)。

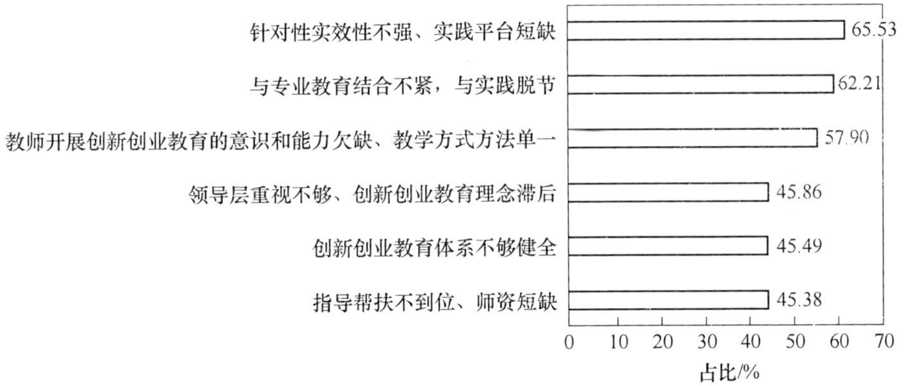

图 2-15　高校创新创业教育的不足

课题组对专家进行深度访谈，发现创新创业教育的师资不足是比较突出的问题。创新创业教育的关键在于师资队伍建设，调查结果反映出目前我国多数高校的创新创业师资主要来自本校从事专业教学的教师或者从事学生工作的辅导员和管理人员。由于这些师资的创业经验缺乏，只能进行理论教学，教师在此类课程中教学指导方式单一，更为重要的是，教师的知识结构单一，往往难以满足创新创业教育的多元化要求，创业课程尤其是优质课程难以开设，教师自身的创新能力比较薄弱，就很难培养出创新型人才。虽然部分高校或者专业可以从外界请来政府部门的工作人员或企业管理人员进行讲学，甚至充当兼职教师，但较为系统的教育力量仍然势单力薄。

（二）创新创业教育普及和参与率不容乐观

党的十九大报告将创新和教育作为全面建成社会主义现代化国家新征程的重要和关键的组成部分，再次明确将创新作为引领发展的第一动力，以建设现代化经济体系为战略支撑，做出了加快建设创新型国家的战略部署，再次明确建设教育强国是中华民族伟大复兴基础性的工程，强调将教育事业放在优先的地位，高等教育进入内涵式发展的新阶段，要成为推进创新性国家建设的强大支撑。但从调研数据看，当前高校的创新创业教育普及和参与率不容乐观。图 2–16 显示，目前高校中认为自己与创新创业无关的占比为 11.3%，50.78% 的高校人群认为自己离创新创业还很远，正在创新创业的只有 10.09%，还有 27.83% 的群体认为离创新创业很近。这与我们国家倡导的创新教育全覆盖有很大差距，高校创新创业教育的推进需要更大力度宣传，需要更多力量参与，需要各部门联动，需要全要素投入。

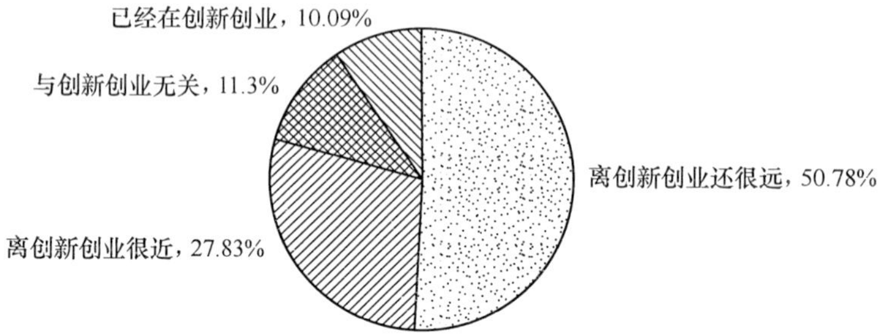

图 2-16　高校创新创业普及情况

二、创业教育认识存在偏差

创业教育的根本目的在于：第一，使大学生树立崇高的理想和终极价值目标；第二，培养大学生的创造和开拓精神；第三，使大学生掌握从事创业的思维方法。过去大学只重视知识的传授而忽视思维方法的训练，这严重影响创业活动的开展和创业思维的形成，这些必须要纠正。因此，在创业教育中，要向大学生传授思维方法的技巧，特别是创造灵感思维方法、创造抽象思维方法、创造求异思维方法、创造简约思维方法等；第四，使大学生掌握从事创业所必需的专业知识与技能；此外，还应懂得金融、财务、法律、市场运作等方面的基本常识，还要有敢于冒险的精神和坚定必胜的信心。

当代大学生缺乏创造和开拓精神，所以要在大学生中进行创业教育。我们应有意识地培养大学生的冒险和对待失败的从容态度。帮助学生开阔视野，培养他们的创业精神和创业能力，使创业文化活动发挥促进整个社会的作用。

很多高校的领导对创业教育理念存在偏差，把创业教育混同于普通教育，并单纯地认为创业教育就是培养学生创办企业的能力，有的还认为大学毕业生有业可就就没有必要开展创业教育。甚至有些教师认为创业教育是对传统的否定，学生不能丢掉专业学习。这些领导和教师认识上的偏差，导致高校对创业教育缺乏政策导向和经费支持，从而对我国创业教育发展起到阻挠作用，表现在以下几个方面。

（一）我国高校创业教育意识淡薄

我国高校受经济条件的制约，再加上高等教育起步较晚，正处在发展提高阶段，对创业意识的认识还不够深刻，还需积极地探索和实践。要加大对社会的宣传，引起政府部门的重视，要让政府官员转变思想观念，支持创业教育，另外在政策上和经费上进行倾斜。同时还要提升高校领导层的认识水平，让他们理解创业教育，支持创业教育。在大学生中积极动员，对他们进行创新精神的熏陶，克服对创业教育意识的淡薄，让全社会都重视创业教育。

（二）我国高校创业教育观念滞后

大学生对开展创业教育实质认识不足，接近半数的大学生认为想办法“赚钱”是开展创业活动最主要的目的。还有一少部分同学认为创业就是几个人凑在一起做一些简单的生意，甚至误将帮助教师查资料、整理文件等勤工助学等同于创业。多数学生没有从观念上认识，而只是简单认为有了资金就能创业，忽视了创业应具备的知识、能力、技巧、方法、环境等的影响。之所以产生这种认识上的偏差，与高校的教育引导和观念认识密不可分。许多高校在大学生创业的问题上还存在认识不清，对学生创业教育引导还缺乏从思想上疏导和启迪。创业教育观念落后，不能把正确的创业观念灌输给学生，这也是造成大学生对创业教育认识不清的原因之一。

（三）我国高校创业教育体系认识欠缺

尽管政府对创业有政策的支持和帮扶，同时，也有媒体的大力宣传，各高校也根据各自的经费、场地等实际对创业教育划拨了专门的资金支持。但由于各高校的认识层面不同，对创业教育重视不够，每个高校对创业教育的开展就不同，很多高校仅开设一两门课程，如《创业学概论》《创业管理》等。这样对创业教育的意识不清、效果不好，不能很好地设计课程，使教学内容简单，教学手段不实，教学方法陈旧。他们偶尔也会邀请本地知名企业家做讲座、搞一些创业计划活动，但大多都没有形成系统的、制度化的创新人才培养体系。国内高校仍然将传统传授知识作为主要目标，设计的创业活动缺少与实际的联系，这就说明对创业教育的认识还是不够深刻，创业教育师资经验不足，所授课程和研究不能很好和创业实践对接，把一些具有创业经验的企业家阻止门外，导致认识上的欠缺。

（四）经济条件制约创业教育的发展

创业教育的实施需要以一定的经济条件作为基础，但目前，我国的经济发展水平在一定程度上制约了我国创业教育的发展，主要体现在：我国高校财政资金来源渠道不足，缺乏多元化的创业融资渠道。目前我国高校财政资金大部分来自政府资助和科研基金这两条主要渠道，缺乏像国外“第三收入”来源渠道，比如从工厂、企业、慈善基金、地方政府、校友捐助等渠道获取经费。这一方面是由于我国投资政策的局限，另一方面也反映了创业精神的培养不能停留在宣传上，要主抓大学生的创新能力和责任意识培养。加强大学生的个人独立能力培养，不能全依靠家长、高校、社会的支持和帮助，学生要形成对自己负责、对家庭负责、对社会负责的责任意识。另外，我国高校还缺乏创业及创业教育外延拓展，高校创业教育实践环节严重缺乏，高校的创业教育资金不足和这些有很大的关系。

（五）制度因素制约对创业教育的认识

创业教育需要政府的倡导，经济的支持，社会的氛围，包括资金支持、技术的支持、政策的支持、机会的给予、资源共享等，我国尚缺乏个人创业的社会氛围。由于历史原因，计划经济的传统思想还束缚着人们的行动，还在根深蒂固地影响着人们的创新。这样的文化环境很难一下子把人们从传统的观念中解放出来，也很难有勇气自主创业。据全球创业观察报告，我国的创业资本在创业活动中投资的很少，从全球观察报告中显示是最低的，创业资金主要来源于自筹，包括亲戚或朋友资助，缺乏社会创业资金来源。只有少数试点高校有政府部门设专项资金支持，其他高校只有靠自己想办法了，制度政策不能向所有高校倾斜，导致创业教育活动在高校中不能普及。

三、高校创新创业教育问题的异质性分析

“领导层重视不够，创新创业教育理念滞后”问题均低于 50%，不同类型高校排序依次为：中央部属本科院校 (48.76%)、省属本科院校 (46.76%)、“211 工程”院校 (46.38%)、高职 (高专) 院校 (44.36%)、“985 工程”院校 (43.97%)。

“与专业教育结合不紧、与实践脱节”问题最严重，不同类型高校排序依次为：“211 工程”院校 (64.59%)、省属本科院校 (63.29%)、“985 工程”院校 (60.99%)、高职 (高专) 院校 (60.49%)、中央部属本科院校 (58.68%)。

“教师开展创新创业教育的意识和能力欠缺、教学方式方法单一”问题均高于50%，不同类型高校排序依次为：中央部属本科院校(59.50%)、省属本科院校(58.93%)、高职(高专)院校(57.73%)、“985工程”院校(57.45%)、“211工程”院校(52.12%)。

“针对性实效性不强，实践平台短缺”问题非常突出，不同类型高校排序依次为：高职(高专)院校(67.12%)、省属本科院校(65.96%)、“211工程”院校(63.34%)、中央部属本科院校(60.33%)、“985工程”院校(51.06%)。

“指导帮扶不到位，师资短缺”问题均小于50%，不同类型高校排序依次为：省属本科院校(46.72%)、“985工程”院校(44.68%)、高职(高专)院校(44.17%)、“211工程”院校(44.14%)、中央部属本科院校(40.50%)。

“创新创业教育体系不够健全”问题相对不是很突出，不同类型高校排序依次为：省属本科院校(46.64%)、高职(高专)院校(44.85%)、“211工程”院校(44.64%)、中央部属本科院校(43.80%)、“985工程”院校(38.30%)。

四、高校创新创业教育的不平衡性问题

进一步的交互分析显示，不同类型的高等院校创新创业教育的突出问题各有差异点。

(一)“985”工程院校

“985”工程院校最突出的问题首先在于与专业教育结合不紧、与实践脱节(60.99%)，其次是教师开展创新创业教育的意识和能力欠缺、教学方式方法单一(57.45%)和针对性实效性不强、实践平台短缺(51.06%)。与其他类型院校相比，“985”工程院校在创新创业教育的针对性和实效性方面以及创新创业教育体系的建立健全方面略有优势。

(二)“211工程”院校

“211工程”院校最突出的问题首先在于与专业教育结合不紧、与实践脱节(64.59%)，其次是针对性实效性不强、实践平台短缺(63.34%)和教师开展创新创业教育的意识和能力欠缺、教学方式方法单一(52.12%)。

(三)中央部属本科院校

中央部属本科院校最突出的问题首先在于针对性实效性不强、实践平台短缺(60.33%)，其次是教师开展创新创业教育的意识和能力欠缺、教学方式方法单一(59.50%)和与专业教育结合不紧、与实践脱节(58.68%)，在指导帮扶方面和师资方面优于其他类型院校。

（四）省属本科院校

省属本科院校最突出的问题首先在于针对性实效性不强、实践平台短缺(65.96%)，其次是与专业教育结合不紧、与实践脱节(63.29%)和教师开展创新创业教育的意识和能力欠缺、教学方式方法单一(58.93%)。

（五）高职（高专）院校

高职（高专）院校最突出的问题首先在于针对性实效性不强、实践平台短缺(67.12%)，其次是与专业教育结合不紧、与实践脱节(60.49%)和教师开展创新创业教育的意识和能力欠缺，教学方式方法单一(57.73%)。

各类高校的交互分析见表2–3。

表 2-3　高校类型与其创新创业教育不足的交互分析　（%）

高校类型	领导层重视不够、创新创业教育理念滞后	与专业教育结合不紧、与实践脱节	教师开展创新创业教育的意识和能力欠缺、教学方式方法单一	针对性实效性不强、实践平台短缺	指导帮扶不到位、师资短缺	创新创业教育体系不够健全
“985 工程”院校	43.97	60.99	57.45	51.06	44.68	38.30
“211 工程”院校	46.38	64.59	52.12	63.34	44.14	44.64
中央部属本科院校	48.76	58.68	59.50	60.33	40.50	43.80
省属本科院校	46.76	63.29	58.93	65.96	46.72	46.64
高职（高专）院校	44.36	60.49	57.73	67.12	44.17	44.85

五、创新创业教育的区域异质性问题

不同区域高校存在的问题见表2–4。

（一）华北地区高校

华北地区高校创新创业教育存在的问题依次为：一是教师开展创新创业教育的意识和能力欠缺、教学方式方法单一(64.95%)；二是与专业教育结合不紧、与

实践脱节 (57.34%)；三是针对性实效性不强、实践平台短缺 (53.26%)；相对而言，领导层重视不够、创新创业教育理念滞后 (45.65%)，创新创业教育体系不够健全 (39.95%)，指导帮扶不到位、师资短缺 (36.68%) 排后三位。

（二）东北地区高校

东北地区高校创新创业教育存在的问题依次为：一是针对性实效性不强、实践平台短缺 (61.45%)；二是与专业教育结合不紧、与实践脱节 (57.63%)；三是教师开展创新创业教育的意识和能力欠缺、教学方式方法单一 (56.58%)；领导层重视不够、创新创业教育理念滞后 (45.79%)，指导帮扶不到位、师资短缺 (41.05%)，创新创业教育体系不够健全 (40.92%) 排后三位。

（三）华东地区高校

华东地区高校创新创业教育存在的问题依次为：一是与专业教育结合不紧、与实践脱节 (67.57%)；二是针对性实效性不强、实践平台短缺 (66.95%)；三是教师开展创新创业教育的意识和能力欠缺、教学方式方法单一 (57.53%)；创新创业教育体系不够健全 (53.35%)，领导层重视不够、创新创业教育理念滞后 (50.63%)，指导帮扶不到位、师资短缺 (49.16%) 排后三位。

（四）华中地区高校

华中地区高校创新创业教育存在的问题依次为：一是针对性实效性不强、实践平台短缺 (72.46%)；二是与专业教育结合不紧、与实践脱节 (67.26%)；三是教师开展创新创业教育的意识和能力欠缺、教学方式方法单一 (60.41%)；指导帮扶不到位、师资短缺 (52.16%)，创新创业教育体系不够健全 (50.89%)，领导层重视不够、创新创业教育理念滞后 (45.30%) 排后三位。

（五）华南地区高校

华南地区高校创新创业教育存在的问题依次为：一是与专业教育结合不紧、与实践脱节 (62.38%)；二是针对性实效性不强、实践平台短缺 (55.45%)；三是教师开展创新创业教育的意识和能力欠缺、教学方式方法单一 (53.47%)；领导层重视不够、创新创业教育理念滞后 (46.53%)，创新创业教育体系不够健全 (42.57%)，指导帮扶不到位、师资短缺 (41.58%) 排后三位。

（六）西南地区高校

西南地区高校创新创业教育存在的问题依次为：一是针对性实效性不强、实践平台短缺 (81.43%)；二是教师开展创新创业教育的意识和能力欠缺、教学方式

方法单一 (78.57%)；三是指导帮扶不到位、师资短缺 (75.71%)；与专业教育结合不紧、与实践脱节 (67.14%)，创新创业教育体系不够健全 (48.57%)，领导层重视不够、创新创业教育理念滞后 (45.71%) 排后三位。

（七）西北地区高校

西北地区高校创新创业教育存在的问题依次为：一是针对性实效性不强、实践平台短缺 (68.96%)；二是与专业教育结合不紧、与实践脱节 (61.61%)；三是教师开展创新创业教育的意识和能力欠缺、教学方式方法单一 (58.09%)；指导帮扶不到位、师资短缺 (46.20%)，领导层重视不够、创新创业教育理念滞后 (45.48%)，创新创业教育体系不够健全 (44.41%) 排后三位。

表 2-4　不同区域高校存在的问题及排序　　　　（%）

区　域	华北	东北	华东	华中	华南	西南	西北
领导层重视不够、创新创业教育理念滞后	45.65	45.79	50.63	45.30	46.53	45.71	45.48
与专业教育结合不紧、与实践脱节	57.34	57.63	67.57	67.26	62.38	67.14	61.61
教师开展创新创业教育的意识与能力欠缺、教学方式方法单一	64.95	56.58	57.53	60.41	53.47	78.57	58.09
针对性实效性不强、实践平台短缺	53.26	61.45	66.95	72.46	55.45	81.43	68.96
指导帮扶不到位、师资短缺	36.68	41.05	49.16	52.16	41.58	75.71	46.20
创新创业教育体系不够健全	39.95	40.92	53.35	50.89	42.57	48.57	44.41

六、创新创业教育的区域不平衡问题

从不同问题在不同区域的数据分布来看，创新创业教育的区域不平衡问题比较突出。“领导层重视不够、创新创业教育理念滞后”问题区域差异不大，位于45%~50%，其中最严重和最不严重仅相差 5.33 个百分点。

“与专业教育结合不紧、与实践脱节”问题全国都突出，其中：华东、华中、西南地区都很突出，均高出 67%，华南、西北地区也高出 61%，仅华北、东北低于 60%，但也高出 57%。

“教师开展创新创业教育的意识和能力欠缺、教学方式方法单一”问题区域差距大，其中西南地区居首位 (78.57%)，高出最不严重的华南地区 25.1 个百分点，华北、华中分列第二 (64.95%)、第三 (60.41%)。

“针对性实效性不强、实践平台短缺”问题：区域差距更大，其中西南地区居首位(81.43%)，高出最不严重的华北地区28.17个百分点，华中(72.46%)、西北分列(68.96%)第二、第三。

“指导帮扶不到位、师资短缺”问题区域差距最大，其中西南地区(75.71%)最突出，比华北地区(36.68%)高出39.03个百分点，华中地区位居第二(52.16%)，其他地区均低于50%。

“创新创业教育体系不够健全”问题区域差距较小，其中最严重的是华东地区(53.35%)，比最不严重的华北地区(39.95%)高出13.4个百分点，超过50%的只有华东地区和华中地区(50.89%)。

七、课程设置不合理、教学形式单一、缺少文化氛围的问题

（一）创业教育的课程设置不合理

创业教育实现的好坏很大程度取决于创业课程的安排。但是，目前我国开设创业教育课程的高校数量少，并且缺乏实践经验，导致创业教育课程设置方面也存在许多不合理的地方，突出表现在课程安排缺乏针对性和操作性。创业教育是一项复杂的综合的工程，它涉及多类学科领域。部分院校开设的创业教育课程只针对管理学院、工商学院等与经济较为紧密的学院的学生，很难向全校学生开放。创业教育教材是创业教育的基础，没有完善的理论和具有实践指导意义的教材，教育就无法正常系统地开展，更难以取得相应的效果。目前全国范围内使用的教材大都来自欧美，这些教材虽然填补了我国创业课程教材开发的空白。但这些教材也存在缺陷，一方面教材内容与我国实际国情不相符；另一方面国外的教材缺乏针对性的案例分析，不能实现理论与实践的结合。因此，未来我们应该加大对本土教材的研发力度，争取早日实现国内学生用国内教材的目标。

（二）创业教育的教学形式较单一

我国现行的创业教育通常采取统一的教学计划，通过公共选修课外加创业计划大赛的方法，对不同学科专业的学生予以统一的培养，忽视学生的专业差异和个性特点；在教学内容上，教材内容单一、枯燥；教学方法方面，仍保留教师单方面讲授、学生听课、记笔记为主，不能充分发挥大学生的主观能动性，忽视了学生参与的重要性；在考试方面，仍沿用强调知识的单调记忆的做法，而没去考查学生解决实际创业问题的能力和素质。这种封闭单一、重知识传输而轻能力培养的创业教育模式往往扼杀学生的创新思维，不利于创业素质和能力的培养，严重阻碍了创新创业应用型人才的培养。

（三）创业教育文化氛围缺失

我国传统文化教育人们，学生服从教师，教师服从学校，中规中矩，缺乏教师和学生的互动，缺乏探讨。在这种长期的教育模式下，抑制了人们的主动性和创造性。要想改变这样的传统，就必须加大宣传力度，在公开媒体上多宣传、多报道，弘扬人的个性，改变教育模式，弘扬创业教育，把大学的创业教育通过官方的多种渠道，传递给社会，并营造良好的创业文化氛围。又由于我国市场经济的发展历程较短，相关政策法规不很完备，政府支持力度不大，基础设施不健全，教育与培训跟不上，社会对创业概念的曲解，创业氛围较为薄弱，各种社会媒体也没有系统的有效宣传。创业教育发展受到了各种阻碍和限制，使创业教育进入了发展的瓶颈阶段，创业文化氛围不强，要想创业文化氛围浓郁，宣传效果好，必须做好以下几个方面：

第一，严格创业实践，注重能力提升。在创业实践中，通过开展创业计划书撰写、模拟实践活动让大学生充分了解创业的意义、创新型人才的要求，在教师的指导下，帮助学生了解市场变化规律，分析其风险。教育学生掌握丰富的知识，学会应对复杂多变的环境。努力培养学生的思维创造能力，学会观察问题、分析问题、解决问题。注重在实践中增长才干，增强他们的创业思维和实践能力，在提高大学生的能力时，为创造良好的文化氛围增添光彩。

第二，克服传统观念，弘扬创新理念。在创业教育的过程中，传统的观念制约着创业活动的实施和开展。由于旧的教育方式不能及时改变，创业过程无章可循，都是自己去摸索，闭门造车，脱离实际，在创业教育的概念、内涵和管理模式上产生误区，活动很难取得实效。所以，要在创业教育的实践中，创新思维，把新的理念贯穿于创业的全过程，形成与社会的联动机制，加强与企业的合作，建立创业实践基地，通过新媒体推广宣传创业教育的优点，争取更多的社会资源支持和帮助大学生创业。

所以，要在全社会形成良好的创业舆论宣传，从正面引导，通过官方网站、微信、微博等现代技术手段弘扬创业教育。鼓励大学生练好自身本领，树立典型，以榜样的作用传递正能量，引起全社会的关注，大力营造创业教育文化氛围，使创业教育活动在我国高等学校中顺利开展，并取得显著成效。

八、高校创业实践教学中存在的问题

近年来，由于经济发展和社会就业需要，以创业促进创新、以创业带动就业成为推动社会经济发展的新形式。为适应社会经济发展的需要，我国高校开设创业课程，对在校大学生进行创业教育。为了推动创业课程发展，激发学生创业热情，目前，我国部分高校已将实践教学引入创业课程并提出创业课程实践教学模式。虽然我国多数高校已经开设创业课程，并且有部分高校将实践教学引入创业课程中，但是课程的设置缺乏创新性，表现在以下三个方面：

第一，理念缺乏创新性。目前，多数高校创业课程的教学仍然停留在“教科书”式的教学，教师照搬创业课程教科书进行授课，学生接受的创业理念具有滞后性。

第二，内容缺乏创新性。多数高校对于创业实践教学都是“口号式”教学，即仅仅是鼓励学生去尝试创业，但是并没有为学生提供创业的条件。

第三，方式缺乏创新性。对于创业实践，高校多采用以鼓励学生参加创业竞赛的方式，而真正的创业课堂往往缺乏实践。

除此之外，虽然目前国内主流高校的“创业管理”课程都设有实践环节，但大都是进行伪实践，学生根本无法从这些伪实践中真正经历创业的过程，更谈不上对创业有深刻的感悟。本节将三种典型伪实践概括为“一听、二写、三比”：

一听：在创业类课堂上普遍存在教师照着创业类书籍对学生进行“满堂灌”式教学，学生是通过“听”的方式幻想创业的过程。

二写：写《创业计划书》(也称为“商业计划书”)，这已经成为大部分创业课堂的“必经之路”，学生通过“写”的方式“经历”创业。

三比：即参加创业项目比赛，这样的实践环节比“满堂灌”的教学方式的效果好一些，但仍然与实际创业相差很大，甚至可以说是“空对空”的伪实践。

创业本身是一件非常复杂且困难的事，高校“创业管理”课程无法设置真正的创业实践环节无可厚非。然而，创业教育的核心是培养大学生创新创业的基本素养，包括创新精神、创业知识和创业能力，如果实践环节流于形式，创业教育难以深度激发出大学生个体自身潜在的创业激情、智慧和创造能力，创业教育的效果也会因此大打折扣。

第四节　我国高校创新创业教育的发展建议

一、“面向全体”是主流趋势

教育部于2010年和2012年分别颁发文件强调“创新创业教育要面向全体学生”，各高校也通过多种方式积极贯彻“面向全体”的教育理念，从创新创业教育的目标和对象对其做出解读，认为“面向全体”是以培养所有学生的创业观念、知识和能力为目标，重点在于创业意识启蒙和创业知识普及。事实上，“面向全体”的创新创业教育有更为广阔的科学内涵，例如，有的学者提出的“广谱式”和“全校性”创新创业教育，就是“面向全体”理念的深化和具体化。有的学者将“面向全体”的创新创业教育分为初级、中级和高级3个发展阶段。本书认为，以数量增长为核心目标的初级阶段已经结束，当前正处在以组织转型为目标的中级阶段，应该加快深化改革的步伐，尽快过渡到高级阶段，实现理念置顶、和谐共存、创建生态系统的核心目标。

二、形成特色鲜明的教育模式是重要途径

高校创新创业教育的特色模式主要有“校本模式”“区域模式”“行业模式”3类，高校在坚持“校本模式”的同时主要呈现出向区域特色和行业特色发展的趋势。未来各高校创新创业教育要形成“三位一体、特色鲜明”的模式，即各高校创新创业教育模式要将“校本、区域和行业”三方面有机结合，统筹协调、紧密联系，以实效性作为创新创业教育模式选择的判别标准，形成具有鲜明特色的创新创业教育模式，使不同高校创新创业教育的效果最大化。“三位一体、特色鲜明”模式的核心在于“利益契合、准确定位”，高校结合实际，积极探索研究与区域特色、行业特色融合的利益契合点，让地方政府、企业通过“官产学”合作的形式积极参与创新创业教育，为创新创业教育提供资源，并构建高校自身发展与区域经济和行业共同进步的良性互动机制，整合校内外资源，最终实现区域特色、行业特色与高等教育的协调、互动和可持续发展。

三、完善教育体系是实现纵深发展的关键

创新创业教育体系的核心是课程教育体系和实践教育体系，发展的方向是通过“课程实践化、实践课程化”，实现从“知行并重”到“知行融合”的跨越。

（一）创新创业教育课程体系的实践化

创新创业教育课程体系的实践化包括“课程内容实践化”和“教学方法实践化”两个方面。“课程内容实践化”是指教学内容要与创业实践紧密结合，在创新创业教育课程中增加创业实践内容。在增加创业实践内容的同时，也不能弱化理论知识，创新创业教育课程内容实践化不等于“去理论化”，不能将理论与实践对立起来，而是将二者有机融合，通过实践案例来丰富理论知识，通过理论知识来指导创业实践。“教学方法实践化”是指在教学中综合运用开放式、互动式、研讨式、案例式等多种实践取向的教学方法。在课程教学中综合运用模拟教学、活动教学、体验教学、案例教学等方式，在课堂上增加学生的创业实践体验，可以在一定程度上弥补创业实践教育体系覆盖率低的不足。

（二）创新创业实践教育体系的课程化

通过创业实践，学生学习的创业理论知识得以运用，在实践中积累创业的相关经验。创业实践教育体系包括竞赛、园区和活动等载体，当前应该在科学规划基础上，完善现有载体、探索新型载体、强化育人功能，实现创业实践教育体系

的规范化发展。一要科学规划，将创业实践教育与专业实践教育有机结合，在内容、形式、师资、管理和保障等方面参照“课程”体系的标准去建构和完善；二要转变实践教育观念，使学生和教师正确看待创业实践的目的和意义；三要规范实践教育过程，突出强化实践教育的育人功能；四要完善实践教育考核方式，轻结果评比，重能力培养。

（三）构建系统化协同推进的支持体系是有力保障

创新创业教育是一项系统工程，需要体制机制、师资队伍、社会资源等多个因素作为支撑保障。

1. 成立大学生创新创业教育专门机构，完善体制机制

创新创业教育的深入发展对于机构和制度保障要求越发强烈，建立专门的大学生创新创业教育机构，并健全制度、理顺机制是未来发展的趋势。具体而言，要结合自身特点成立大学生创业学院或中心，要把创新创业教育和大学生自主创业工作纳入学校重要议事日程；理顺领导体制，建立健全教学、就业、科研、团委、大学科技园等部门参加的创新创业教育和自主创业工作协调机制；统筹校内资源，整体规划和协调创新创业教育、创业基地建设、创业政策扶持和创业指导服务等工作，明确分工，确保人员、场地、经费投入。

2. 打造“三师型”师资队伍

一方面是重点建设、完善师资队伍结构中的“3 种类型”：理论型的校内专职教师、综合型的校内外兼职教师、实践型的社会兼职教师。另一方面是教师必须具备“3 种素质”：能讲课，拥有“广而深”的专业知识；能咨询，拥有“精而专”的实践技能；能实战，拥有“丰而强”的创业阅历和能力。从而提升教师水平，优化教师结构，突破质量瓶颈。

3. 构建科学化、规范化、具有可行性的产学联盟支持系统

产学联盟是一种全新的合作形式，包括各高校之间的高校联盟及企业间的企业联盟。产学联盟支持系统的构建有 3 个原则，即利益契合、优势互补、资源整合原则；包含 5 个子系统，即作用系统、平台系统、组织保障系统、机制保障系统和过程控制系统。通过作用系统推动高校和企业相互合作，具体合作途径则通过平台系统实现，通过组织保障系统和机制保障系统确保产学联盟的有序有效运行，通过过程控制系统对合作支持系统进行控制，对创新创业教育提供资源、实践、经验和研究支持。

第三章
发达国家高校创新创业教育经验

第一节　国外高校创新创业教育的主要模式

从创新创业教育的组织架构看，一般包括主管部门、创业企业服务中心、创业者俱乐部、校内主管创新创业教育的组织机构、负责项目孵化的机构和其他机构。国外的创新创业教育并没有统一模式，通过文献研究，我们发现国外高校创新创业教育的发展模式一般有四种情况：一是商学院主导型，如美国麻省理工学院；二是科学园主导型，如英国剑桥大学；三是双创教育中心平台型，如日本筑波大学；四是区校联动融合型，如美国斯坦福大学。

一、商学院主导型典型案例：美国麻省理工学院

美国麻省理工学院创业中心成立于 1996 年，隶属于斯隆管理学院，教育面向整个学校，它是整个学校创业教育的引导者与规划者。创业中心以培养具有创新精神与有原则的先驱领导者为目标，指引他们通过革新思想、管理实践来改善整个世界，并致力于“支撑全校的创业教育，一方面为学生提供完备的创业课程，另一方面研究创业理论与支持创业的校外宣传活动”(范颖，2017)。创业中心组织创业教育的内容主要包括三个方面。

（一）制定创新和企业家精神培养方案

创业中心为创业班和 MBA 的学生制定创新和企业家精神培养方案，由必修课、选修课、活动与实践四个环节构成。课程内容强调理论和实践的融合，培养学生克服创业困难的毅力和恒心。其中，必修课包括管理的创新和企业家精神、新企业家、科技创业与企业家精神导论三门课程。通过“麻省理工 $100K 创新创业大赛”“麻省理工创客大赛”“麻省理工全球创意挑战赛”等实践项目，使学生切身体会在创业中可能会出现的各种困难与问题，有利于培养他们在困境中激发自身的潜能和思维的能力。

（二）完整创业课程体系、全球性培养方案

麻省理工斯隆管理学院创业中心的创业课程包括学术类、实践类、团队项目

型创业课程三种类型。创业课程打破专业的界限，实现了跨学科与多学科的融合。创业中心与英国、德国、亚洲等地区机构共享资源，创建海外的创业教育课程与实验室，真正地实现了人才培养的全球化发展。

（三）构建创业人脉网络

创业中心通过不同的形式构建创业人脉网络，如“创业者协会”“创业者实验室”等。一方面，有利于学生在创业的道路中能够方便地进行经验交流，另一方面，为学生和企业家之间搭建了桥梁，学生拥有充足的实践和实习的机会，从而达到创业理论与实践的双轨教育。创业中心为了加强自身对创业教育的影响力，建立了极富特色的官方创业网站“MIT Enterprise Forum”，分为八个版块，完全囊括了创业教育的各个方面。创业中心重视对创业教育的研究，出版了《技术评论》《斯隆管理评论》等权威杂志。

美国麻省理工学院开创了大学、政府、产业联合的创新创业模式，在美国学术界具有独特的地位。在该模式中，麻省理工学院实现了科学研究、实际应用、教学以及学校收益的最优组合。这一“大学—产业—政府”模式被称为“三螺旋模型”，即麻省理工学院与产业界、政府(包括地方政府、联邦政府)建立了新型交叉的互补关系，三者间存在着一种共生性，为此，麻省理工学院始终把产、学、研活动视为一而三、三而一的活动——在时间上同时进行，在空间上并列开展。一方面，麻省理工学院通过接受政府、产业界的资助以及与其签订合作协议来建立紧密的互动关系；另一方面，麻省理工学院利用自身的优势为政府、社会培养人才和输送科技成果，为本地产业升级服务，不断创造新公司和新企业，服务当地经济(黄亚生、张世伟，2015)。

二、科学园主导型典型案例：英国剑桥大学

（一）英国剑桥科学园的制度安排

英国剑桥科学园是由剑桥大学圣三一学院于20世纪70年代创办的，进入80年代以后，该地区以剑桥大学为源泉涌现出大量高技术公司，剑桥科学园也被誉为英国的“硅谷”，其发展经历了起步、成长、快速发展、停滞和缓慢增长四个阶段。

在科学园的发展过程中，剑桥大学起到很大作用。为了推动科技成果和科研人员投入产业界，剑桥大学出台了一系列的具体政策：

（1）实行短期合同制。剑桥大学为教研人员制定了短期合同工作方式，待合同期满，如不想留在剑桥便可步入业界(马永斌、刘帆、王孙禺，2010)。

（2）鼓励教师兼职。剑桥大学鼓励教师在完成教学任务的前提下，到校外兼职，这一措施为教师创办自己的公司提供了现实性条件。

（3）保障科研人员的知识产权。剑桥大学规定专门技术的知识产权归教师个人所有，这就提高了教师将其专利技术商业化的积极性。

（4）学院制度的作用。剑桥大学的制度有利于各学院与产业界建立许多正式和非正式的合作关系，为师生创业和科技成果转化提供了渠道和平台。

（二）剑桥科学园的发展特点

1. 知识、技术转移和创新创业活动十分活跃

剑桥大学有着八百年的历史，科技发明的绝对数量领先世界，是全球创新发源地之一。在创新的传统发源地周围建立创业环境，创建知识型企业文化。剑桥大学的人才潜力吸引了越来越多企业到剑桥，而且剑桥地区 42% 的企业以从事研发为主要活动；37% 的企业以从事制造为主要活动；17% 的企业以从事咨询为主要活动。剑桥地区创新创业活动活跃，大量的中小企业诞生，这些小公司分布很不集中，往往涉及多个技术领域。

2. 强大的科研人力资源

由于科学园本身就由剑桥大学投资创建，连科学园使用的土地都归圣三一学院所有，因此剑桥大学对剑桥科学园的发展起到了独特的奠定作用。剑桥大学产生了许多重大的科学发现和发明，至今剑桥大学共有 56 人次获得了诺贝尔奖，超过世界上任何一所大学。剑桥大学凭借在物理、计算机和生物科学等领域所具有的优势，为科学园提供了极具市场潜力的科研成果，园区内许多高技术公司都是围绕一项或多项科研成果而诞生的，这成为推动科学园高技术产业发展的原动力。为促进科学园的发展，剑桥大学制定了一系列有利于技术成果向校外转移的政策，学校明确规定知识产权归教师所有，这项措施激励着教师和学生积极转化科技成果、参与创办企业。剑桥科学园的蓬勃事业，同时证明了大学等科研机构能够对社会经济发展发挥巨大作用。

3. 适宜中小企业创业的科学园环境

剑桥大学对园区整体实行民主管理，权力分散的组织管理方式鼓励了个人的发展，催生出一大批富有活力的小型科技企业。剑桥科学园为新创企业提供风险投资、中介机构、物流服务等，真正起到孵化作用，使创业者如鱼得水。剑桥科学园入园企业的特点是规模小而灵活，事实上在微电子和计算机领域，非常适合小型企业的成长，这些小企业在发展的过程中只专注于自己最擅长的领域，其核心业务非常明确，先求强再求大。该园以可靠的前景，具有诱惑力的挑战和高薪，吸引了欧洲大量一流人才组成了知识密集型的组织。剑桥地区聚集了英国 1/4 的风险资本，是全英国除伦敦外种子资本和风险资本最密集的地区，共吸收了全英国 25% 的风险投资和全欧洲 8% 的风险投资。巴克莱银行在剑桥科学园设立了办事处，专门支持新型风险企业，凡符合政府企业担保计划规定的风险企业都可以在该银行透支或获得定期放款。

4. 积极支持高新企业孵化

剑桥大学利用学校实验室，积极支持园区及周边计算机、科学仪器、电子技术及生物技术等行业公司的技术孵化。剑桥大学的人才和技术在剑桥地区的发展中扮演重要角色，在过去 10 年中，剑桥大学孵化出了 310 家高技术企业。科学园的服务不局限在园区内，而是辐射整个剑桥城。仅从公司数量看，科学园占高技术产业的 10% 左右，且剑桥科学园定位于为新创企业提供条件，而自身并未在园区直接创办企业。科学园与外围高技术公司、大学、科研机构形成网络关联，充分挖掘属地研究机构孵化能力。剑桥地区有过半数的公司保持着和本地研究机构的联系，其中 90% 存在于它们和大学各系、科间，联系最频繁的是工程系、物理系和计算机实验室。而且有近 20% 的公司通过和本地研究机构举办合作项目、许可证交易和咨询等联系渠道，开辟获取新技术的来源。

5. 灵活的教师创业制度

剑桥宽松的教师兼职条件与知识产权的宽容政策促使教师创业。剑桥实行短期聘用制，为不愿离开剑桥而又需等待再聘机会的教师提供进入企业界的可能。剑桥制定适宜的技术发明利益分配制度，十分重视技术发明人的经济回报，调动科研人员的积极性，激励着教师和学生积极转化科技成果，参与创办企业。

剑桥地区产业集群的发展带动了整个英格兰东部地区的发展，并使之成为英国经济增长最快的地区之一。剑桥大学是催生剑桥地区高技术产业集群的源头，不断创造了大量的技术和企业，催生了以研发为主的产业。剑桥科学园的发展模式与运行机制可以归纳为企业研发机构、高校研究机构和技术咨询机构三大创新主体的独特产学研合作网络。企业研发机构、高校研究机构和技术咨询机构是剑桥地区技术创新的主体，在剑桥高技术产业集群发展中发挥着关键作用，被称为剑桥地区的“技术提供者”。剑桥地区企业研发实验室每年都会衍生许多新的高技术企业；欧洲研发中心衍生出来的技术咨询机构也在积极利用它们在咨询工程中产生的核心能力。

三、双创教育中心平台型典型案例：日本筑波大学

日本筑波大学是日本筑波市著名的国立综合大学。该校为人所熟知的很重要的一个原因是筑波科学城的存在。筑波科学城总面积 2.84 万公顷，人口 20 万，科技研究人员 1.3 万余人，高科技企业、研究机构 300 余所，是日本最大的高等教育与科研基地。该校发展产学研合作的一大特色就是借力筑波科学城。

筑波大学作为科学城的中心，以其绝对的地理位置优势与科学城内的研究机构、企业建立紧密的合作联系。通过这种合作，既培养了新的科技人才，促进了大学教育改革，同时也为企业开发了新技术、新产品，甚至为创造新产业提供了知识基础。

筑波大学内有一个专门推进产学研合作的研究中心——筑波工业联盟与合作研究中心，该中心成立于 2002 年，主要负责六个方面的事务：支持所有辅助

研究项目的开展；支持产学合作研究；支持学校科学研究转化为科技发明；搜集并提供技术种子和技术需求；支持当地（筑波科学城）产学研合作；实施旨在促进产学合作的调查、研究和计划（包括利益冲突管理制度）。除此之外，筑波大学还有一个与之相配套的知识技术转化中心——产业关系及技术转让办公室，它的作用在于加强大学、产业以及政府机构之间的关系。我们可以从 2002 年后学校专利发明数量的变化看出筑波工业联盟与合作研究中心和产业关系及技术转让办公室对于促进产学研融合的作用，2002~2012 年学校专利发明的数量持续增长，2012 年的数量接近于 2002 年的 4 倍。

筑波大学借力筑波科学城带给我们的启示是，学校可以寻找并充分利用大学城、科技城、高新技术开发区等资源，扩大产学研合作的广度，并且不仅仅局限于当地，相邻省市、新开发地区，甚至国外有需求的地方都可以纳入考虑范围。除此之外，学校可以建立专门的产学研规划推进中心，聘请专业的团队，并同时完善相应的规章制度，如技术转让制度、利益冲突管理制度等，进而延伸产学研合作的深度。

四、区校联动融合型典型案例：美国斯坦福大学

美国斯坦福大学被誉为“硅谷心脏”，斯坦福师生在硅谷创建了很多高科技公司，比如苹果、谷歌、惠普、雅虎、思科、甲骨文等。长期以来，斯坦福大学将创新创业教育贯彻到具体培养过程中，提倡学校的科学研究需要面向社会需求，通过创新创业教学课程设置、创新创业教育科研平台构建以及创新创业教育服务产业和社会发展多维度的努力，形成了“三位一体”的创新创业教育体系（见图 3–1）。

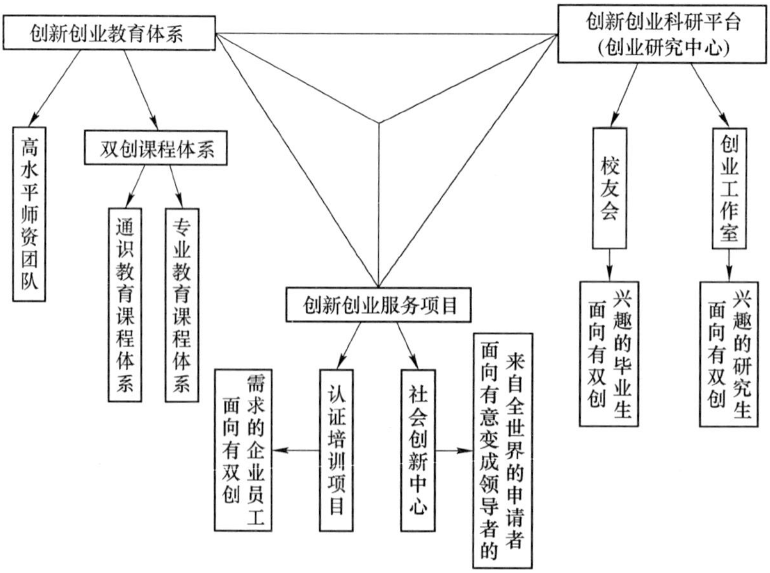

图 3-1　斯坦福大学创新创业教育三维结构图

（一）创新创业教学体系促进人才培养

1. 高水平师资团队建设

斯坦福大学广泛网罗理论与实践能力都很强的一流教师，为创业教育提供了重要的保障。目前斯坦福大学拥有的教师和研究人员人数不多，但是其中包含了16位诺贝尔奖获得者、4位普利策奖获得者、137位国家科学院院士、89位国家工程科学院院士。而且斯坦福大学会通过聘请企业界的优秀企业家和工程师作为创新创业教育的授课教师，通过这种兼职教师的讲座和授课，有效地将学校的专业知识学习和企业的实践结合在一起，促进学生综合能力的提升，为学生创新创业发展奠定了坚实的基础。

2. 完善的课程体系建设

第一，重视通识教育课程体系建设。斯坦福大学通识教育必修课在2012年改革之前主要包括领域课程、人文导论课程、写作与修辞、语言四类。2012年课程改革后用有效思考替代了人文导论，并延续至今。2013年课程改革以思维与行为方法替代了领域必修课。2014年课程改革中用口语交流代替语言。经过这三次通识教育方案的改进结果可见，新的通识教育方案实现了从“重视学科”到“重视能力”的转变，注重培养学生的思维能力与表达能力。第二，创业教育课程设置注重基础课和专业课的融合。斯坦福大学商学院率先开设创业教育课程，目前商学院创业研究中心已经开发了21门面向MBA学生的创业教育课程。工学院通过技术创业项目构建了针对不同层次学生的创业教育课程，并围绕科技创业设置跨学科课程，为本科生、研究生等不同层次的学生设计了不同的课程，采取多样化的授课方式给学生提供帮助。

（二）创新创业科研平台支撑创业研究

斯坦福大学创业研究中心成立于1996年，为了有效推进创新创业研究的发展，该中心尝试了如下举措。

1. 成立斯坦福大学创业中心校友会

创业研究中心面向所有具有创新创业兴趣的毕业生们组建校友会，提供资源分享和信息交流的平台。校友会充分发挥自身资源互补的优势，自发组建创业小组，定期进行交流和分享，针对创新创业问题进行探讨和分析。校友会每年会组织暑期创业项目，支持在校学生去中小企业进行创业实习，并且邀请专业人员对实习学员进行针对性的指导和帮助，形成了斯坦福大学校友互帮互助的良好氛围，构建了一个较为理想的创业环境和系统。

2. 成立斯坦福大学创业工作室

创业中心下设创业工作室，面向斯坦福大学所有专业具有创业兴趣的研究生，营造充满活力的创新环境。斯坦福大学的学生创业组织、创业学科以及其他科技类学科学术性交流都为创业工作室的创新创业营造了良好氛围。如果学生有成形的创业思路，可以通过电子邮件注册会员，利用工作室的强大支持能力和丰富的资源，与教师、企业家进行交流和沟通。这些经历给予学生创新思维和创业能力的重要锻炼，为他们今后走上创业道路提供了重要的帮助。

（三）创新创业服务项目引领社会创新

1. 认证推动企业创新

认证推动企业创新项目主要是提供为期一年的培训活动，通过认证培训，帮助学员们开拓新的思维，运用创新的方式方法去运用知识。主要包括 3 门商业课程在内的 8 门课程，核心课程就是“财务管理”“战略管理”以及“批判性思维”。学员们通过自定义的视频讲座、个别评估、集体讨论环节以及团队项目的多种形式的学习，从而有效地推动组织内部的创新。并且通过定期组织和斯坦福创业中心的优秀教师、硅谷的杰出企业家、投资者、思想领袖等进行交流和沟通，通过这些活动可以有效地促进学员们创新创业能力的提升。

2. 实施社会创新项目

斯坦福大学积极开展社会创新项目的实施计划，其主要目的就是努力培养世界范围内教育、环境、贫困以及其他事关公平正义事业的领导者。斯坦福大学社会创新中心为来自全世界的申请者提供社会创业执行计划和非营利组织领导者执行计划。这一系列的开展和实施过程，为世界范围内的创新创业者提供了重要的学习渠道和路径，对于促进社会创新事业的发展具有十分重要的意义。

第二节　美国高校创新创业教育模式分析

一、美国高校创业教育的发展

在过去的三四十年中，美国创业型经济快速发展。其中，起着中坚力量的中小企业通过创造工作岗位和提供具有创造性的产品和服务，越来越成为美国经济发展的引擎。有资料表明，自 20 世纪 80 年代以来，财富 500 强已经减少了 500 万工作岗位，而中小企业却贡献了 3400 万个新工作岗位；同时，这些中小企业又是美国经济发展中最具活力和创造性的因素。20 世纪的重大发明，如空调、飞机、人工合成胰岛素、光纤检测设备、心脏起搏器、个人计算器、光学扫描仪等都是中小企业发明的。创业型经济对提升美国社会整体的创新能力和发展活力，稳固美国在全球化中的地位做出了重要贡献。

创业革命深刻影响高等教育的变革。它是社会发展的必然趋势，也是大学自身改革和发展的内在要求，从 1947 年哈佛商学院提供第一门创业学课程开始，美国高校的创业教育经历了四个发展阶段：萌芽阶段、起步阶段、发展阶段、成熟阶段，至今已经有 60 余年历史。

萌芽阶段 (1947~1970 年)：1947 年哈佛大学商学院教授 Yles Mace 教授率先开设的《新创企业管理》课程，被后来众多的创业学者认为是美国大学的第一门创业学课程。通过多年的积累和实践，1967 年后，斯坦福大学和纽约大学在原有课程基础上进一步完善与拓展教学内容和模式，把它应用到 MBA 创业课程中。第二年在美国巴布森商学院，本科生中开设了类似"创业管理"的课程，又由于受到美国当时经济条件的影响，一些创业课程还停留在初创阶段。

起步阶段 (1970~1990 年)：到 20 世纪 70 年代，美国创业教育已濒临教育的边缘，当时仅有 16 所大学开设了创业课程。随着美国经济增长开始减缓，创业教育才被逐渐重视起来。1970~1990 年，美国的创业教育逐步得到了快速的发展，为美国的经济复苏奠定了良好的基础。创业教育在高校中开设的情况逐年增加，1979 年至 1989 年 10 年间，在本科生中开设了创业教育课程的学校由 127 所增加到 1060 所。促使创业教育的课程得到快速的发展是因为美国的小企业在快速增长。

发展阶段 (1990~2000 年)：到 20 世纪末，美国的创业教育得到良好发展，从课程设置到学位授予走上了正规化的道路。除在本科设置创业教育课程外，还开始在研究生课程中开设创业教育课程。就本科生而言，全美有 1000 多所大学开设创业方面的课程，在课程开设的层次上都有了大幅度的提升。尤其是把创业课程由本科向研究生发展，这本身就是一个了不起的创举。另外，在专业设置和学位授予上，全美已有 140 多所大学把创业课程作为专业课程发展，深得学生的喜爱，有近 50 所大学有了创业学位授予权，这为美国的创业教育发展起到了推动作用。

成熟阶段 (2000 年以后)：进入 21 世纪以来，随着美国创业教育发展已成雏形，对社会的发展和经济的增长起到了促进作用，也得到了社会的关注和认可，便经常被《美国新闻》等杂志作为典型宣传，这些宣传给学校带来了社会效益，还直接给学校带来了经济效益，影响到各校的招生情况与经济收入，媒体排名也成为衡量各大院校工作成效和业绩的重要参考标准。

创业教育要想持续发展，对专业教师的要求也要不断提高。为此，美国创业机构正在构建和规划创业学博士项目，通过建立博士学位和教师终身培训项目来进一步提升和完善创业教育。他们还把教师培训项目作为创业教育者终身学习计划内容，为美国培养大批的创业学专业教师创造了优越的条件。

二、美国高校创业教育的特点

（一）开放的高等教育体系是创业教育迅速发展的基础

美国拥有独特的高等教育系统。伯顿·克拉克认为，美国高等教育系统规模庞大、高度分权、机构多样性显著、机构间竞争极端激烈。作为天生的创业主义者，美国高校在面对资源紧缺、竞争激烈的外部环境时，必然能够敏锐感知市场变化，并及时寻求有利于自身改革和发展的途径。创业教育的实施符合了大学本身发展的需求，也满足了政府、学生、工业界等不同主体的需要。另外，拓展的资助渠道、开放的入学政策、紧密的大学与工业的关系以及产生分支学科的开放性也促成了创业教育项目在美国快速地、独立地发展。这种草根主义的发展路径使得美国高校创业教育能与高校的文化优势和特点紧密结合起来，呈现出旺盛的生命力。

（二）以特色为先导，力求多元发展

美国高校的创业教育得益于市场力量的驱动和高校自下而上的改革。市场化的驱动彰显了无处不在的竞争压力，争取最有潜质的学生、最优秀的师资和基金会的捐赠等成为一个创业项目顺利运行的关键；高校自下而上的改革而非行政化指令促使美国高校创业项目与自身优势、文化紧密结合，并使得创业教育的发展从一开始就具有社会基础、教师基础和学生基础。同时，在各种模式间和模式内部都体现出特色化的发展理念：

首先，各高校创业教育模式的发展体现了模式创新与遵循传统的动态平衡。斯特里特教授在考夫曼基金会资助下对美国高校创业教育项目进行研究后发现，排名最靠前的38个项目采用不同的创业教育模式。各种模式的代表性大学见表3–1。

其次，选择同一种创业教育模式的高校也在不同校园文化和学科优势的引领下发展特色项目。美国高校创业教育正是在多样化创业教育模式的推动下，既保证了创业教育的广泛开展，又保持了创业教育项目的较高水准。

表 3-1　美国主要高校的创业教育模式

模　式	代表性大学
聚焦模式	哈佛大学、伊利诺斯大学、宾夕法尼亚大学、西北大学
磁石模式	百森商学院、麻省理工学院、斯坦福大学、贝勒大学、卡内基梅隆大学、马里兰大学
辐射模式	康奈尔大学、仁斯利尔大学

（三）以校园创业文化建设为枢纽，推进高校整体改革

创业教育的成功开展需要有良好的创业氛围和文化。它不仅指对学生创新和创业精神的培养，而且还需要使大学本身也成为创业型机构。美国高校在转变文化价值取向、鼓励大学教员创业以及保持与工商界的密切联系等方面进行了不懈的努力。首先，在文化价值取向上，倡导学生的创业精神与商业潜能和传统的专业技能、学术研究能力具有同等的价值，鼓励学生创业。其次，高校鼓励大学教师将自身的学术技能和研究成果转化为知识产权、市场化的商品，尤其在工程学、生命科学、电脑科学等学科内鼓励大学教员广泛参与创业活动，甚至创办新公司，将新产品和新程序商业化。再次，校友通过资助创业中心的建立、担任高校的兼职教师、参与创业计划大赛（担任评委或者导师）、提供教学案例和思路等途径有效支持创业教育的开展。

（四）以创业教育为中心为主要形式，提倡跨学科发展

美国目前有 100 多个创业教育中心，它们的发展往往依托传统院系，从而保证了稳定的师资、经费和课程等供给。创业教育中心能有效地跨越传统的学术边界，成为高校与外界保持联系的重要纽带。这些中心在运行过程中贯彻跨学科发展思路，从而有效调动跨学科资源，并使得培养的学生能够更加灵活地适应不断变化的需求。如麻省理工学院创业中心附属于斯隆管理学院，通过招收具有技术背景的学生来实现商业和技术的结合。这种跨学科的方式使得麻省理工学院毕业生创办的公司中，约 80% 能够应对市场的风险并生存下来。斯坦福创业网络的建立保证了斯坦福大学 22 个创业相关项目的交流与合作；同时，它还与商学院合作向学生提供跨学科的课程。

三、美国高校创业教育发展原因分析

（一）良好的社会环境使美国高校创业教育兴起

以下几组数据可以证明在美国，每年新创建的企业大约有 350 万家，接近 10% 的家庭成员中最少有一个人真正着手于创办新企业，并且卓有成效。在这期间他们积极采取各种创业行动，如向律师咨询、与银行家探讨贷款事宜、与土地所有者探讨厂址等。由于创办的这些新企业事业发达，发展前景好，给创办者以信心，他们中有 1/4 的人表示，通过自己团队的努力想把他们发展壮大，变成有社会竞争力的企业。这都是源于他们丰富的经验和创业家庭背景。如：在美国接近一半的家庭有过创业的经历，并且更多的家庭成员在小企业工作过。因此，

他们对创办新的企业信心十足，热情饱满，这也是他们良好的社会环境影响和熏陶的结果。

从经济总量来看，美国的所有小企业创造的GDP名列全球第三，总量比德国、英国、法国和意大利四国经济的总和还要多。

（二）坚定的创业精神促使美国高校企业教育繁荣

在美国为什么能有如此多的而且出色的创业者呢？美国巴布森商学院威廉·拜格雷夫教授就说过，美国能做的事情，别的国家也在做，并且做的事情都差不多，但相比较而言美国能做得更好，其优势在于美国人的创业精神。另外，美国人还善于创新，不是墨守成规，而是在原有基础上把事情做到最好，这就是美国创业精神的关键。创业精神是美国最重要的战略优势，同时也是美国自身的优势，这让任何发达国家望尘莫及。

美国的创业型企业已经创造了无数的奇迹，创业家在激发美国经济活力、推动美国经济迅猛增长等方面扮演着重要角色，越来越得到人们的认可和全社会的共识。这些都源于美国创业教育的科学规范，因为美国大学的创业教育非常重视实践教学、案例教学、讨论式教学。教学内容丰富，教学组织形式多样，课堂教学灵活，气氛活跃，重视分组讨论和学生课题申请，更加注重学生深入实际，积极参加社会实践。创业教育中心充分发挥它的优势，利用它的职责和工作性质，给大学生提供和创造一切创业实践的机会。同时，创业教育中心特聘一些资深专家、教授、企业高层为大学生讲授创业课程，利用他们丰富的经验，渊博的知识启发和教育大学生行动起来，积极投身到创业中来。

第三节　英国高校创新创业教育模式分析

一、英国高校创业教育的特色

（一）教育理念

20世纪80年代，英国开展了高等院校创业教育启动项目(Enterprise in Higher Education Initiative)，在大学课程体系中融入创业教育内容，许多课程是围绕如何建立小企业或者如何自我雇佣(self-employment)展开，传授一般的就业技能(generic employabilities skills)，目的是为了降低就业压力，减少失业者数量。目前我国大部分高校创业教育理念还停留在这个阶段。后来英国政府认识到，创业教育不仅是为了传授建立小企业的知识和技能，而且是为了全面提高学生素质，更好地培养创新性人才。1996年的《迪林报告》(Dearing Report)和2003年的《兰伯特校企合作评论》(The Lambert Review of Business—University Collaboration) 都强调高校全面开展创业教育的重要性和必要性，目的是培养学生独立自信、勤奋勇敢等良好品格与创新精神，培养学生的创业技能与开拓精神，提高学生的分析问题与解决问题的能力，让他们具备企业家的眼光，学会战略性地思考问题，以适应全球化知识经济时代的挑战。

（二）教学与师资

1. 专门机构

英国大部分高校都设立了创业中心，为本校师生的创业提供场地支持和指导，使得创业者的创业活动具有针对性和成功的可能性。同时各个高校设立专门机构进行教学管理以及实施教学。比如位于苏格兰的斯特拉斯克莱德大学 (University of Strathclyde) 设立了亨特创业中心 (Hunter Center for Entrepreneurship)，该中心作为独立机构实施创业教育的研究、教学和培训，为学生甚至教师提供很多便利条件。例如，组织团队进行创业教育理论研究，为创业者提供相应的技术支持，提供低息贷款等。高校成立专门机构开展创业教育的好处在于，能够节约教育管理成本，能够更加有效地整合、利用教育资源，提高经济效益。

2. 课程设置

目前英国将近 67% 的高校开设了创业方面的课程。英国的创业教育形式多样，无论文科学校、理科学校还是综合性高校都已经具备比较完善的课程体系。课程主要分为两种："为创业"和"关于创业"。在"为创业"课程中，教学内容不仅注重创业知识的传授，更注重实践能力的培养和经验的积累。在课堂学习之余，开展丰富多样的创业实践活动。比如，谢菲尔德哈勒姆大学 (Sheffield Hallam University) 为提高学生的实践能力，在全校推出了带薪实习项目，学生可以一边在课堂学习，一边到企业进行实习锻炼。对于在读期间就要创业的学生，该校创业中心会评估他们的创业项目，并提供指导老师和资金协助。总之，无论是到企业带薪实习，还是自己创业，在谢菲尔德哈勒姆大学都可以转化为学分和成绩。"关于创业"课程则主要传授必要的知识和技能，让学生对创业有一定的认识和了解，开拓学生的视野，在培养创业意识的同时，更注重理论的学习。正如英国大学生创业促进委员会 (NCEE) 的执行主任 Paul Hannon 教授所说，并不是所有人都愿意或者都能够成为创业者，创业成功者毕竟占少数，但是培养学生的创业意识和创业精神恰恰是创业教育精髓所在。很多高校开设了网络学习模块，如考文垂大学的创业中心，开发一个互动型的在线学习模块，包括在线调查、资料收集和讨论组等，目的是通过网络学习环境来培养学生的创业技能。总之，在英国高校，教学方法多种多样，在教学方法、手段和教学模式等各方面都讲究从实践中学，从经验中学。

3. 教材编写

英国各个高校都有专门的教材编写团队，或者几个高校联合编写，学校给予大力支持，提供经济上支持，可以享受假期，依然有薪水等。所以在英国创业教育方面的教材十分丰富，最新的研究成果层出不穷，比较流行的教材如由培生教育 (Pearson Education) 出版社出版的《掌握创业学》(Mastering Entrepreneurship) 和《创业与小企业》(Enterprise and Small Business) 等，在英国高校中颇受好评和欢迎。

4. 师资队伍

创业教育成败与教师的执教水平密切相关，教授创业方面课程的教师不但应该有丰富的商业管理知识，掌握丰富的创业知识，而且还应该具备丰富的创业实践经验，具有良好的创业意识和创新创业思维。讲授“为创业”课程的教师中全职教师占到 79%，21% 是兼职教师；他们中 98% 曾经有过商业管理经验，70% 的教师曾经创办过自己的企业。即使教授“关于创业”课程中，全职教师占 93%；其中也有 61% 的教师有过商业管理经验，36% 的教师创办过自己的企业。

（三）支撑体系

1. 组织与法律支持

为推进大学生创业，英国政府拨款建立了英国科学创业中心 (UK-SEC) 来管理和实施创业教育。该中心的工作主要包括：开展创业教育、密切联系产业界、支持创办企业，鼓励大学师生创办知识型企业、鼓励技术转化。目前，科学创业中心内下设 13 个创业中心涵盖了英国 80 多所高校，在当地企业和社区建立了良好的合作关系，为大学生创业教育提供了优质的资源平台与资金支持。

英国还出台了相关法律，建立良好的法律环境。英国大学知识产权法规定，大学无权自动拥有产生于学生的知识产权，这一点确保了英国大学生们自主创新创业的积极性。

2. 资金支持

英国在创业资金支持方面也别具特色。创业经费 80% 来源于政府设立的科学创业挑战基金 (The Science Enterprise Challenge Fund) 和高等教育创新基金 (Higher Education Innovation Fund)。政府为创业教育提供了有力的资金保障，对于支持大学开展创业活动和改革创业教育课程起到了巨大的推动作用。学校创业基金或金融机构提供发展创业启动金，它们是小额信贷，大学生在申请资助时不需要任何财产抵押和担保，且手续简便，利息很低甚至没有，并且可以分期还款。此外，英国政府还设立了很多奖金来鼓励大学的创业教育，还有很多资金是来自社会团体、企业和慈善机构的捐助。

二、英国高校创业教育的实施路径

（一）提供创业教育的资金保障

与美国依靠私人和企业捐赠获得创业教育资金不同，英国政府是创业教育资金来源的主渠道。为了提高国家的创业水平和创新能力，促进大学知识的转化，英国政府自 20 世纪 80 年代以来，为大学生创业提供了大量资金，有 80% 的资金来源于公共资源，通过高等教育创新基金、科学创业挑战基金等基金会转到大学。英国政府还依托各种机构如网站、企业等，为大学生创业提供资金支持。同时英国科学创业中心和全国大学生创业委员会成为国家层面的创业管理机构，表明英国已将创业教育提高到“发展国家经济驱动力”的高度。

（二）提供更多的创业机会和平台

为了不断激发在校学生的创业热情，许多高校在开设创业课程和实施创业项目的基础上，定期举办各类创业竞赛，并设立竞赛奖金激励获奖者，鼓励他们将奖金用于创业，从而达到“以赛促创”的效果。如，利兹城市大学的商业计划比赛获胜者奖金是 2000 英镑，获胜者还可以代表学校参加区域的比赛，优胜者可以获得奖金 5000 英镑，还可以进入高校企业孵化器，将自己的创新计划孵化成企业。作为一项国际性创业竞赛，“牛津大学 21 世纪挑战”2007 年竞赛奖金总额高达 6.5 万英镑，该竞赛旨在通过奖金激励，将学生的创新研究转化为经济生产力，培育更多具有可持续发展潜力和巨大经济效益的新企业。

（三）联动全社会支持的网络资源

英国许多高校有效利用社会和互联网资源，为学生创业提供各种便利。高校联合了政府机构、社区、成功创业者、中小企业、专门服务机构等多方面力量，为大学生创业提供各种援助。社会关系网络成为大学生创业的社会资源，拥有较强的社会资源意味着有更多提供创业资金的渠道，能够获得政策上的支持，从而降低创业风险。牛津大学赛德商学院设立“创业赛德”项目，整合实践教学、研讨会和网络资源，为有志于创业的学生提供广泛的专业支持和人脉资源。

（四）充分利用多功能的研究中心

为了给学生创业提供专业师资力量以及各种咨询服务，英国大学成立创业中心、企业中心、创新中心等机构，为学生提供场所、资金，帮助他们联系企业，获取技术方面的支持和实训平台，为学生的实践活动提供有效指导，帮助成果孵化。牛津大学赛德商学院在内部设立科技企业中心，引进业界资深的成功人士，以短期讲学的方式培训新企业，主要传授创业过程中所需的创业技能，培训内容具有较强的实用性。该中心还推出“创业与商业技能”免费课程，专攻科技创业领域。5年来，科技企业中心共培训学员4000多名。

（五）着力探索教与学的创业教育课程模式

随着高校创业教育传递范围的扩大，创业教育面临重新定位的问题，即面临如何将创业理念融入大学的文化和核心价值体系建设中、如何将创业内涵整合到大学的其他课程之中的新问题。为提高大学教与学的质量，谢菲尔德大学、约克大学和利兹大学合作成立“白玫瑰创业教与学优异中心”，利兹首都大学设立“创业协会”，诺丁汉大学成立“综合学习进步中心”。英国高校以价值取向和教学目标为切入点探索新的教学模式，即不再局限于知识的传授，而是让学生在接受理论知识熏陶的同时能够有更多的实践机会和更大的发展空间、发展创新思维、创业精神和能力。为了促使教与学课程教育模式有效形成，英国高等教育基金委员会还启动了教与学优异中心基金，对在教学实践中做出巨大贡献的优秀教师予以奖励和肯定，以带动和影响其他教师致力于有益的实践教学。

三、英国创业教育发展原因分析

如今，英国的创业教育已经从商科向各学科拓展与渗透，全方位地覆盖英国的高校。据统计至少有45%的大学开设一门或多门创业教育课程，不仅在英国的开放大学中丰富多彩地实施，而且在曾经以保守著称的牛津、剑桥大学中也广泛开展，如牛津大学的商业计划大赛、硅谷进牛津大学等活动。英国创业教育快速发展究其原因主要体现在以下三个方面：

（1）英国经济竞争日趋激烈，雇主日益希望大学毕业生具有创造性解决问题的“干事业的能力”，要求学生以“与工作相关的学习”为理念，具备高技能、可迁移性的技能。

（2）英国高等教育大众化，毕业生的就业压力加大，进一步推升创业教育需求，如2010年5月英国全国失业率为7.8%，其中青年人占有相当大的份额。

（3）伴随着社会环境变化，整个社会文化日益推崇企业家精神，许多大学毕业生不再甘心“被雇佣”，而是希望拥有自己的企业。但是，英国大学毕业生“自我雇佣(Self-employment)”比例明显低于美国，毕业生创业能力低下已经影响英国经济发展。英国开始意识到大学毕业生需要具有创业精神、创造能力和创业素质才能应对未来的不确定性。

于是在20世纪80年代，英国政府在政策上给予创业教育支持、引导和规范，并且明确提出，大学必须更有效地为经济社会发展服务，必须在重视基础科学研究与人文学科研究的同时，把服务社会作为学校的重要职能，并且发起实施“高等教育创业计划”(Enterprise in Higher Education Initiative)。在这种背景下，英国大学逐步转变办学理念，对培养创业人才也日益重视，一些高校开始朝着“创业型大学”(The Entrepreneurial University) 发展。

第四节 其他发达国家高校创新创业教育模式分析

一、日本高校创业教育

日本政府从环境、教育、制度等方面积极推进创业教育，学校也积极调整产业结构以配合人才培养战略，积极探索创业人才培养的优秀方案。创业教育，特别是高校创业教育在日本呈现高涨势头。日本高校创业教育特色可以总结为以下几个方面。

（一）政、产、学密切配合

日本政府将政、产、学合作视为提高国家创新能力的一个关键因素，希望通过促进产学合作来促进经济发展。在开展创业教育时，政府、产业界和社会从不同方面为创业教育的顺利开展创造条件,充分体现了整个社会对创业教育的重视。

在政府方面，经济产业省、文部科学省、厚生劳动省将创业教育作为国家发展的重要课题，共同研究、共同思考、共同行动。从“青年自立挑战计划”的“政策联合部署”到《技术专业促进法》的颁布，从教育科研体制的系统改革到创业教育研究的“国际参与”，日本政府在创业教育系统中扮演了指导者、推动者和协助者的角色。近年来，日本政府在简化新公司申请程序和广泛的资金援助方面出台政策，为大学创业教育的开展提供良好的服务。

在产业界方面，许多大企业和中介机构为大学创业教育做出了突出贡献，从向学校提供人才需求意见，为在校学生见习提供“实习基地”，为有潜力创业计划提供“风险资金”，到企业和大学联合开发创业教育教材、课程，设计创业型人才的培养方案和实施方案，企业正在以更加主动的姿态出现在大学校园之中。与此同时，许多中介机构在将创新成果转化为产品的商业运作中扮演了桥梁的角色。例如，整合技术与企业需求的产业合作办公室、促进大学研究成果专利化与技术授权的技术转移机构、提供商业层面支持的创业辅导机构、提供作业场地与商业设施的科学园区以及风险投资、人力中介及律师服务等，为创业者提供全方位的保障。

在高校方面，在政府和产业界的密切配合下，高校不断更新创业教育、研究理念，甚至引入了全新的办学思想。各高校在原有基础设施的基础上，加强创业孵化器、创业辅导机构等创业基础设施的建设，加强与校友的广泛联系。

同时，各高校还在原有管理和经营学基础上结合本校特色，开展工科创业计划，开设广泛的创业课程，并结合本校特色开设交叉学科。例如高知工业大学的创业工学、立命馆大学的创业管理学。日本高校还在创业师资方面导入了具有优秀创业家资质和创业经历的“双师”，通过建立与企业的双向交流制度，提升创业教育质量。

（二）致力地方经济发展

20 世纪 70 年代初期，日本经济从高速增长时期进入到平稳增长时期，经济管理体制从传统中央集权模式向地方分权模式转变，经济发展进入“地域经济时代”。与此相对应，日本中小企业也由高速增长时期进入平稳发展时期。为了活跃地域经济，实现地域经济的平衡发展，政府采取内发式经济发展方式，以促进地域经济的特色发展。地域原有产业和新的发展空间无不给高校创业教育的开展提供了绝好的“练兵场”。

为了充分挖掘利用地域经济资源，日本高校尤其是地方私立高校在开展创业教育时，注意联系地域特色产业，许多高校将结合本地域产业优势，振兴地方经济发展作为高校人才培养的目标。例如，大阪商业大学的发展目标是“为社会做贡献”，成为一所“扎根地方、学习地方、贡献地方”的高校。每一位学生的思想中都有把自己培养成一个对社会有用之人的责任感。又如，濑户内海沿岸地区是钢铁和化工等日本传统产业集中的地区，当地政府借助广岛大学和香川大学的研究技术，为地区的养鸡业和制糖业提供了改进思路，高校的技术也得到了相应的应用。这种合作很好地发挥了地域和高校的资源优势，实现了与地域同步发展。

在创业实践中，大学生针对本地区企业开展市场调查，寻找企业优势，开拓市场空间。他们利用自身知识为中小企业开展咨询，通过处理具体问题达到企业升级、创新管理的目的。由此，高校的创业教育对地方经济起到实际的推动作用，也就容易获得地方政府的支持和地方企业的资助。

此外，各地方工商联合团体、金融机构、非营利机构、经营团体、地方高校还设立了创业推进协议会，共同推进创业计划，开设创业中心，使有关机构人员、打算创业的人士、企业代表在此交流意见，形成促进地域经济发展的共同愿景。与此同时，创业中心通过“创业塾制度”为女性和高龄者开展短期 (30 天左右) 的创业技能培训，紧密围绕地域经济发展主题，开设企业设立、财务、经营等讲座。现在许多日本新创企业多是挖掘地域产业的成功案例，为地域经济发展做出了重要贡献。

（三）学校体系相互衔接

在开展创业教育的过程中，日本政府很重视学生创业教育的衔接问题，对学生开展连贯性的创业教育，在不同的教育阶段对学生开展不同形式的创业教育，从学生一生的创新能力发展出发，为学生规划不同阶段的教育，不断提升学生适应社会的能力。

从小学开始，日本就很注重学生创业意识的教育。1998 年，文部省和通产省合作在小学开始实施创业教育。例如，利用早上课前的两三个小时搞勤工俭学，给人送报纸、餐饮等，目的是培养学生的就业、创业心理意识和意志品质。学校可以自行开发能让学生掌握自我负责原则和投资意识、风险意识的课程体系，有的学校通过学生手工制作、理财教育等启发学生对创业的认识。在中学阶段，文部科学省通过新的课程改革，在“综合学习时间”内开设“商店街活动”“创业发明大王”“动手练习”等活动和课程，为学生提供了开展模拟创业的广阔空间。各职业教育机构，尤其是工程方面的高等专科学校、短期大学，开展了丰富多彩的创业教育活动，通过创业技能的培训使学生实现创业梦想。在大学阶段，创业教育的课程设置、开设对象、学习程度更加深入和广泛。与此同时，各高校还非常注重与小学、初中、高中之间的校际合作。

可以说，创业教育在日本是一个从小学到大学的连贯体系。通过不同形式、不同阶段的创业教育使学生想创业、会创业、能创业，避免了创业技能与创业意识之间的失调，为高校创业教育的顺利开展奠定了基础。

二、德国高校创新创业教育模式分析

经过近半个世纪的发展，创业教育在德国各高校中形成各具特色的创新研究和创业教育体系。为德国的大学生创业和中小企业的发展做出了很大的贡献。德国创业教育体系的主要内容可以总结为以下四个方面。

（一）构建创业研究和创业教育的基础框架

德国在推动创业教育和大学生创业实践方面，采取了一系列的措施和政策。首先，成立以高校为依托，结合中小企业发展为一体的研究机构，开展创业和创新方面的研究。其次，1978 年成立创业文献数据库 (ELIDA)。该数据库已发展为拥有超过 22000 种资料，出版以创业专题为主的系列读物。再次，从 20 世纪 70 年代开始，在高校建立创业教育的教授席位制度。首先在以商贸和手工业培训为主的非全日制学校开设创业教育课，然后在全日制大学正式开设创业教育课。经过多年积累，创业研究的领域逐渐从工商管理专业扩展到其他专业，形成了以社会科学、自然科学和人文科学为基础，结合各高校特色的创业研究和创业教育体系。例如波茨坦大学偏重艺术设计的创新培训课程，柏林洪堡大学的高新技术创业理念培训，科特布斯大学的专业创新课程。

（二）强大的社会创新力量与高校相结合

首先，德国高校的创业教育得到政府和社会各界，特别是企业的大力支持。许多大型企业，例如西门子、拜耳、大众等公司定期举行创意大赛，项目众多。从公司研究课题到社会公益创业，项目吸引许多高校的大学生参加，有利于大学生在求学期间与实践相结合，关注创新的动态和前沿技术的发展状况。其次，从资金上对大学生的创业和高校创业教育给予支持。1999~2001 年，德国政府投入了 4200 万马克支持高校创业教育。同时各大高校在政府支持下成立创业基金，创办创新公司。根据经济合作与发展组织 (OECD) 的调查，为了促进教师和大学生把高新技术和知识一站式转化到市场，柏林洪堡大学于 2005 年自筹资金成立创业服务公司，到 2008 年收益已经达到 450 万欧元。其合作伙伴包括：柏林 Adlershof 科技园、Juelich 研究中心、柏林公共发展银行、技术培训中心、伯克利的 TTB 西门子。

（三）创业教育注重针对性和实践

德国发展创业教育促进了微小企业的创办，提供了更多的就业岗位，大力促进了技术创新和公益创业，产生了良好的社会效应。首先，德国的创业教育针对性强。学生可根据自己的爱好和知识基础选择不同的学校，例如职业培训中专学校、职业高等学校或综合性大学。职业培训学校和职业高等学校注重培养一技之长，更多进行生存性创业教育，而在综合性大学，创业教育更注重结合所学专业进行创新理念和商业模式运作，对创业精英和高质量的创业项目进行重点扶持。柏林工业大学的大学校园孵化器便是促进这种知识转化的一个很好的实证。一些大学毕业生富有创意的高科技设计或作品，或者市场定位准确的商业运作模式，都可以得到进驻孵化器的机会。进驻的创业团队从商业计划书策划到创办企业过程中碰到的问题，例如商业运作或技术支持，都可以得到大学校园孵化器导师的指导和支持。这样有针对性扶持成立的公司技术含量比较高、创新性强。走出孵化器时，有些创办的企业在激烈的竞争中生存下来，有些通过并购或重组转化到大公司，还有一些把知识产权出售给有意愿的公司。其次，德国教授非常重视创业教育和实践相结合，对创业教育的目的及创业教育应担负的社会责任有深刻的理解。以柏林自由大学为例，Guenter Faltin 教授从 20 世纪 80 年代开始面向学校和社会定期开办创业培训和年度创业峰会。他从自己的创业经历中分析影响创业的因素，剖析在创业过程中各种创新理念形成的原因和模式，认为创业教育要强调创新思想的产生，充分挖掘创业者的创新潜能，形成创新理念并运用到商业模式中。这种强调创新理念，并培养人们在实践中发掘创业机会和创新思想的教学方式，深受大学生和社会创业人士的欢迎和肯定。

（四）注重宏观和微观创业环境建设

宏观的创业环境包括经济环境、政治环境和社会文化环境。在优化经济创业环境后，初创企业享有平台，在创业文化氛围方面也有很多尝试和努力，例如强调环保节能的生活方式，培养个性发展、创新意识、冒险精神，政府减免税收、营造信息透明的环境，银行提供低息或免息贷款，在政治环境方面私有财产权和专利权得到充分尊重和保护。表彰长期致力于创业教育和创新能力培养，并产生积极社会影响的学术精英，例如，柏林自由大学的 Faltin 教授曾获得德国总统表彰。另外，银行和大型公司积极成立投资基金，支持高校创业教育的发展。“一个能够融合经济、艺术和社会活动为一体的创新企业家精神文化，最终成为人类创造文明史上的核心价值之一”——这也是大学创业教育对人类文明发展应完成的使命之一。学生所处的文化环境主要包括校园文化和社会文化两种类型，在注重构建宏观社会创业环境的同时，德国的校园创业环境也得到优化和保护，从而对创业教育和学生创业素质的提升起到了整体引导、塑造和培养的作用。创业孵化器定期组织创业知识讲座和创业培训，随时对有创业想法的大学生进行技术和法律等多方面的咨询，大学生在创业阶段可以享受政府补贴，例如入驻柏林工业孵化器的大学生每月有 2600 欧元的生活费（是柏林地区最低生活保障金的 3 倍多），这对创业和微小企业的发展起到制度支持和法律保障。

第五节 国外高校创新创业教育对我们的启示

通过对上述发达国家高校创业教育模式的比较分析，认为我国高校创业教育模式构建需要对创业教育目标、创业教育师资队伍、创业教育教学方法、创业教育课程设置和创业教育支持体系进行优化。实现创业教育目标具体化和特色化、刺激创业教育师资队伍多元化、创业教育教学方法特殊化、创业教育支持体系全方位化。

一、创业教育目标的具体化和特色化

树立创业教育目标之前首先要转变传统的观念，要认清国家的形势。现在大学生已不再是以前所谓的天之骄子，考上大学不一定就意味着一毕业就有好的工作等着他们。高校和学生应该改变传统的择业观，把自主创业也列入就业选择方案当中。

各大高校创业教育要想顺利展开，应根据学校的人才培养要求、自身的实际情况并且结合国情，确定适合学生个性发展和学校办学特色的创业教育目标。特色化的创业教育目标，使高校可以充分利用自身和社会的各类资源结下创业教育

目标制定下的不同果实，实现学生和高校双赢的局面。因此，创业教育目标不应该盲目地追随照搬其他高校，而应该贯彻科学发展观、谨记社会责任，划分创业教育和企业盈利为目的的界限，结合学校的办学特色和学生的个性发展需要进行设定。

二、刺激创业教育师资队伍多元化

教师是“传道授业解惑者”，教师之于创业教育的巨大作用毋庸置疑。而目前我国高校创业教育师资队伍建设并没有得到足够加强，出现对创业教育师资队伍进行专项的培养或者选拔的学校为数不多，总的来说创业教育师资力量比较薄弱。创业教育师资队伍需要囊括经济管理类专家、工程技术类专家、政府经济部门专家、成功企业家、孵化器的管理专家和风险投资家等各类专家，同时任职教师必须具备一定的实践经验。

师资队伍是创业教育顺利开展的前提条件，因此建设一支强有力的创业教育师资队伍对于创业教育的作用不容小觑。创业教育师资队伍构建需要得到全校的支持，诚聘拥有一线创业实践经验的人来当老师，组织一些对创业有感触的企业家来学校分享他们在创业过程中成功或者失败的经验，与相关领域的专家、学者形成一个创业教育智囊团，为创业教育提供有力的支持。因此，各大高校应出台激励措施，为教师研究提供资金保障，为吸引国内相关学科优秀教师、企业家和引进海外创业相关教师或企业家提供物质激励。同时，应在创业教育师资队伍中不断开展继续教育和研究活动，加强创业教育的师资培训，提高该领域教师的创业素质和能力。以一定的组织、领导形式推动机制的建立，对资源加以整合，并上升到办学理念的高度来认识。

三、创业教育教学方法特殊化

创业教育是一种新的教育理念，它不仅体现了素质教育的内涵，而且突出了对学生实践能力的培养。教师必须摒弃传统的“满堂灌”的教育方式、改进创业教育教学方法、把理论知识与实践相结合，引导学生发扬创新精神。

创业教育的主体是学生，创业教育教学中应该充分发挥人的主动性。在教学中，高知工科大学采用小团队进行实验和练习。学生要运用自己的智慧，通过在团队中清晰表达自己的想法，并与其他成员合作来解决情境当中的问题。这种教学方法有效地培养了学生的逻辑思维，以及准确地讲、读、写等能力。提升学生的认知，让他们愿意学习。在学习的过程中，学生充分享受人权，教师和学生的关系非常和谐，很好地实现从传统的“被动学习”到“主动学习”的转变。

创业教育最终是将付诸实践的，因此创业教育也可以说是一种实践教育。案例教学法是赛德商学院和高知工科大学所共同遵循的创业教育教学特色，教师提供真实公司的案例，学生可以运用创业教育中所学到的知识和技能以及获取的经验，学以致用，制定“真正的”管理决策。通过不断的实践和总结经验，学生今后不论是创立公司还是选择就业都将受用无穷。

因此，我国高校在进行创业教育教学中应该采用特殊的教学方法，结合实践，充分挖掘学生的潜力，让学生学会主动学习。在教学中，应遵循创业思想和行为、社会、环境、经济责任和可持续发展原则，真正实现创业教育的真谛。

四、创业教育支持体系全方位化

创业教育是一个长期浩大的系统工程，需要高校、政府等组织的联合作为创业教育提供完善的支持系统，概括的来说其实就是加强人力、物力、财力和法律政策法规，全方位加强对创业教育的支持力度。

我们应该借鉴上述几所大学在创业教育支持体系上的经验。包括校友对创业教育的支持、学校自身对创业教育的支持、政府对创业教育的支持。学生和母校都有一定的情结，校友资源是一种很宝贵很特别的资源。校友在获得一定的成功之后，重回母校，一种亲切的感觉油然而生，把为母校的建设和发展尽自己的分力量视为一种义不容辞的责任。很多校友可以利用自己的资源，即自身的经济实力、对社会的影响力和人际关系为母校筹集资金。这样不仅提高了学校的声誉，而且也有利于学校争取到社会其他方面的资助。校友的参与直接影响学校的招生、招聘和长久的成功。他们的积极参与足以显示母校在他们心目当中的领导地位，证实了创业教育所带来的积极效果。

高校创业教育的开展，除了运用校友等资源外，还应该根据自身的办学特色把创业教育发扬光大。如高知工科大学设立专门独立的模块，包括就业指导、职业(正规课程)、实习支持、企业联席会议、KUT 就业指导和求职援助巴士游。通过这个创业教育模块对创业教育进行系统全方位的支持。

在上述的各大学中，政府政策和制度以及资金支持对他们创业教育的发展均发挥着重要作用。同样，我国高校创业教育开展也需要政府提供政策和制度以及资金方面的支持。政府应根据社会形势不断完善原有的创业优惠政策，同时不断出台新的创业优惠政策，采取切实有效的措施，为大学生创业提供优越的环境和氛围。

第四章 当前我国高校创新创业教育模式与体系构建

第一节 当前我国高校创新创业教育模式

要培养具有开创意识、创新能力、创业精神的创新创业人才，必须将理论教育与实践训练相结合，将创新能力培养与创业实践活动开展相结合，将学校整合与社会推动相结合，形成个人兴趣导向、学校积极扶持、社会共同参与的“系统化、全链条”创新创业教育模式。职能部处联动有利于打造“系统化、全链条”创新创业教育模式，这一方面的典型案例是北京大学、浙江大学。

一、北京大学的创新创业教育模式

（一）北京大学创新创业教育改革的思路

北京大学的创新创业教育紧扣学校的核心使命和发展目标，找到制约创新人才培养的瓶颈问题和深层次矛盾，厘清其内在联系，树立科学的创新创业教育理念，并将其贯穿于人才培养的全过程。具体包括以下四点：

第一，以培养学生的人文精神与审美修养、创新能力与企业家精神等核心内涵的课程改革为切入点，促进通识教育、专业教育与创新创业教育的有机融合，促进学科交叉，促进思想理论、科学前沿和未来技术的创新。

第二，以厘清创新创业教育本质规律与大学使命的契合为关键点，探索建立具有北大特色、植根于北大精神传统的创新创业教育的内生机制。

第三，以制约创新创业教育科学发展的体制机制改革为突破点，整合校内外各方资源，调整各相关部门和院系的利益关系，破除高校管理行政化的积弊，打通创新教育和创业服务的生态链。

第四，以调动创新创业参与主体的主观能动性为生长点，尊重创新创业参与师生的利益诉求，积极营造创新创业氛围，发扬北大思想自由，兼容并包的传统，激发蕴藏在师生中的创造潜力。

（二）构建和完善多样化创新人才培养体系

1. 制定实施各专业类教学标准，将创新精神、创业意识和创新创业能力纳入评价人才培养质量的重要指标

推进人才培养与社会需求间的协同匹配，充分发挥北大学科体系完备、师资力量雄厚的优势，进一步完善包含学科大类培养、元培模式培养、拔尖创新人才培养、跨学科人才培养、辅修/双学位培养、医学生培养等综合构成的多样性、个性化人才培养模式，为创新创业人才成长提供良好环境和机制。

2. 加强基础，尊重选择，构建创新人才培养体系

坚持以创新人才培养机制改革为核心，以人才培养模式改革与教学体系建设为基础，发挥学校综合学科优势，在本科学习阶段注重打好基础、激发兴趣、培养学生独立思考与创新精神，逐步构建北京大学多样化的创新人才培养体系，为学生的个性化培养与未来发展提供更多的选择与广阔的空间。

3. 开展交叉学科建设，培养跨学科创新人才

借助北大多学科的综合优势，积极开展交叉学科创新人才培养，通过各个学科不同研究视角、不同思维方法的相互碰撞，强化学生突破思维定式的创新意识和跨学科整合创新行为。在现有建设基础上，筹建“整合科学”“数据科学”“认知科学”等跨学科专业。进一步完善辅修和双学位制度，鼓励和吸引学生根据兴趣和需要自由选择辅修专业，鼓励学生跨校跨专业选课，为学生的知识体系架构与综合能力培养提供更多的选择与发展空间，促进跨学科创新人才培养。

（三）加强课程体系建设，充分激发学生潜能与创造力

1. 促进通识教育与专业教育的有机融合

加强通识教育选修课的建设，培养学生正确的价值观；强调阅读原典、深入研讨，培养学生的独立思考和批判能力；美育与科学教育并重，推动创意创新文化建设，提高学生创意创新素质，将通识教育理念深入到学生认知与价值层面。目前开设的通识教育选修课核心课程有四大类：中国文明及其传统、西方文明及其传统、现代社会及其问题、人文艺术与自然。

2. 促进专业教育与创新创业教育的有机融合

调整专业课程设置，挖掘和充实各类专业课程的创新创业教育资源，在传授专业知识过程中融入创新创业教育。加强行业前沿和创新创业类课程建设，在现有的“社会企业家精神培养实验”等创新创业实践类课程的基础上，进一步建设广泛涵盖、依次递进、有机衔接的创新创业教育课程群。

光华管理学院创新创业中心开设的本科创新创业双学位课程有：人力资源管理、会计学、创业与创新实践、互联网与商业模式创新、管理学、创业管理、创

业企业成长、创新管理、综合商业计划书竞赛、互联网与商业模式创新、可持续创业等。

MBA 创新创业方向相关课程有：创业管理、创业机会识别与分析、创业计划与实战、创业企业成长与发展、中小企业管理、创业领导力（讲座）、创业投资、可持续创业、电子商务、综合商业计划书竞赛等。

北京大学软件与微电子学院举办了创新创业培训班，核心课程有：互联网金融、大学生创业准备、企业融资实务、Decision Making、Problem Framing and Leadership、创新创业与领导力等。

3．推进课程互通和共享

优化课程资源配置模式，逐步实现本科生、研究生课程互通，逐步实现院系课程资源全校共享。充分发挥东西部高校课程联盟的共享优势和慕课等新型教育手段的技术优势，积极推进与兄弟院校的优质课程共享，牵头建设一批具有引领示范作用的创新创业教育共享课程，如“创新工程实践”等。探索建立在线开放课程学习认证和学分认定制度。

北京大学第一本创业教材《北大十五堂创业课》，2016 年 10 月 9 日在第八届北京大学企业家论坛——中国创业者 2016 峰会上发布，教材集结了厉以宁、吴志攀、黄怒波、俞敏洪等 15 位学界、业界专业人士多年的研究成果及创业实战经验，从“大师谈”“实战经营”“管理精研”“创业之路”四个维度为创业者亲授秘要，指点迷津。

二、浙江大学的创新创业教育模式

浙江大学的创新创业教育立足“求是、创新”校训，始终坚持开放、开环、开源的理念，以深化科教融合与实践育人为特色，将创新教育与专业教育紧密融合，以科技成果转化为依托，实现高校知识创新、技术创新和产品创新一体化，特别强调“以技术创新为基础的创业行为”，通过制度保障、文化熏陶、平台搭建和格局打造等多视角形成合力，全面提升大学生创新创业教育工作。

（一）强化基础性、带动性的创新创业制度保障

强化创业教育的组织领导。成立由校长担任组长的学生创新创业教育工作领导小组，建立以创新创业学院为枢纽，部门、院系紧密合作的协同教育体系，加强了对全链条、立体式的学生创业教育的组织领导。

提供政策保障支持。陆续出台《浙江大学关于全面服务创新驱动发展战略的实施意见》《浙江大学关于实施创新驱动促进成果转化的若干意见》《浙江大学育成大学生创新创业基金管理办法》等文件，为师生创业与科技成果转化提供政策保障。

抓好课堂创新教育教学环节。目前共开设创新创业教育课程150余门，在通识教育中设置创新创业类课程学分，成立“蒲公英”青年创业学院和“创新与创业管理强化班”(ITP)辅修专业，构建“学员制”的全过程教育体系，逐步建立弹性学制、创新创业课程学分转换和学分替代制度。

（二）营造鲜明的、引导性的创新创业校园文化

1．以赛促教，举办各类型、多层次的创新创业比赛

自1997年至今，共举办十届“蒲公英”大学生创业大赛，累计共有1300余支团队、10000余名同学参与，孵化出300多支创新创业团队。组织培育优秀项目参加全国“挑战杯”“创青春”“互联网+”等创新创业赛事。通过竞赛孵化，培育了一批创新创业领军人才，创造了“个推”“快的打车”“蘑菇街”等国内知名品牌。

2．以社团活动为载体，激发创新意识

成立学生科协、未来企业家俱乐部等60多个学生科技类和创新实践类社团，全年共举办400余场创新创业活动，传播创新创业知识，营造创新创业氛围。

3．以科研训练为载体，培育创新精神

积极推行本科生“长时间实习计划”、研究生“探究性实验”、博士生“四至六周实习实践计划”，系统推进大学生科研训练计划、大学生素质训练计划以及省创、国创等科研训练项目，合计立项8000余项。

（三）搭建多元化、支撑性的创新创业实战平台

1．搭建开放多元的创新创业训练平台

依托重点实验室和学科资源，建设多学科集成融合的创新创业教育训练平台，培育学生创新精神、创新意识和创业能力；面向研究生强化“聚智引资”，在校内外建立一批开放性创新创业实践基地。

2．建立师生高科技科研成果转化对接平台

建设浙江大学紫金众创小镇、浙江大学科技创业实验园等创新创业基地，围绕培育高新技术企业，实现科研成果的转化对接。

3．设立创新创业基金资助平台

累计设立各类创新创业奖学金20余项700余万元，建立浙江大学良渚育成创业孵化基地，形成1000万元的创业孵化基金和1000平方米的创业孵化场地，举办“资本相亲会”等活动，达成投资意向上亿元。

（四）打造全球化、国际性的创新创业发展格局

浙江大学深化全球战略布局，实施一系列提升学校国际竞争力的重大举措，

深化与世界顶尖大学、学术机构和国际组织的战略合作，搭建高端国际合作平台，构建完善国际化产学研合作网络，加快推进国际化进程。目前已经与海外诸多学校联合设立创新创业联盟、创新创业论坛、创新创业人才培养项目。与斯坦福大学、隆德大学、硅谷孵化器联合成立“浙江大学硅谷创业实验室”；会同新加坡管理大学、台湾成功大学、香港科技大学等发起举办亚洲青年创新创业峰会；每年选拔优秀学生创业团队骨干到美国硅谷、UCLA 商科中心等开展创新创业交流。浙江大学多方探索，以致力于推动创新创业教育的国际融合与发展，培养具有国际视野和跨文化背景的高级创新创业管理人才。

三、 商学院主导型的创新创业教育模式

商学院主导型的创新创业教育模式典型案例是上海财经大学。上海财经大学是商科特色与优势明显的高校，“商学院主导型”是其创新创业教育模式的典型特征，建立了具有鲜明财经特色的创新创业教育体系。

（一）以培养卓越财经人才为特色定位

上海财经大学将创新创业教育融入财经卓越人才培养全过程。立足校情，把创新精神、创业意识和创业能力的培养纳入学校卓越财经人才培养目标，贯穿通识教育和专业教育全过程，形成具有财经特色的创新创业教育。

（二）依托国际工商管理学院打造创新创业平台

上海财经大学依托国际工商管理学院，联合团委等有关部门成立创业学院，负责全校创业型人才培养。依托创业学院，协同校内外相关部门和优势资源，打造高起点、精品化的创新创业平台。发挥创客空间的功能，努力打造成学校创新创业教育的孵化基地和放飞梦想的创客之家；创建全校创新创业项目路演平台，成为学生交流创新创业经验和成果的竞技舞台；扩大《创业评论》的宣传渠道，努力建设成为连接全国创业教育者、创业投资者和创业者交流分享的创业媒体平台；推进上海市高校创新创业实验基地建设，筹建全球创新创业实验室，积极打造创意、创新和创业软件教学平台；创建全国（财经类院校）创业学院院长论坛，努力打造成高校创业教育改革的智库平台；成立创新创业服务和培训中心，开展专项创业技能和创新思维培训。

（三）开发商科特色明显的创新创业课程体系

在课程建设方面，将会计、财务等专业内容有机融合于创新创业类课程，同时将创新创业教育贯穿通识教育和专业教育全过程，引入在线课程、翻转课堂等理念，以在线课程的形式面向学生授课。目前已形成本科生创业型人才培养模块

课程、本科生通识教育创新创业模块课程、研究生创新创业课程、MBA 创新创业课程和创新创业实验课程的“五位一体”课程体系。与美国加州伯克利大学哈斯商学院合作开设“设计思维与创新实践”选修课；与剑桥大学 Judge 商学院合作推出中小企业创业模块选修课。依托实验室建设实验课程教学体系，包括“ERP 沙盘模拟”“创业实验”等多门创新创业实验课程。在教材建设方面，自主编写了《创业学》《创业管理》《商业模式创新》等教材；组织校内外师资共同编写并出版《创新创业教育蓝皮书》等系列论丛。

（四）推进创业管理学科建设

上海财经大学充分发挥工商管理学科优势，推进创业管理学科建设，为创业型人才培养提供有力支撑。启动创业管理方向硕士、博士点的论证和建设工作。发挥中国工商管理案例中心的作用，以创业案例推动创业创新教育和管理实践。进一步扩大创新创业研究中心影响，引培结合，努力建设成为国内外有影响力的研究平台和“大众创业、万众创新”的新型智库。

四、双创学院平台型的创新创业教育模式

双创学院平台型的创新创业教育的典型案例是上海交通大学。2010 年 6 月 12 日，上海交通大学在全国高校中率先成立创业学院，创业学院这一创新平台，既代表着上海交通大学对创业教育的独到理解，也是学校进一步推进创新人才培养的主动思考和积极作为。

（一）上海交通大学创业学院简介

上海交通大学创业学院定位是一所高起点、高水平、精细化、重实践的学院。创业学院平台实现创业意向同学、创业导师团和风险投资家等群体的有效集聚，推动更多有潜力的大学生成为未来企业家，更多大学生创业项目变成现实企业。目前，创业学院形成了“面上覆盖、点上突破”的分层教育模式，一方面通过在专业教育中渗透创新、创意、创造的精神和理念，开设创业教育通识课，开展大学生创新计划（“PRP 计划”），持续举办创业计划大赛等，使全校同学得到创新创业氛围的熏陶、感染和洗礼，收获终生受用的创新精神、创造理念和创业意识；另一方面通过提供独具特色的创业课程，创业训练营的指导和辅导，创业苗圃预孵化和资金支持，培养部分有强烈创业意愿的同学成为大学生创业的“种子选手”，成为未来企业家。

经过多年的实践和探索，上海交通大学创业教育硕果累累。在 2014 年首届“创青春”全国大学生创业大赛中，上海交通大学选送 6 支团队参赛，获 5 金 1 银，以团体总分第一名的优异成绩，捧得赛事最高奖项“冠军杯”。根据

腾讯开放平台发布的“2014 城市 & 高校创业排行榜”，上海交通大学位列“创业者最多的 Top10 院校”榜单第三。近年来，以饿了么网上订餐、触宝科技、应届生求职网、Teambition、在路上、59store 等为代表的一批青年创业校友企业也正在迅速崛起。

（二）上海交通大学创业学院组织架构

创业学院具有“无形学院、有形运作”的特色，充分发挥了组织优势和平台作用，实现了校内外资源的高效整合。学院班子配备规格高，从而在全校形成了齐抓共管的有利格局；创业学院下设“教务办”“实践办”“对外交流办”“科研办”“行政办”五个实体办公室，共有 21 位专兼职人员参与相关工作。

（三）上海交通大学创业学院教育体系

1. 创业学院创新创业课程

创业学院已建立了较为完整的创新创业课程体系。主要课程包括：“创新与创业大讲堂”“创新思维与现代设计”“设计创新的艺术”“图形创意设计”“哲学智慧与创新思维”“艺术、媒介与创造性思维”“神话与创意”“工程技术探究”“工程实践与科技创新”“商业模式设计与创新”“创业领导力”“风险资本与创业”等。

2. 创新创业实践

创新创业实践平台包括：上海交通大学燧石星火创业训练营、新创企业见习实习、大学生创业训练计划、工学院毕业设计等。

（四）孵化器和加速器

1. 上海交通大学全球创新创业实验室

上海交通大学全球创新创业实验室是激发学生创新、创意思维并助力其转化为实际创业项目，培养国际一流创新创业人才培养基地。

全球创新创业实验室为创业团队提供孵化场地、展示平台、讨论场所、模拟创业、创业诊断咨询等全方位服务；通过项目发布、创业辅导等活动，实现创业意愿师生、创业校友、创业导师、天使投资、风险投资等的有效聚集。

全球创新创业实验室定期举办创业训练营、创业项目路演，经常举办创业沙龙、电梯演讲和各种创业创新文化活动。浓厚的创意、创新、创业氛围，是创业团队开展活动和交流的最佳场所。

2. “零号湾”全球创新创业集聚区

由上海交通大学、闵行区人民政府和上海地产（集团）有限公司共建的“零号湾”位于闵行沧源科技园。三方以“改善创业环境，促进大众创业；优化创新环境，促进万众创新”为宗旨，充分发挥智力、科技、人才、信息和平台、资源、资本的集聚优势，培育和孵化科技型创业企业；通过搭建完整的创业服务平台和培育成长生态体系，吸引和凝聚国内外高校在校师生、校友以及社会各界人士落户创业；通过多方合作，以全球视野搭建一流创业孵化和科技成果转化平台，助力上海建设成为具有全球影响力的科技创新中心。

第二节　创新创业教育课程体系建设现状与构建策略

经过 10 多年的发展，国内的创新创业教育课程已经在各级各类高等院校普及。无论是体系建设、内容设置，还是学校的重视程度、学生的参与度等都取得了长足发展。由于地域理念、不同类型高校的传统和现实情况的差异，创新创业教育课程建设也面临着亟须解决的问题。

一、创新创业教育课程体系初步形成

高校高度重视创新创业教育工作，已经初步形成了创新创业教育课程体系：课程覆盖面广、学生自主创业率逐年增长；注重大学生创业意识、创业精神和创业能力的培养，形成了多样化的课程体系；积极探索融合性课程，为培养高素质、高技能创业型人才提供新模式。

（一）课程覆盖面广

由于高校对创新创业教育的高度重视，创新创业教育课程已经广泛开设。针对北京部分高校的调研结果显示：在对“本校是否开展创新创业教育”的回答中，70% 的学生选择“有”；在对“以何种形式开展”的回答中，43% 的学生选择“选修的创业课程”，22% 的学生选择“必修的创业课程”。据统计，有 90% 以上的浙江高校开设了不同形式的创新创业教育课程，其中 70% 左右的高校是以选修课的形式进行教学。从研究型大学到高职高专类院校，都开设了创新创业教育课程，尤其是在面向全体学生的公共选修课中加入创新创业教育模块，使更多学生有机会接受创新创业教育，培养创业意识。

在创新创业教育普及发展的背景下，很多学生走上了自主创业之路。据统计，浙江省高校 2005~2007 年 3 年间，接受创新创业教育和参加创业实践的学生总数分别为 17128 人、32516 人、39489 人，其中，毕业后从事自主创业实践的学生总数分别为 159 人、607 人、2896 人。据麦可思中国大学生就业报告显示，大学生创业人数稳步增长，自主创业比例从 2012 年的 1.5%、2013 年的 1.6%、2014 年的 2.0% 上升到 2015 年的 4.0%。在创新创业教育日渐成熟的未来，大学生的自主创业比例将会大幅提高。

（二）课程体系多样

目前，国内部分高校已经形成了多样化的创新创业教育课程体系，大致可以分为 3 类：第一类是面向全体学生的创业通识课程，以培养学生的创业精神和创业意识为目的；第二类是以创业强化班和精英班为主的创业教育课程，以鼓励学生成为自主创业者为目的；第三类是由国际劳工组织设立的创业教育课程，如“大学生 KAB 创业基础”“创办你的企业 (Start Your Business，SYB)”课程等，以普及创业知识和技能为目的。上述课程体系在培养学生的创业意识、创业精神和创业能力等方面都已初见成效。

以浙江大学为例，在教务处正式注册的、列入教学培训计划的课程分博士、硕士和本科三层次七小类，见表 4–1。

表 4-1　浙江大学创业教育课程层次与类型

课程层次	类　型	开课学院
本　科	主修专业：创业管理	管理学院
	第二学位：创业管理	管理学院
	辅修专业：创新与创业管理	竺可桢学院
	全校公共选修课	全校范围
	MBA（工商管理）	管理学院
硕　士	科学硕士	管理学院
博　士	创业管理博士	管理学院

浙江大学在全校公共选修课体系中引入“大学生 KAB 创业基础”课程。该课程属于共青团中央、全国青联与国际劳工组织合作的 KAB 创业教育（中国）项目，以国际劳工组织编写的英文教材为蓝本，其核心内容是国际劳工组织为培养大中学生创业意识和创业能力而专门开发的课程体系。该课程教学内容分为 8 个模块，依次为：什么是企业、为什么要发扬创业精神、什么样的人能成为创业者、如何成为创业者、如何找到一个好的企业想法、如何组建一家企业、如何经营一家企业、如何准备商业计划书，教学时间为 36 个学时。

2008 年 5 月，浙江大学党委学工部引入“创办你的企业 (SYB)”项目，该项目面向浙江大学全体全日制学生，学生只需经过面试选拔即可免费接受培训。SYB 是“创办和改善你的企业 (SIYB)”系列培训教程的一个重要组成部分，由联合国国际劳工组织开发，是为有愿望开办自己的中小企业的人量身定制的培训项目。SYB 的培训课程总共分为两大部分：创业意识培训和创业计划培训。课程内容包括：将你作为创业者来评价、为自己建立一个好的企业构思、评估你的市场、企业人员组织、选择一种法律形态、法律环境和你的责任、预测你的启动资金、制订利润计划、判断你的企业能否生存、开办企业。

在课程设置上，浙江大学的创业教育课程可分为创业知识类、创业能力类和实务操作类三大类，见表 4–2。

表 4-2　浙江大学创业教育课程内容

课程类型	课 程 内 容
创业知识类	管理学、经济学、会计学、财务管理、创业管理、市场营销、组织行为学、人力资源管理、创业融资与投资管理、创业风险管理、国际商务、企业法与知识产权管理、企业战略管理
创业能力类	管理沟通、新产品开发、项目管理、创业领导
实务操作类	商业计划书、创业竞赛、企业实习

（三）探索创业课程与专业融合

在培养学生的创业精神和创业意识的同时，将创业教育课程与专业课程进行有机融合是创业教育未来的发展趋势，也是创业教育走向更高水平的必然要求。

专业教育中融合创业教育能及时反映本学科专业领域的前沿知识、相关交叉学科专业的前沿信息、相关行业与产业发展的前沿成果。创业课程与专业课程融合可以以创业活动为出发点，强化实践环节、全面深入地掌握专业技能，提供学生所需的与创业活动直接相关的专业技能。

国内高校开始了这方面的积极探索。温州大学依托其创业人才培养创新实验区的优势，在服装设计、法学、汽车工程等专业探索创业教育课程与专业课程的融合。温州大学在推进创业教育的过程中，鼓励专业教师开设专业类创业教育选修课，现已经在经济学、国际经济与贸易、市场营销、财务管理等专业设置了“中小企业创业实务”“温州企业家创业案例分析”等专业选修课；在汉语言文学、广告学、艺术设计、服装设计与工程、汽车服务工程、工程管理等专业分别开设“媒介经营与管理”“鞋类产品市场营销”“服装市场营销”“服装企业管理”“汽车营销学”“汽车服务经营与管理”“建筑企业管理”等专业选修课。

针对温州独特的经济环境，温州职业技术学院专门开设“温州经济专题”“创造学与创造思维”“商品学知识”“品牌专卖店管理”等与创业密切相关的课程，并组织编写了《创业指导读本》《温州创业史》《温州人精神读本》等特色创业教材，试图在专业教学中渗透创业知识，使学生具备创业必需的经济学知识、企业管理知识、文史知识、法律知识等，同时培养学生的创业意识。

二、创新创业教育课程实施效果欠佳

受到多种因素的影响，高校创新创业教育课程实施效果不佳，主要表现为课程体系的整合度不高，课程内容编排不够合理，教学方法有效性不足。

（一）课程体系的整合度不高

国内高校中普遍存在创新创业教育课程体系整合度不高的问题。为了全面落实创新创业教育的方针政策，各高校开设了多种形式的创新创业教育课程，但是不同的课程隶属于不同的管理和实施主体，彼此之间缺乏关联和整合，资源呈现条块分离，这些都造成了创新创业教育的资源利用率较低、重复和浪费现象突出。

高校普遍存在多重管理主体的问题。创业教育强化课程一般是由管理学院和经济学院提供，专业化创业教育课程隶属于不同的专业学院，SYB(创办你的企业)、KAB(了解企业)等课程则由团委和学生处等单位负责，各类创业课程相互独立、分散实施，缺乏联动机制。如在对上海高校的调研中发现，创业教育挂靠学生处和团委的学校各占40%，挂靠产业处和相关专业(或学院)的学校各占10%。这就造成不必要的人力、物力浪费，同时也不利于统一管理和资源整合。导致这一现象的原因有很多，主要是很多高校的创业教育实施是基于行政指令，抱着完成教育部任务的心态来开设创业教育课程，属于“任务主导型”，缺乏内在的发展动力，创业教育没有成为学校的自发性需要。一些重点高校以追求“高精尖”的学术研究为导向，容易忽视创业教育，没有将其纳入人才培养的整体规划中。

（二）课程内容编排不够合理

课程内容作为课程实施的核心，其编排是否合理尤为重要。科学合理的教材是培养高素质创业人才的关键。绝大多数开设创业教育课程的高校都没有规范、权威的教材和教学内容标准：有的教材是对国外教材的翻译或简单移植，缺乏与中国实际的结合；有的教材是将零碎的创业活动实践进行简单整理，理论深度不够，缺乏合理性；也有少量结合当地和学校自身实际情况所开发的校本教材，但是缺乏科学论证，大多是简单的拼凑。这些教材不能很好地展示创业教育的理论深度和实践发展，不具备普遍指导意义。

在对北京市部分高校的调研中，在针对“创业教育有无专用教材”的回答中，38%的学生选择“没有专用教材”，23%的学生选择“有引进教材”，21%的学生选择“有自编讲义”，18%的学生选择“有自编教材”。在对浙江省高职高专类创业教育教材调查中，在教师卷中，当被问及“贵校(院系)有无创业教育专用的教材”时，41.2%的教师选择“引进普通高校教材”，35.2%的教师选择“自编教材或讲义”，23.6%的教师选择“无专用教材”。这些数据表明，目前高校的创业教育教材参差不齐、缺乏理论合理性、没有形成针对不同类型高校的统一教材体系。当然，这一现象的存在是由于中国创业教育整体发展还不够成熟，同时也与中国创业教育师资匮乏密切相关。

(三)教学方法有效性不足

作为实施创业教育的手段，教学方法也非常重要，而在实施创业教育的高校中，普遍存在教学方法单一、实践性和有效性差等问题。高校中的通识类创业教育教学大都以讲授法为主，每学期安排1~2次实地参观(科技园、公司企业等)；在专业类创业教育教学或创业强化班中，活动以讲授创业理论知识为主，辅以专家讲座、实习参观等活动。这些方法都是以理论知识的传授为主，与传统经管类、商学院教学方法并无差异，缺少实践操作类的教学方法，如以项目为中心的教学方法不能很好体现创业教育的专业特色，更谈不上创业教育教学中的针对性。在浙江省大学生创业教育现状的调查中，当被问及“所参加过的创业活动类型”这一问题时，68.9%的受访者选择“创业成功人士报告”，50%的受访者选择“教授讲课”，23.9%的受访者选择“实际技能培训”，19.4%的受访者选择“参与创业计划大赛”。这表明：在大学生创业教育中，以讲座和讲授形式为主，而较少进行创业实际技能培训。

在对浙江省各类高校的师生访谈中，可以发现，教师们大多认为，理论知识的学习是基础，同时辅以经验交流、实践锻炼等方法，从而使学生可以学以致用、理论联系实际，而学生们对创业理论知识的兴趣并不大，更喜欢实践导向、动手为主、创业过程模拟分析等方法，希望亲自参与创业实践、获得创业体验和经验。

三、高校创新创业教育课程体系建设策略

创新创业教育是一项实践性很强的教育，高校的创业教育也离不开课堂，同时创业教育与普通的教育又有较大的区别，如何设置高校创业教育的课程也成了不少专家学者探讨的话题。目前，对高校创业教育课程体系的设置有3种思路：第一是按照授课内容的不同分为实践性课程和理论性课程；第二是按照课程表现形式不同分为隐性课程和显性课程；第三是按照授课形式不同划分为学科课程、环境课程、活动课程和创业课程。本书依据高校创新创业教育的共性目标和个性目标，将高校创新创业教育课程做如下体系设置。

（一）创新创业教育的基础学科课程设置

创新创业教育基础学科课程是为了奠定创业者开展创业活动基础而设置的，旨在为创业者构建创业基本理论体系，使其认识创业是什么，创业所需要准备的知识和技能储备有哪些，可以从创业教育基本理论、创业知识基础和创业辅导课程3个方面设置。

1. 创新创业教育基本理论课程设置

创新创业教育基本理论课程设置的目的是使创业学生认识到创业是什么，介绍最基本的创业理论。具体的课程包含《创业学概论》《创业基础理论》《创业辅导》等：

（1）《创业学概论》是创业教育的基础，主要目的在于让准备创业的学生认识创业是什么，并让创业学生了解创业活动需要的准备工作，创业活动的步骤及创业活动中所要运用的知识有哪些，《创业学概论》是一门创业教育的入门课程。

（2）《创业基础理论》是在《创业学概论》的基础上进一步介绍创业相关知识的课程，通过《创业基础理论》的课程让创业者认识其应具备的创业素质和基本能力有哪些，介绍国内外成功创业者的基本案例，以期达到激发创业者的热情，并从中了解创业企业的成长和发展历程。

（3）《创业辅导》是指在介绍创业基本知识的基础上，进一步阐述创业活动的现实意义，以及创业活动的未来发展，并适当讲解创业活动中的行为、思维方式。在创业活动过程中了解市场，充分利用各种资源和合理处理各种人际关系与发展问题。

2. 创新创业教育专业理论课程设置

创新创业教育专业理论课程设置旨在详细为创业学生讲解创业过程中所需要各科知识，主要包含《创业法律基础》《创业案例研究》《管理学》《市场营销学》：

（1）《创业法律基础》是开展创业教育的最基础课程，其目的是为创业学生介绍中国的法律环境，主要是与创业过程有关的法律法规都应纳入本门课程中，具体可包含《公司法》《行政法》《知识产权保护法》《劳动法》《环境保护法》《合同法》等。通过该课程的学习，让创业学生能够知法、懂法、守法，在法律范围内开展创业活动，应做到自己不犯法，也懂得用法律武装自己。

（2）《创业案例研究》是让创业者了解真实案例，并通过成功和失败的创业案例分析原因，找到成功或失败的关键环节，为自己在创业实践活动中吸取宝贵的经验，并能够从失败案例中吸取教训，避免重蹈覆辙。

（3）《管理学》是企业管理的基础性课程，创业者必须了解管理学，通过该课程的学习使创业者在创业活动中学会计划、组织、管理、决策等管理中常规性的过程和步骤，学会对市场做出正确的评价和选择，提高把握市场机遇的能力，最终达到以最小的成本投入获得最大利润这一目标。

（4）《市场营销学》是一门介绍市场基本规律和特点的课程，通过该课程的学习，让创业学生对市场这一概念有深入的认识，为其在创业活动中把握市场机遇奠定基础。该课程主要介绍市场环境，消费者市场行为及如何进行市场分析，选择合理的营销策略，对市场营销活动的基本程序和方式方法有详细的了解和认识，使创业学生在创业活动中正确运用市场营销手段，获得市场份额。

3. 创新创业教育辅助课程设置

创新创业教育辅助课程是为进一步提升创业学生的创业活动质量而设立的，创业教育辅助课程体系是一类由多学科构成的课程体系，应根据不同创业学生特点来设立，应充分考虑创业学生的学科背景、知识基础、兴趣爱好等特征来开设，应尽可能地满足不同的需求。创业教育辅助课程体系还应将重点放在激发有创业意愿学生的创业兴趣、培养企业家精神、注重创造性思维的培养、开拓学生视野等方面。同时，在改变创业教育辅助课程体系时，可以结合学校的师资力量，充分合理运用现有的师资资源。考虑到中国创业教育专业教师师资严重不足的现状，可以在学校现有师资基础上经过适当的培训来培养创业教育专业教师。例如，外语教师可充分利用他们的语言优势，给学生传授国外先进的创业教育理论及优秀的成功案例，管理学教师则可以为学生们讲解企业家精神、各地管理基本理论等相关知识。创业教育辅助课程体系在全校内以选修课的形式开展，创业学生可以根据自己的爱好选择不同的课程来学习，以期达到提高创业教育质量的目的。

（二）创新创业教育的活动课程设置

创新创业教育本身是一门实践性很强的课程，因此，创新创业教育课程改革中活动课程的设置尤为重要，创新创业教育的活动过程旨在让创业学生通过具体实践，了解创业活动的整体流程，并在具体创业活动中找到自己感兴趣的方向，能够将自己所掌握的知识、信息、技能和资源具体运用到一项实实在在的创业活动中去，真正实现创业的意愿，在此过程中能够了解和掌握创业活动的基本细节，为真正开展创业活动奠定坚实基础。创新创业教育的活动课程可以从以下 4 个方面来衡量。

1. 创新创业教育集体活动课程

创新创业教育集体活动课程具有广泛性的特征，该活动课程应根据学校的总体创业教育目标，面向全校创业学生而设置，旨在达到全面认识创业活动，了解企业真正运作流程和目的。其开展形式可采用报告或讲座形式，由学校出面，在规定的时间段邀请创业教育专家或成功创业者与创业学生开展面对面的交流，使创业学生能够从他们的亲身创业经历中获取所需，起到培养创业学生创业精神和提高创业素质的作用。

2. 创新创业教育专题活动课程

创新创业教育专题活动课程是在创业教育集体活动课程的基础上，专门针对创业活动中某个环节而开展的创业教育实践活动。创新创业教育专题活动课程所选择的专题环节一般是创业活动中重要的环节，如营销环节、决策环节。当然，也可根据创业学生的要求，就某一个他们感兴趣的环节或是他们认为困难的环节而展开主题活动。创新创业教育专题活动通常采用商业计划竞赛的形式组织开展活动，而且还能培养和锻炼创业学生的团队合作意识、竞争意识等。常见的创新创业教育专题课程有模拟营销大赛，参观企业了解企业文化和企业运作流程等。

3. 创新创业教育项目活动课程

创新创业教育项目活动课程是按照高等学校开展创业教育的目标，在创业教师的引导下，创业学生在明确自己创业活动的主题下，自行设计创业活动项目，并且在学校的支持下，亲自实践自己的创业活动，最终完成整个创业活动，然后再对自己的创业活动全过程进行自我批评、自我总结，以期丰富创业学生的创业经验。通过对创业教育项目的实施，强化创业学生在创业过程中的独立判断能力、自我管理能力，培养创业学生企业家的基本素养，使学生在项目活动过程中得到锻炼。

4. 创新创业教育项目潜在课程

创新创业教育项目潜在课程强调的是在高等学校里营造一种创业活动氛围，通过这样的创业活动氛围来潜移默化影响创业学生，以达到培养学生的基本创业品质，提高学校创业教育发展水平和质量为目的。创新创业教育项目潜在课程手段可通过学校已有的条件，如开展企业家校友事迹展，邀请知名企业家定期开展交流会等，激励学生开展创业活动，培养学生的创业精神。

（三）创新创业教育的实践课程设计

创新创业教育实践课程有利于提高大学生对企业知识的运用，培养大学生的创业技能，有利于开拓大学生的视角，发挥大学生个人技能。创新创业教育实践课程主要分为模拟创业实验和创业实践两种形式。

1. 模拟创业实验

模拟创业实验过程是一种创新仿真实验，学生可以模拟体现创业者经历的各个阶段，体验从创业决案、创业项目选择、团队组建、如何管理企业到产品如何推广的整个创业历程。模拟创业实验还可以通过案例分析形式进行，使学生身临具体案件之中，将自己想象成创业者，并且分析自己在解决创业过程中出现的问题与各种做法。模拟创业实验要开设《沟通技巧与训练》《商业营销模式》《商务案件分析》《商业计划与培训体验》等课程。

2. 创业实践

创业实践是为了将创业理论与实践结合。大学生创业实践可以通过两种方式进行：一方面可以利用校内的专业实习平台，让学生进入学校的后勤、投资等部门进行体验，使其能够积累丰富的与人交往的社会经验；另一方面可以开展校企合作方式，通过与企业的沟通和洽谈，让更多的学生进入企业内部实习，能够了解企业的经营与发展模式，积累处理各种问题的经验，为其创业打下坚实的经验基础。

第三节 创新创业教育实践体系建设现状与构建策略

一、概述

（一）创新创业能力培养

目前，相对来说，学术界较为重视高等教育中基础教学、科研培养等方面的研究，而实践教学这种培养大学生创新创业能力的教育模式的研究则较为薄弱。总体来看，无论是从研究广度、研究宽度还是研究深度方面，都比较欠缺。多数研究显得零散、单一，局限于传统的视角和领域，一般性、普遍性问题研究较多，缺乏系统性、普适性的探讨。尽管如此，随着近年来学者们的不断探索，创新创业人才培养问题和实践教学中体系的构建逐渐成为研究的热门问题，积累了此领域相当丰富的知识与经验，产生了许多值得借鉴和参考的有价值的研究成果。

1. 创新能力、创业能力的含义

（1）创新能力的含义：创新的社会学解释是指，人们为了发展的需要，在前人已经发展或发明成果的基础上，不断突破常规，提出新的见解、开拓新的领域、解决新的问题、进行新的运用、创造新的事物。创新能力是实施创新行为所具备的本领或技能。

对于创新能力的含义，国内不同的学者对其的理解和使用有很大的差异。有的学者指出创新能力是指利用已积累的知识和经验经过科学的思维加工和再造，产生新知识、新思想、新方法和新成果的能力。有的学者认为，从创新能力表现形式来看，创新能力的本质在于创新，具体表现为产生某种新颖独特、有社会价值或个人价值的思想、观点、方法和产品的能力。还有的学者认为从整合的角度来看，创新能力是个人知识储备、创新思维和创新个性的多维、多层次的综合表征。其中，知识储备是创新能力的基础，创新思维是核心，创新个性是保障。尽管不同学者从不同的角度理解创新能力给出的定义差别比较大，但它们都有助于人们科学理解创新能力的含义。

综上所述，在本书中，笔者理解的创新能力含义为：创新能力是指创新主体利用已有的知识和经验，具备的能从事创新活动的思维和能力。

（2）创业能力的含义：创业能力，是在 1989 年 12 月联合国教科文组织亚太地区会议期间提出的。会议指出："要求把创业能力教育提高到目前学术性和职业性教育护照所享有的同等地位。创业能力教育要求培养思维、规划、合作、交流、组织、解决问题、跟踪和评估的能力。"

对于创业能力的含义，国内学者主要有以下几种认识和表述。有的学者认为，创业能力不仅暗含很强的实践性，需要有一定的实践经验，同时也包括了较强的综合能力，需要具备较高的综合素质，它是集创造性和自我开发与实现的一种特殊的创造力，它是 3 种能力的结合：专业职业能力、经营管理能力、综合性能力。有的学者认为，创业能力是指一种主体的心理条件，它可以影响创业实践活动效率，促使创业实践活动顺利进行。换一种话说，创业能力是一种以人的智力发展为核心，兼具较强综合性和创造性的心理机能，是经验、知识、技能经过类化、概括化后形成的，在创业实践活动中反映为复杂而协调的行为过程。还有的学者认为，狭义的创业能力指自主创业能力，即除工资形式就业以外的自我谋职的能力，顺利实现自主创业的特殊能力，包括个体自身的一些特质，如创业品质、专业技能、信息处理能力、决策应变力、环境适应力。

从以上关于创业能力的观点来看，不少观点都值得借鉴。笔者比较赞同的是，创业能力是一种实践性、综合性很强的，有创造性特征，自我开发、自我实现性质的，以智力为核心的特殊能力。

2. 创新创业能力的培养

（1）创新创业能力的内涵及构成：以"创新创业能力"为主题的学术论文有很多，但是学者们在学术论文中很少提到创新创业能力的内涵，大多数是从创新创业教育角度来看的，主要有 3 种看法：第一种理解是将创新创业能力等同于创新教育中培养的创新能力；第二种理解是将创新创业能力等同于创业教育中培养的创业能力；第三种理解是将创新创业能力理解为创新能力与创业能力的结合，是兼顾创新能力和创业能力并以创业能力为落脚点。笔者认为这样理解"创新创业能力"是不够全面的。根据本书的特点，对上述关于"创新能力""创业能力"的含义进行归纳和总结，笔者认为，"创新创业能力"强调的是学生的基本素质、创新精神和创造性思维，同时注重学生的理论知识和实践能力，尤其是自我创业意识和创新操作能力，具备能够独立自主地去发现问题、解决问题，并提出自己的新观点的能力，同时又具备创业意识、对创业有所追求的能力。简单来说，创新创业能力指的是一种既具有实践能力、创新能力又具备创业潜能的复合型能力。

人们从事创新创业活动，需要各种能力，绝不是单凭一种能力或某几种能力就能达到预期目标的。要使创新创业主体能发现问题、解决问题，提出自己的新观点，构思和创造有价值的东西，就必须使创新创业能力各要素联合成一个整合体，发挥创新创业综合效应。

首先，智力是创新创业能力的基础。智力是人认识客观事物并运用知识解决实际问题的能力。知识是对事物属性与联系的认识，是人们在社会实践过程中积累起来的经验。智力包括很多方面，如观察力、记忆力、思维能力、应变能力和分析判断能力等。这些都是认识活动所必须具备的一般能力。一般的智力转化为创新创业能力，要求主体在创新创业活动中对智力因素实现有机整合，主要包括信息获取能力、创新操作能力和开创事业的能力等。

其次，创新素养是创新创业能力的核心。丰富的知识要转化为能力，在实践中产生新的成果，就在于创新素养。创新素养包括创新意识、创新精神和创新思维。创新意识指的是创新思维活动的起点，是使个体产生创造行为的内驱力，是创造的意图等思想观念。创新精神指的是创新者所具备的智力与非智力心理品质的有机结合与升华而产生的实际创造动力。创新思维是指一个人在创新过程中，所产生的对新事物的认识活动，它具有多向性、形象性、突发性等特点。

再次，创业潜能是创新创业能力培养的动力。创业潜能存在于创业意识和创业精神层面，是在一定社会环境和教育条件影响下，形成的与他人不同的较固定的态度和行为特征，是思维和行为相结合的体现。培养创业意识，主要包括形成创业需求、动机、兴趣、信念等；培养创业精神，主要包括形成自信心、坚韧性、敢为性、独立性、合作性等心理品质。

（2）大学生创新创业能力培养的内容和意义：党的十八大报告明确提出了“建设创新型国家”“以创业带动就业，提高创业能力”“创业中离不开创新”等内容。大学生是最具有创新创业潜力的群体之一，高校应该深入学习科学发展观和建设创新型国家战略，深化教学改革，培养大学生创新创业的能力，这是落实“以创业带动就业，提高创业能力”，促进高校毕业生充分就业的重要措施。

基于上述创新创业能力的内涵及构成的分析，笔者认为培养大学生创新创业能力应包括以下几个方面的内容：

1）实践动手能力：使自己面对问题时，具备发现问题、分析问题和解决问题的能力。

2）创新性思维能力：能用专业术语表述新问题，发现事物规律性的能力，具备发散性思维和非逻辑思维能力等。

3）能独立思考、独立判断和独立从事科研活动的能力。

4）学术交流能力：能将研究成果以专著或学术论文的形式表达出来，将新的思想或知识传递给他人的能力等。

5）创业潜能：在使自身的实践能力和创新能力有一定高度的时候，具备能激发自身创造力来开辟新事业、新行业的潜在能力。

对于大学生创新创业能力培养的意义，可以概括为以下几个方面：

第一，培养大学生创新创业能力是国家战略的需要。21 世纪，各国竞争的重点已转化为经济和综合国力的竞争，归根到底是科技和人才的竞争。谁拥有具备创新型的人才，谁才能在这场激烈的国际竞争中取得更大的优势。创新是一个民族进步的灵魂，一个国家兴旺发达的动力。党中央、国务院做出的建设创新型国家的决策，是事关社会主义现代化建设的重大战略决策。创新型国家的建设需要具有创新创业能力的人才。培养创新创业人才，大力推进理论创新、制度创新、科技创新，不断巩固和发展中国特色社会主义伟大事业。大力培养大学生创新创业能力是高校的首要任务和关键措施，能够有效地推动创新型国家的建设。

第二，培养大学生创新创业能力是缓解就业压力的需要。随着高校的扩招，中国大学生就业压力越来越大，就业形势相当严峻。通过创新创业教育能够有效缓解社会就业压力，因此高校全面开展切实有效的创新创业教育，培养大学生创新能力，激发其创业潜能，引导和帮助越来越多的大学生加入创新创业队伍中来，使大学生成为为社会创造价值的创业者，由寻求就业岗位的就业者变成提供就业岗位的创业者，有效缓解大学生就业难题。

第三，培养大学生创新创业能力是大学生自身发展的需要。敢于创新，追求个性，有着强烈的自我意识，渴望实现自我价值，是当代大学生的时代特征。培养大学生创新创业能力，使他们更加注重自身综合素质和能力的提升，为他们实现自身的发展提供了条件。大学生通过创新创业活动，选择适合自己发展的领域，突破和创新自己的想法，从而实现自己的人生价值。

（二）实践教学体系

1. 实践教学与教学体系

顾明远编著的《教育大辞典》中，对实践教学有一个明确的解释：“实践教学是相对于理论教学的各种教学活动的总称，包括实验、实习、实际设计、工程测绘、社会调查等。旨在使学生获得感性知识，掌握技能、技巧，养成理论联系实际的作风和独立工作的能力。”这种对实践教学的定义是从其内涵和外延来理解的。

按照系统论的思想，教学体系是指为了达到教育目的，而由教学活动相关要素构成的，并以一定稳定结构形式存在的，实现特定教学功能的，相互影响、相互作用的有机整体。对于教学体系的构成要素，有经典的三要素说，即“学生、教师和教材”，但是现在大部分学者认为教学体系的构成除了学生、教师和教材外，还包括教学目标、教学内容和教学环境。

2. 实践教学体系的内涵

实践教学体系是一个有机的整体，大部分学者都认为其有狭义和广义的内涵之分。总体来说，由目标、内容、管理、评估体系等要素构成实践教学体系整体这是按照其广义层面来描述的，而狭义的实践教学体系是指实践教学的内容体系。本书以广义的实践教学体系内涵作为参照，但并不局限于其设定的目标、内容、管理和评估四大要素。笔者把实验、实训、实习、毕业论文等环节作为实践教学活动，把体系的管理、评估、条件保障作为实践教学体系的环境资源来加以重新认识。笔者认为，实践教学体系是以实践教学人才培养目标为核心前提，以实践教学活动为主体内容，并以相应环境资源作为支持条件的一个有机联系的整体。

（三）实践教学体系构建的理论基础

实践教学是和社会诸多领域有着紧密联系的实践活动，实践教学体系的构建也涉及各种与之相关的要素。在综合考察实践教学内涵的基础上，笔者认为实践教学与学习论的思想密不可分。它们不仅为实践教学体系设计提供理论指导，也为人们认识教育本质、确立教学目标、选择教学内容等教育问题提供重要的理论依据。

学者们对学习的探讨从未停止过，无论是行为主义心理学创造的“刺激—反应”学习理论，还是认知主义心理学家对人类认知过程及组成因素的研究，社会因素和个体因素已经成为学者们关注的焦点所在，特别是建构主义学习理论对教育思想产生了重大的影响。

建构主义学习理论认为，知识、技能不是被动积累的，而是学习者积极实践的结果。知识、技能的建构必须从激发学习者学习动机开始，而传统的教育模式往往是先理论后实践，实践能力弱的学生在社会上缺乏核心竞争力。因此，必须确立实践教学在创新创业人才培养过程中的主体地位；学习者的学习过程要关注知识、技能的连贯性和教学内容的情境性。使用情境教学方法，使学习内容具有真实性任务，使学习行为在与现实情境相似的情境中产生。实践教学是符合情境教学要求的，使学生通过具体的社会实践、实训、实习等实践环节，在解决具体问题情景中，积极主动地建构自己的理解过程、创造过程。

（四）实践教学体系在创新创业能力培养中的重要作用

高校通过实践教学，培养的是学生实践动手能力和发现问题、解决问题的能力，在21世纪创新创业人才培养的要求中，学生创新创业能力的核心就是创新，创业是在具备一定程度创新的基础上升华得到的。实践能力是创新能力发展的基石，高校构建面向创新创业能力培养的实践教学体系是符合现代教育要求和社会人才需求的：

（1）构建实践教学体系是连接学生理论知识和实践能力的重要手段。学以致用是人们从古至今都崇尚的知识获取和使用的目标，其实现学以致用目标的过程就是通过实践教学。实践教学培养学生运用知识、创造知识的能力，使学生能真正发挥理论指导实践的作用，为学生毕业后进入社会工作创造必要条件。

（2）实践教学体系是本科教学体系的重要组成部分。高校本科教学的培养目标和专业人才的培养目标的实现,都离不开实践教学这一举足轻重的关键环节。实践教学培养的是学生实践能力、创新能力和创业潜能，而只有通过实践教学体系才能更加系统化地实现实践教学的作用，是学生能力发展的必要条件。

（3）实践教学是学生创新能力培养的基石。学生创业潜能的激发离不开创新能力的积累，创新能力的积累离不开实践能力的提升。没有实践能力，创新能力是不可能得到发展的。学生在实践中不断积累自己的实践能力，形成良好的创新意识，无形中就会使自己的创新能力逐步提升。

（4）实践教学的更深远的意义在于学生个体的全面发展。21 世纪，国家的发展靠人才，人才综合素质的提升是一个国家综合国力提升的表现。国家培养学生的综合素质，正是靠学生进入社会前，通过实践教学来逐步使学生全面发展的。

二、当前高校实践教学体系存在的问题

近年来，中国各大高校纷纷加大对实验室的建设投入以改善实践教学条件，积极开展实践教学改革，这不仅有效促进了学生实践能力和创新能力的提升，还为实现创新型人才的培养目标奠定了坚实基础。然而，在高校实践教学改革的探索阶段，仍然存在着一些问题。这个问题在一定程度上制约了创新创业教育的发展。虽然创新创业教育实践活动在高等院校已经开展起来了，也取得了明显的效果。但在创新创业实践过程中出现的困境也是不可忽视的。

（一）创新创业教育目标模糊

创新创业的教育在高职院校已经开展了数年，可是创新创业的目标和定位在许多人的心目中仍然是模糊和单一的。美国考夫曼企业家精神研究中心 (The Kauffman Center for Entrepreneurship Leadership) 所定位的创新创业教育的目标是“通过培养创业意识、了解创业知识、体验创业过程，使大学生能像企业家一样行为，具备将来从事职业所需的知识、技能和特质”。创业教育目标应该是知识与技能，结构与方法，情感、态度、价值观三维目标的统一。

目前高校创新创业教育存在目标模糊的困境，主要体现在两个方面：一方面，创业教育缺乏价值引领，分类、分层指导不够。高等院校创新创业教育核心是培养人才，需要回答好“培养什么样的人”和“怎样培养人”这两个问题。这其中包括价值观引导和教育，具体到某个职院校，就是其人才培养的价值引领和特色层次。然而，当前高校创新创业教育人才培养目标总体模糊，创新创业教育实践内容设计指向主要是以技能性教育为主，如创业的商业管理与运营技术、商业税法以及融资方法等，忽视了价值塑造的内容，培养也存在趋同化现象。另一方面，

创新创业教育目标的单一性造成创业教育功利化倾向严重。许多院校的教师认为创新创业教育仅仅就是专注于培养大学生成为小老板，或者成为企业家的一种商业教育或创业培训，这种缺乏分类、分层次的创新创业教育目标限制了创新创业教育的受众面，即主要面向具有创业意愿和已经付诸创业实践的群体开展，并没有面向全体学生开放。造成了一般院校的创新创业教育只是精英教育，大部分大学生都没有加入到创新创业教育的实践中来。

（二）创新创业教育实践缺乏整体推动

随着社会经济的发展和国家政策的倾斜，一些高等院校在创新创业教育实践体系建设方面进行了探索。这些院校通过开设创新创业教育课程，开展以创业教育为主题的第二课堂活动，设立高职院校创业园、创业孵化中心、创客等，为学生开展创业实践活动提供了极其丰富的载体，创业教育实践活动也开展得轰轰烈烈。但随着活动的开展，一些新问题也接踵而来。例如，在一些院校中，创业课程由相关学院开设创业教育实践环节由学工部门牵头，创业竞赛由团委牵头，这容易导致多部门功能设置重叠、任务内容重复，最终造成资源浪费。多部门牵头开展的创业教育在发挥了各自优势的同时，也容易造成各自为政、缺乏协同，致使创业教育实践缺乏体系性和联动性，进而阻碍创业教育实践的健康和快速发展。创业教育实践是个系统工程，它与创业教育的目标体系、课程体系等息息相关，需要协同联动，共同推进发展。然而，目前高职院校创业教育实践工作多重视载体建设而忽视实践体系构建，缺乏统筹规划与顶层设计，缺乏整体推动的战略眼光。这些问题致使创业教育呈现出声势大、成效小，尝试多、规范少的尴尬局面。

（三）创新创业教学改革及教育课程建设不成体系

高校实践教学改革缺乏整体规划。很多高校把实践教学体系构建的重点放在了实践教学活动上，虽然开设了实验、实训、实习等多种实践教学环节，且各个环节具有一定的时间保证，但是各环节之间缺乏有效的内在联系和有机结合，这种无序的状态，与创新型人才培养目标有较大的差距。实践教学体系作为相对完整的教学体系，具有相对独立性。在建设、实施的过程中，应避免孤立性、片面性，需要紧紧围绕专业人才培养目标，运用系统性思维和整体优化思想指导实践教学体系的构建。

经过多年的发展，我国创业教育从照搬照学外国模式，到探索具有中国特色的创业教育之路，取得了一定的成果。许多高校开设了《大学生 KAB 创业基础》《创业管理》《大学生就业与创业指导》等课。与此同时，形式多样的创业教育活动也在各大高校院校开展，如“挑战杯”大学生创业竞赛、模拟公司训练营、创业孵化项目评比、创业之星评选等。许多院校在创业实践方面取得了不小的成就。但是，院校已设的创业课程和开展的创业活动，明显存在一些问题。一是课程之间缺乏相关性、互补性和层次性，没有形成创业教育课程体系。有的创业教育课程仅仅定位在知识传授上，相对封闭，缺少实践体验环节。二是创业活动之间缺乏连续性。例如，创业竞赛仅仅停留在竞赛上，缺乏竞赛之前的系统谋划和竞赛之后的持续关注，其典型表现是大学生“挑战杯”创业项目往往止步于大赛结束时。三是创业课程教学与创业实践活动之间缺乏联系。创业实践活动不是创业课程教学的必要延伸，创业教育课程也不是创业实践活动的理论支撑。众所周知，创业教育课程与其他纯知识传授型课程有本质的不同，它本身是一种实践，即需要将创业知识、创业理论与创业技能、创业实践有机结合，实现创业教育第一课堂与第二课堂的协同发展。鉴于上述实际，涵盖创业实践教育的院校创业教育课程体系的建设任重道远。

（四）创新创业教育服务平台能力单薄

创新创业教育实践的最终目的是推动创业项目落地。因此，创新创业教育实施中，除了提供必要的教学条件外，还需要有大量创业服务平台的支撑。然而，目前高校创业教育服务平台的能力普遍单薄。究其原因，一是缺乏社会企业的支持。在以赛代训的背景下，学生创业项目大多缺乏实践基础，难以进入实际操作阶段，尤其是社会企业界的支持热情不高，使得服务平台缺乏资金扶持、经验指导和技能辅导。二是缺乏技术力量的支持。这反映在当下大多学生创业项目缺乏高深的技术含量上，学生创业项目可复制性较大，影响了创业项目的生命力。三是高职院校内部支撑学生创业的联动功能低下。在一些占有国家大量研究资源、优秀师资和科学技术的研究型大学中，每年有成百上千项科技发明与专利因缺乏联动和激励机制的设计，无法对接创业学生的需求，进而丧失了转化的机会。事实上，要推动创业项目的落地，相关服务平台的有力支撑是关键。

三、创新创业教育实践体系困境原因

创新创业教育实践的困境有多种，而这些困境的产生是因为在学校的各个方面还存在着多种矛盾冲突。

（一）院校内部不同层面存在观念冲突

院校内部不同层面存在的观念冲突对于创业教育实践体系的构建有着深刻的影响。“冲突”具体表现为以下 3 个方面：一是对人才培养定位认识不一致。在院校中，部分教师认为，人才的培养是院校的职责，而创业人才只是部分人才，不包括全部的学生。教师对人才培养的定位还不准确。二是对创业“失败”和

“成功”的理解不一致。有些人认为创业教育实践是育人的过程，对于学生来说，即便创业失败也是一种成长；相反，持不同观点的人认为，大学生创业成功率极低，而失败对大学生打击可能很大，担心大学生难以承受，影响大学生的身心健康，故没有必要在上学期间承担这样的风险。三是不同专业之间对创业理解的不一致。职业性相对强的专业对创业教育需求相对弱一些，因而对创业教育的阻力会更大；相反，职业性相对模糊的专业对创业教育需求相对较高。

这些冲突往往会体现在不同人群的思维和行动中，包括学校领导干部、教师和辅助人员。观念的冲突在一定程度上造成了创业教育目标的模糊和创业教育脱离学生实际需求的现象，不利于创业教育实践体系的构建。

（二）院校创业教育实践缺乏顶层设计

纵观前几年的高职院校创业教育，其顶层设计是欠缺的。创业教育已经有了多年的实践，可有的是从经济管理学院萌芽启动的，有的是从技术转移中心牵头开始的，有的则是从就业角度唤起对创业教育的关注，还有的则是为了完成各类比赛任务而推行的阶段性活动等。由于缺乏系统的顶层设计，加之创业教育常被放在第二课堂或者旨在丰富学生课余生活的课外活动中进行，学校相关单位或部门常会凭经验或兴趣而行，使得创业教育变得零散化、碎片化。

实际上，即便是看起来相对系统的创业培训也存在上述类似问题。举行一次培训就算是开展了创业教育，培训还常出现“三无”现象，即课程设计无体系、培训过程无监管、培训结果无评估。这种现象与相关部门对创业教育的随性定位有很大的关系。

此外，由于院校对部门的功能分工缺少系统的研究，在部门的职责定位和工作范畴上容易形成“重叠”与“缺位”并存的现象，即易出成绩的工作常被抢着做，需要革故鼎新、面临巨大挑战或者需长期默默坚持才可能有所收获的工作往往成了大家争相躲避的对象。这容易诱发各自为政甚至冲突的局面，导致力量集聚难、资源整合难，也难以形成良好的创业教育组织环境和创业教育文化氛围。

（三）院校创业教育学科建设滞后

由于创业教育缺乏全国层面的学科设计、指导和要求，除了个别院校自我探索之外，绝大部分院校很少涉及创业教育学科和专业建设。

创业教育学科建设的滞后直接影响了创业教育课程体系的开发与建设，部分院校的“创业教育既没有系统的创业学课程，也没有融入到学校的专业教育当中”。此外，院校缺乏对创业教育的研究，同时教育的研究机构的设置也被认为是可有可无的，对于如何将创业教育的理念融入本校的人才培养理念、如何处理创新与创业的关系以及如何实现科研成果的转化等问题没能做出很好的回答。

因此，创新创业教育在全国院校范围内缺少理论支撑，课程设置和资源分配缺乏顶层依据，专业设置缺乏学科依托，这一切都影响了创业教育的广度和深度。

四、实践教学体系的理论构建原则

实践教学体系的高效运行必须考虑到多种要素间的相互作用。在综合了创新创业人才培养范畴和实践教学体系特征的基础上，提出了在构建实践教学体系过程中需要遵循的一般性原则。

（一）目标性原则

高校实践教学体系的构建必须紧紧围绕培养大学生创新创业能力这一人才培养目标来进行，要把培养既具有扎实的理论基础，又具有较高创新素养和较大创业潜能的人作为实践教学体系的出发点。制定的实践教学体系人才培养目标应该根据高校人才培养规格、专业学科特点及发展规律及社会对人才的需求来进行明确的、有针对性的具体目标设定。

（二）系统性原则

高校实践教学体系的构建，应该根据高等教育的规律、人才培养特点，按照各个实践教学环节的地位、作用及相互之间的内在联系，运用系统科学的方法进行统筹安排。实践教学环节的时间安排上要保持连续性，要处理好实践教学与理论教学的关系，合理分配课时比例，保持整个教学过程的系统性。实践教学与理论教学的相互衔接，相互渗透，使体系内的各个环节协调统一，贯穿于高等教育的全过程。

（三）层次性原则

大学生能力的发展是一个循序渐进的过程，遵循这一客观规律，实践教学体系也应分阶段、分层次逐步深化。其实践教学目标要由易到难，实践教学环节由简单到复杂，实践教学方法由单一到综合，分阶段、分层次循序渐进地加以构建。

（四）实践性原则

实践出真理，因此，对实践教学体系的构建要有利于学生实践能力的培养，主要体现在实践教学目标要符合社会发展和人才需求，除培养学生的应用实践能力外，还注重创新创业能力的培养，以满足学生自主发展的需要。在教学内容上，应突出知识更新的要求，以实践、实训活动为主导，模拟真实的环境来开展实践教学。

五、创新创业教育实践体系构建策略

院校创新创业教育实践体系要以解决实践活动的矛盾冲突为目标，在实践活动中完成创新创业教育体系的构建。

（一）构建以学生需求为导向的创业教育目标体系

创新创业教育实践体系作为一项培养人的创新创业精神和能力的系统工程，其目标要根据大学的人才培养目标和大学生的需求来制定。

创新创业教育目标体系的构建可以很好地解决创业教育目标模糊与单一的困境。大学创业教学目标体系的构建应该分为两个层面：一是面向全校学生的共性层面，主要是以创业意识、创业知识、创业能力、创业精神等创业素能为目标；二是面向特殊群体的个性层面，主要是针对具有强烈创业意愿和梦想的学生，以培养其市场的敏锐性、决断的自主性、思考的独立性、创业的竞争性和合作性、技术的创新性、管理的科学性等品质为目标。

高等院校要围绕培养创新创业人才的目标，把推动大学生创新创业教育工作作为培养高等人才的重要组成部分，构建一体化的创业教育目标体系。在共性层面，要把向社会输送更多有志于担当社会责任、创造社会财富的精英人才作为人才培养的重要目标，积极探索创业意识激发、创业技能提升、创业项目打磨、天使投资对接、创业项目落地的“全链条”式创业教育实践体系，逐步形成以学生需求为导向、以创业素能为核心、以创造价值为动力、以创业实践为抓手、“学研产用”相结合的分层分类的创业教育模式；在个性层面，要将“培养有志于担当社会责任、创造社会财富的创业精英”作为创业教育的目标，实现企业家精神、创新能力、组织能力、领导能力、机遇把握能力、技术型创业、国际化创业等素能的融合。

（二）构建以资源整合为导向的创业教育组织环境体系

创业教育组织环境主要是指通过对以创业实践载体、创业社团、创业竞赛和创业实践平台为主体的创业教育实践类资源进行有效整合，创造良好的创业教育环境，形成浓郁的创业教育氛围。构建创业教育组织环境体系能够有效地解决创业教育实践载体繁杂和实践体系零散的矛盾。

大学在开展创业教育时，一方面要建立统一的创业教育领导机构，进行顶层设计和宏观规划，统一调动院校的创业教育资源，对全校创业教育工作和创业教育组织或团体进行宏观管理和监控；另一方面，要打破学校各部门各自为政的局面，将优秀的创业教育资源进行整合，营造良好的创业教育环境，共同构建创业教育的组织环境体系。

高校要以资源整合为导向，采取多项举措构建良好的创业教育组织环境体系。一是加强顶层设计，提供机制和政策保障。一方面，建立学生创新创业工作协调机制，成立大学生创新创业教育工作领导小组，协调校内有关部门单位抓好创新创业人才培养；另一方面，出台一系列文件，帮助引导大学生处理好创业与就业、学业的关系。二是整合校内资源，激发创业意识。要依托勤工助学与创业指导中心、青年创业俱乐部、微创业联盟等近30个创新创业社团，持续开展“创业者导航”、“创业点子秀”、创业沙龙、“创业在路上”等活动。三是加强校内创业教育实践基地建设。为满足学生创业实践需要，院校要建立创业教育实践基地，引导学生经常参加创业实践活动。为创业教育实践体系构建创造良好的组织环境体系，有效地保证学校创业教育的顺利开展。

（三）构建以专业教育与创业教育融合的创业教育课程体系

在专业教育中融入创业教育，建立创业教育的课程体系，这能有效地化解创业教育课程建设封闭和实践活动孤立的尴尬。一方面，专业教育为创业教育提供创业教育的观念、技能、能力、思想和理论，为创业教育的开展提供了指导；创业教育对专业教育的观念、技能、能力、思想和理论进行检验，同时为专业教育提供素材和内容。另一方面，专业教育与创业教育相互融合，将创业教育贯穿人才培养全过程，既发挥专业教育的知识优势，也体现创业教育的实训、实践优势。创业教育课程体系主要包括学科课程、通识课程、活动课程和实践课程等方面。学科课程是以创业教育学为主的一系列课程，是根据高等学校创业教育目标和实施创业教育的需要，为学生在创业过程中必须掌握的创业教育学科理论知识和创业理论知识而设置的理论性课程。

创业教育活动课程是根据高等学校创业教育目标，学生在教师的指导下，根据市场发展和自己的兴趣及条件，选择不同项目，以独立或小组合作的形式，用类似创业活动的方式开展的课程形式，主要目的在于辅助专业教育。创业教育实践课程是以创业模拟实践和创业实践为主的课程，主要目的在创业的实践和实战。

（四）构建以技术引领为导向的创业教育实践支撑体系

大学创业教育必须以技术为方向引领，建立起一整套完整的“产—学—研”联合教育体系，在能力范围内将能够用于实践教学的基地充分利用好，建立创业教育实践支撑体系。创业实践最终要走向市场、走向社会，这就要求创业教育实践不仅要整合校内资源，加快院校科研成果、学生创业成果与企业需求的融合，还要依托更广阔的社会资源，争取和引导政府、企业对创业教育的支持，实现创业教育实践项目资源与平台的无缝对接。

高等院校可以通过校友会、大学科技园、所在区域高新技术产业园等机构组建对大学生创业感兴趣的天使投资团，以实现快速融资，也可以与所在地高新技术产业园开展实质性合作，为大学生创业提供免费场地支持，促成大学生创新创业实践体系的完整架构。

六、面向创新创业能力培养的实践教学体系

（一）实践教学体系结构

实践教学体系的构建是以实践教学人才培养目标为核心前提，以实践教学活动为主体内容，并以相应环境资源作为支持条件的一个有机联系的整体，所以在构建面向创新创业能力培养的实践教学体系时，培养大学生创新创业能力作为实践教学人才培养目标与实践教学活动和配套的环境资源构成了体系中三大要素。这三大要素各有内涵又相互联系、相互促进，具体的体系结构如图 4–1 所示。

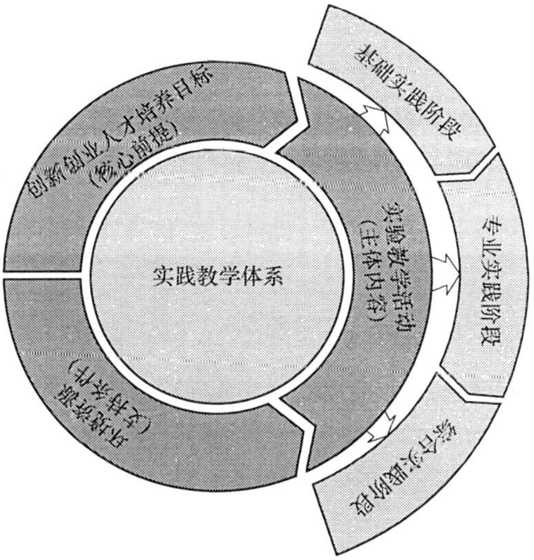

图 4-1　实践教学体系结构

（二）实践教学体系构建的目标导向

创新创业人才培养目标是高校实践教学体系构建的目标导向，也是其核心前提。这指的是在实践教学体系的构建中，要把培养学生创新创业能力作为实践教学人才培养目标，把创新创业人才培养目标贯穿实践教学体系的每个环节中，通过实践教学活动培养学生的实践能力、创新素养和创业潜能，使学生实际问题的解决能力和综合素质得到提高，使学生做到德、智、体、美全面发展。

1. 培养学生理论联系实际的能力

实践教学的首要任务就是要求学生能将理论知识与实践动手能力相结合，将课堂教育与社会实践相结合。这样在学生进入工作以后，学会理论联系实际，充分利用理论知识，指导思想，去观察、处理问题，解决实际工作中遇到的现实问题。

2. 培养学生发现问题、解决问题的能力

在用人单位看来，现在的大学生发现问题、解决问题的能力并不理想。因为实践经验的缺乏，在工作中很难发挥高学历知识教育的优势，因此要通过实践教学，积极调动学生的观察力、理解力和思考力。

3. 培养学生创新能力、激发学生创业潜能

创新对21世纪人才培养的意义尤为重要。在日新月异不断变化的世界环境中，具备创新能力的人才才能发挥举足轻重的作用，为社会发展做出贡献。通过创新能力的不断提升，使学生富有创造力，激发创业潜能，开辟新的行业和领域。

高校要依据自身的学校定位，适当调整各学科教学计划，以培养学生创新创业能力教学理念为指导，突出实践教学体系各环节的连贯性和整体性，完善实践教学内容，积极培养学生实践能力，满足新时期学科专业发展对专业人才的需要，力争实现创新创业人才培养目标。

（三）实践教学体系构建的主体内容

如图4-2所示，按照不同的教学目标，遵循实验内容深度的递进、实践技能层次的递进、综合应用水平的递进原则，实践教学活动主要包括基础实践阶段、专业实践阶段和综合实践阶段3个层次阶段。通过这3个实践阶段，学生可以合理地、循序渐进地安排实践教学活动，将创新创业人才培养目标和实践教学内容具体落实到各个阶段中，达到学生实践能力、创新能力的培养要求。其中，每个层次阶段都有不同环节的实践教学活动。

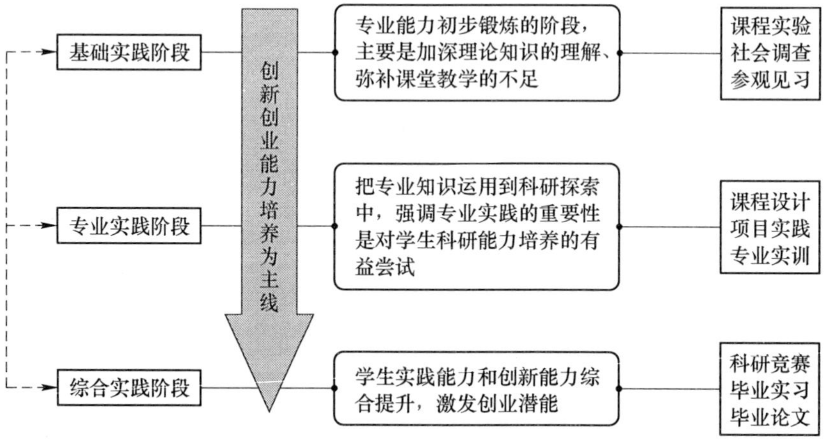

图4-2　不同环节的实践教学活动

基础实践阶段是专业能力初步锻炼的阶段，对加深理论知识的理解、弥补课堂教学的不足起着重要作用，是专业实践阶段的前提。基础实践阶段主要包括课程实验、社会调查和参观见习3个部分，重点培养学生基本技能和基础实验能力。课程实验的教学目标是以理论知识为支撑，使学生具备以操作能力为主的基础实践能力，通过实际操作和应用来发现和解决问题；社会调查通过实地调查研究，促使学生去验证和解决课程中遇到的理论性问题；参观见习的目的是增长自身专业知识的见识，主要通过老师带团参观与专业相关的校外单位等方式进行。

专业实践阶段是在经过专业知识的系统学习之后，开始把所学知识运用到科研探索中，强调专业实践的重要性，是对学生科研能力培养的有益尝试。专业实践阶段主要包括课程设计、项目实践和专业实训3个部分。课程设计对培养学生提出、分析和解决问题及初步形成科学研究的专业综合能力起着重要的作用，是巩固所学理论知识的重要途径。学生的课堂学习时间有限，不可能完全掌握学科专业知识，所以项目实践环节可以使学生根据自己的特长，选择感兴趣的某一专业项目，在教师的指导下，以项目小组的形式组合在一起学习和研究，通过互帮互学，培养团队精神和融会多学科知识的能力，培养学生的设计实验的能力。专业实训主要采用校企结合的形式，由学校老师和企业老师带队，走到实际的工作环境中去，让学生亲身体会到未来的工作状态，帮助学生尽早适应工作环境，使其满足行业需求，是连接校内学习和企业需求的桥梁，是毕业实习的一个提前模拟。

综合实践阶段主要包括科研竞赛、毕业实习和毕业设计3个部分，重点培养学生综合实践能力和创新能力。在科研竞赛中，学生在学校指导教师的辅导下，参与老师课题研究、科研立项和大学生创新性实验项目等学术活动，也可以参加本专业的各项竞赛活动等，锻炼学生把理论知识与实践相结合的能力。为了能让学生在毕业实习的时候尽快进入工作状态，适应真实的工作环境，毕业实习是学生自己参加到相关企业部门中去，并没有教师从旁指导，学生真正投入到实际工作中，发挥自己的综合能力，解决问题，给企业创造经济效益。学生在毕业实习中，积累工作经验，为就业做准备。毕业论文是和毕业实习相辅相成的一个实际活动，毕业论文的主题来自于学生对毕业实习过程中专业知识的总结和升华，体现出学生的科研能力和创新能力。

七、实践教学体系构建的环境资源

实践教学体系的构建必须有一系列教学硬件和软件的提供，才能保障实践教学的顺利开展，这些软件和硬件就构成了实践教学体系的资源环境，其主要包括实践教学体系构建的前提条件、环境保障、质量保障等多个方面。

（一）完善实践教学管理机制是高校实践教学体系构建的前提条件

适合创新创业型人才培养的实践教学体系必须要有与之相适应的实践教学管理机制作为其前提条件。其管理机制包括以下内容：（1）分级组织管理。高校实践教学管理实行校、院二级管理体制，由学校负责对实践教学制定相应的管理办法和措施，各二级学院作为办学实体负责实践教学的组织和实施。（2）教学制度管理。目前大部分高校的学生必须按照专业教学计划，接受相同的教学内容，而不能自主选择个性化的课程，这样并不利于大学生实践创新能力的培养。完善实践教学制度，需要实行“弹性学分制”，保证学生获得学分途径的多样性和灵活性，促进学生创新能力的最大化发展。（3）运行评价管理。建立起包括学科专业资源、软硬件条件、校内外实训实习基地等实验教学资源有效利用和共享开放的机制，保证实践教学资源得到最大的有效利用，为实践教学活动的开展提供可靠的保障。同时，需要对实践教学的各个环节制定相应的评价反馈机制，利用这种机制来促进实践教学质量的提高，通过评价反馈保证实验教学改革的机制，对实验教学资源的有效配置与利用起到了良好的监督与指导作用。

（二）实践教学基地建设是高校实践教学体系构建的环境保障

实践教学基地建设可分为校内实训基地建设和校外实习基地建设两个方面：校内实训基地主要是面向本校师生，采取校企结合的模式，在校内开设企业培训课程，进行企业模拟实践项目，能体现学校管理和专业特色的实训场所；校外实习基地需要依托企业的老师，按照企业生产实践的真实需求，参与学生的校外实习教学环节的管理和指导工作。良好的实践环境是培养学生实践能力和创新能力的重要基础，所以高校应该确立以校内实训基地发展为核心，扩展校外实习基地，采取校内外共建相结合的思路，为推进高校实践教学改革提供基本环境保障。

（三）高素质的实践教学师资队伍是高校实践教学体系构建的质量保障

近年来，很多高校开始认识到，实践教学人员已不再是传统观念中的教辅人员，而是教学活动的主体。实践教师队伍素质的高低，直接关系到学生实践能力、创新能力培养的好坏，因此高校要加强实践教学师资队伍的建设，以适应新的实践教学体系要求。高校要抓好“双师型”实践教学师资培养工作，通过各种培训、培养途径，使他们既具备扎实的基础理论知识、较高的教学水平，又具有很强的专业实践能力。同时，建立完善的考核体系，鼓励教师参加实践教学工作。

第四节　创新创业教育师资体系建设现状与构建策略

一、我国高校创新创业教育师资体系建设现状分析

2012 年 8 月，教育部办公厅发布《普通本科学校创业教育教学基本要求(试行)》，要求各高校将创新创业教育“融入人才培养体系，贯穿人才培养全过程”。中国高校创新创业教育开始步入“全校性创业教育”的发展方向，高校创新创业教育的发展热情迅速升温。部分高校开始将创建“创业型校园”作为未来的发展目标。同时，创新创业师资队伍建设问题日益凸显。

总体来看，中国高校创新创业教育师资建设现状可概括为以下 4 个方面。

(一) 队伍初步形成，结构比例失调

随着高校创新创业教育的广泛开展，创新创业教学从过去的自发教学，转变为有组织、有目的的教学活动，初步形成专门的教师队伍，以上海交通大学、温州大学、华南师范大学三校为例说明。

2010 年 6 月，上海交通大学设立虚拟创业学院，明确了“面上覆盖、点上突破”的指导思想，以及“使创业学院成为培养未来产业巨子的摇篮”的发展愿景。在师资队伍上，学院设立了由 17 人组成的战略专家咨询委员会、14 人组成的教学指导委员会和完善的行政机构，构成了系统的三级管理体系。

温州大学将“培养德智体美全面发展，具有创新精神、创业能力和社会责任感的高级应用型人才”作为学校人才培养目标定位，通过创新创业教育与专业相融合，拉动全校教师参与创新创业教育教学。2009 年 6 月成立的创业人才培养学院，负责全校创业教育规划与实施。学院有专职工作人员 8 人，同时组建由校内外专家、教授、教师等构成的师资队伍 70 余人，其中企业家创业指导师 32 人，KAB 项目师资 41 人。

2009 年，华南师范大学成立创业学院，秉持“开放、实操、效果、可持续”的工作理念，面向全校研究生、本科生开展创新创业教育。现有师资百余人，其中 40 人具备 KAB、SYIB 资格证书，聘任 50 余名企业家作为校外创业导师。

对中国高校创新创业师资研究结果显示，现阶段中国高校各类师资框架初现端倪。但是，由于师资队伍建设工作开展不久，缺乏明确的建设目标，呈现出师资结构比例失衡的状态，主要表现在以下两点：

一是课程师资比例失衡。高校创新创业教育课程通常有 3 个层次：学校层面的创业教育通识课、学院层面的创业与专业教育相结合的融合课程、专业层面的创业学专业的专业课程(包括从本科、硕士到博士的创业教育体系)，对应的师

资为通识课程师资、融合课程师资、专业课程师资。对浙江省高校进行调研发现，创业通识课程师资通常为高校团委、学工部人员，此类师资数量严重不足，缺口尤为明显。以浙江某一高职院校为例，全校数千名学生，但从教创业通识课程的师资仅有 7 人。由于师资不足，课时也由过去的 8 个课时缩减为 6 个课时。在另一所综合性大学，全校层面学制内的创业通识课程师资仅有 1 人。融合课程数量较少，到目前为止并未出现专门的教材，多由专业教师施教，这些师资既没有受过相应的师资培训，也没有相应的教材作为指导，数量不足与质量偏低状况并存。专业创业课程多由商学院、管理学院师资实施。现在仅有极少数高校提供了创业学位课程师资。

二是不同师资类型比例失衡。创新创业师资按照教学领域不同可以分为企业师资、专业师资、创业辅导员三类。创新创业教育导向的差异，决定了创新创业师资配置的差异。通常研究性高校与普通高等院校师资以“专业师资”为主，高职高专院校以“企业师资”和“创业辅导员”为主，师资缺失或极为薄弱的情况普遍存在。

（二）组建方式多元，准入制度缺失

从师资选拔方式上看，中国现有的高校创新创业师资组建方式，较为典型的有以下 3 种：

第一，以创新创业教育项目为媒介，吸引师资参与创业教学或创业研究。例如，2012 年温州大学推出“创业人才培养模式创业实验区”项目，各实验区自己组建教师队伍，以创新创业教育与专业教育深度融合为目标，探讨在专业教育中深入融合创新创业教育的途径。首批通过的 3 个实验区各获得 6 万元的项目资助。以服装设计与工程专业实验区为例，该实验区组建了 8 人构成的教学队伍，包括 1 名副教授、1 名高级经济师、2 名讲师和 4 名企业指导师。这一改革方式不仅调动了全校教师的创新创业教学积极性，还促进了创新创业教育的深入改革，提升了学校创新创业教育教学的水平。

第二，按照课程体系设置，从全校范围内为创业教育试点班级提供优秀的创业导师。温州大学的创业教学团队由校内优秀教师、校外企业导师和校友构成。创业学院根据各学院推荐的优秀教师，参考历年来学生对教师的评价分数，进行择优录取，最后由创业试点班学生确定最终人选；校外企业教师集中聘请优秀的职业经理人或知名企业的财务、人事、营销、管理等部门具有丰富实战经验和讲课感染力的一线精英。

第三，学校行政人员、教师、辅导员等各类群体通过参与 KAB、SYB 等创业培训，提升创新创业教育教学能力，承担创业教学任务。

然而，多元化的师资选拔方式，无法弥补师资准入制度上的制度漏洞，现有

高校鲜有设置专门的创业师资准入制度。教育部虽然已就加强高校创新创业师资培养提出了指导性意见，但对“高校如何选择创业教师”“创业教师应当具备哪些条件，才能指导大学生的创业活动”等问题，并未形成一个明确的标准和规范性文件。中国大部分高校，无论是对创业师资的专业类型、学历层次、从教年限，还是培训要求，都没有做出明确规定，师资准入制度不健全。尽管少数学校制定了相应的选拔制度，但是迫于创业师资匮乏的现状，只能依据教师专业教学水平的高低，而非创业理论或实践水平的高低选拔师资，呈现出“校外创业师资选聘标准不完善，已有师资利用标准不明”的怪象。

当前，中国部分高校已经从社会各界聘请企业家、创业成功人士、专家学者等作为创业教育兼职教师。但是，一方面，这些兼职教师多缺乏教学经验，教学效果有待提高；另一方面，这些师资多采用短期培训班、讲座、临时创业指导等方式参与创业教学，并未形成长期有效的教学关系。

（三）创业学位初现，培训平台不足

在创业学位体系建设方面，中国部分高校也取得了一定进展。浙江大学管理学院在2006年实施了“教育部专业人才培养教学改革项目”——多通道、阶梯式、复合型高层次管理学类精英人才培养模式探索与实践，从3个不同层次(本科生、MBA、硕士研究生)组建“创业管理精英班”，成为全国首个获得国务院学位办授权的创业管理硕士点和博士点的办学单位，创业管理博士是全亚洲第一个创业管理博士点。2009年，浙江大学管理学院在创业管理精英班的基础上，与创业管理全球排名第一的百森商学院、欧洲排名第一的里昂商学院合作建立全球创业管理培训的硕士学位项目(Global Entrepreneurship Program，GEP)，引入国际顶级的教学资源与经验。

温州大学创业学院在2010年3月发布首届创业管理双专业、双学位班招生计划，从120名报名学生中选拔出50名学生参加创业专业学习。创业管理辅修双专业、双学位的学制为2年：辅修双专业为50学分，辅修双学位为60学分。修满50个学分并且考核合格的，颁发温州大学工商管理(创业管理方向)辅修双专业毕业证书；在此基础上，完成相应的创业管理方向毕业论文符合学校学士学位授予条件的，授予工商管理(创业管理方向)辅修双学士学位。

中南财经政法大学和共青团湖北省委于2011年12月联合创立湖北青年创业学院，设立湖北省首个创业学位班级，首批有10余名学生入学。参与学生在修满相应学分后可获得中南财经政法大学创业管理方向的双学位证书。

高校内从事创业教学的师资群体，根据师资群体的主动性不同，可以分为“自下而上”的创业师资和“自上而下”的创业师资。前者指对创业教育感兴趣或从事创业教育研究的教师，这类师资自主、自发地参与创业教育教学的实施，具有

较强的创业理论背景，但缺乏创业实践知识，人数不多，是高校创业教育中的小众。后者往往是根据学校的教学要求，将创业教育知识或理念融入专业教育的师资，此类师资多是未受过任何创业培训的专业教师，对创业教育的认识仅停留在肤浅的表层，对框架性、层次性的创业知识知之甚少，对创业实践没有深刻的认识，市场意识和实践运作能力等明显不足，对政府、学校的各项创业政策尤为陌生，极大地制约了高校创新创业教育服务能力的提升。

由于专业的创业学位建设仍在初始阶段，教授创业课程的大部分是非专业师资。创业师资的成长主要依赖于 KAB、SYB、中国青年创业国际计划 (YBC)、清华大学 DMC 创新创业研修班等各种创业培训，与全国高校创业教育的需求相比，这些项目提供的师资培训机会显得杯水车薪。即便是走在浙江省创业教育前列的高校，每年参与此类培训的教师数量也十分有限，教师成长平台明显不足。

（四）组织化程度提升，协调管理有限

中国高校创新创业教育在经历了 10 余年的发展后，制度化程度逐渐加强，师资管理稳步提升。高校创新创业师资队伍的专业化，有赖于创新创业教育相关的组织的制度化。综观中国高校创新创业教育，可以划分出三类主要的组织形式:

第一类：以创业人才培养为主的组织类型。主要负责学校的创新创业教育课程实施、师资管理和举办各类创业讲座，如温州大学的创业人才培养学院、义乌工商职业技术学院的创业教育学院等。

第二类：面向创业实践，以创业培训、创业实训为主要方式的组织类型。此类组织又可以分为：第一，以社会人员创业培训为重点的创业学院，此类创业学院面向社会上的各类有志于创业的青年，学院力图通过完善平台、降低青年创业成本、铺设绿色通道等途径，为社会人员提供创业服务，如“中国青年创业学院”“蒲公英青年创业学院”等；第二，提供创业实战的大学生创业园、创业中心、创业基地、科技园等，主要负责为大学生提供相应的创业场地、资助和物质支持，例如，中国现有的 28 个国家级大学生科技园，各大学设立的大学生创业园，以及各类大学生创业实践中心。

第三类：以创业研究或创业指导为核心的组织。一是创业研究中心，如浙江大学管理学院成立的“全球创业研究中心”、南开大学设立的“创业管理中心”、吉林大学设立的“创业研究中心”等；二是创业指导中心，如宁波大学的创业指导中心，浙江海洋学院机电工程学院 2006 年成立的以创业团队扶持、创业师资指导的方式推动大学生创业的“大学生创业中心”，宁波大学科技学院的“家族企业接力研究咨询中心”等。

总体来说，第一类具备统筹全校师资的职能；第二类以提供物质资源为主，师资调配能力有限；第三类以研究和创业实践指导为主，师资提供和管理受到限制。

调查发现，除了极少数高校通过建立创业学院等方式统筹管理全校创业师资外，大部分高校都存在不同程度的师资管理混乱、师资力量运用不足的情况。从横向上看，创新创业教育本身涉及经济学、教育学、管理学、社会学、心理学等多个学科；从纵向上看，创新创业教育包含了全校层面、学院层面和专业层面的创业课程。以浙江大学为例，仅参与创业教育建设的学院和相关部门就达十几个单位，但是并没有设立专门的机构对全校的创业教育活动和资源进行统筹管理和规划。

二、高校创新创业教育师资建设策略

科学的理念是保障行动质量的基础。创业师资与传统师资在教学技能与知识类型要求上存在根本差异，组建创业师资队伍本质上是一个破旧立新的过程。特殊的创业师资类型框架和目标要求，决定了创业师资队伍建设要避免随意性，必须以明确的目标作为指导，以一定的理论架构作为支撑。

（一）设立分层推进的师资建设框架

1. 形成由企业、专业和创业辅导构成的师资框架

高校创新创业教育指的是高校利用课堂内创业课程和课堂外创业活动，培养学生创业精神和创业技能的教育。“实践性与理论性并存”是创新创业教育区别于普通教育的典型特征，促进自主创业又是创业教育的结果之一。因此，创业师资选拔与培养必须兼顾创业实践、创业理论、创业指导 3 个方面的内容，对应师资为企业师资、专业师资与创业辅导员。

“全校性创业教育”是未来中国高校创新创业教育发展的总体方向。本书结合国内外创业师资建设经验，从全校创业师资建设出发，提出如图 4–3 所示的师资结构。

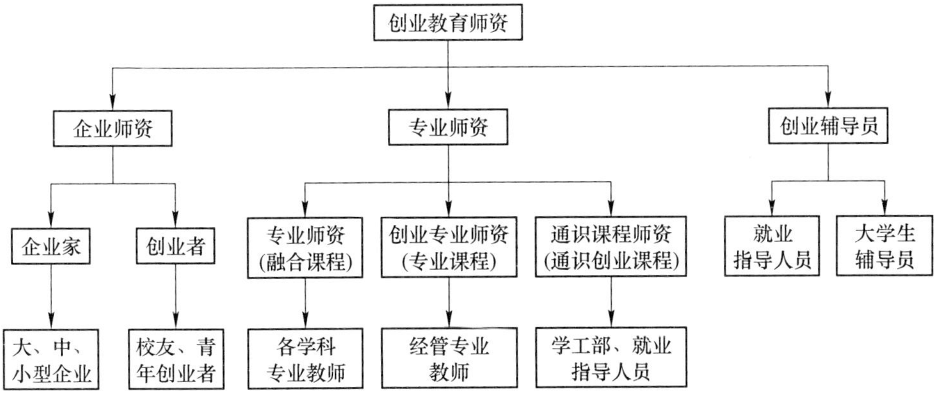

图 4-3　高校创业师资结构

2. 制定实践型、“双师型”和咨询型的师资培养目标

目前有关创业师资培养问题的专门研究不多，缺乏前瞻性指导。面对创业学位体系尚未形成的客观现实，创业师资队伍建设主要依赖于引入外部师资和师资培训。

鉴于创新创业教育实践性与理论性的特征，“双师型”教师是能够同时驾驭创业教育理论课和实践课的中坚力量，是师资培养的重点目标。“双师型”教师最早出现于职业教育领域。对“双师型”教师内涵首次做出明确规定的是1998年国家教育委员会发布的《面向21世纪深化职业教育教学改革的原则意见》：“要采取教师到企事业单位进行见习和锻炼等措施，使文化课教师了解专业知识，使专业课教师掌握专业技能，提高广大教师特别是中青年教师的实践能力……重视教学骨干、专业带头人和‘双师型’教师的培养。”1999年，《中共中央国务院关于深化教育改革全面推进素质教育的决定》中进一步明确指出：必须“加快建设兼有教师资格和其他专业技术职务的‘双师型’教师队伍”。与职业教育相似，创新创业教育最终要回归创业实践。科学有效的创业技能培育离不开创业实践经验，急需同时具备创业实践与创业理论的创业师资。

具体到三类师资，企业师资以提供创业经验为主，需具备基本的教学技能以满足创新创业教育需求；专业师资需要将专业与创业融合，必须具备理论性与实践性的双重知识能力，即“双师型”教师；创业辅导员以创业咨询为主要任务，需要对创业法规、政策拥有基本认识，能够为学生提供创业支持。不同类型师资对应的具体培养目标应有所区别，如图4–4所示。

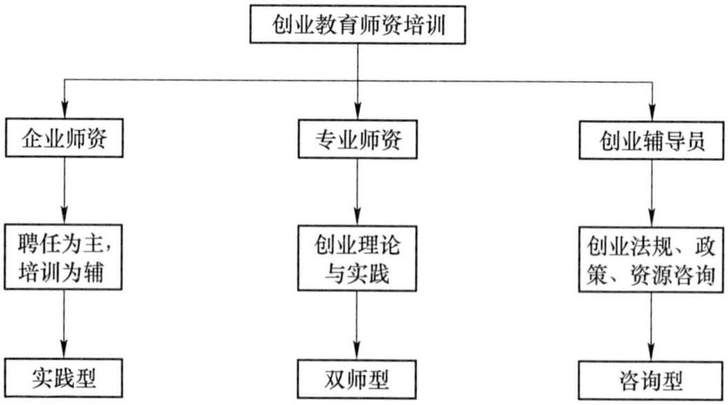

图4-4 创业师资培训目标

（二）建立数量充足的高素质师资队伍

1. 弥补师资缺口

依照教育部《普通本科学校设置暂行规定》的规定，高校专任教师的师生比不能低于1∶18的标准，兼职教师人数不超过专业教师总数的1/4。根据教育部《普

通高等学校基本办学条件指标(试行)》对高校师生比的要求，本科院校的标准分别为工科、农、林院校 1 ∶ 18，医学院校 1 ∶ 16，语文、财经、政法院校 1 ∶ 18，体育、艺术院校 1 ∶ 11；高职院校中，综合、师范、民族院校 1 ∶ 18，工科、农、林院校 1 ∶ 18，医学院校 1 ∶ 16，语文、财经、政法院校 1 ∶ 18，体育、艺术院校 1 ∶ 13。

2012 年，教育部网站公布的数字显示，2012 年中国高校本科在校生人数 2391 万余人，研究生在校人数 171 万余人。师资需求数量由受教人群决定。根据“全校性创业教育”的发展计划，师生比例的最低要求，高校在校生现有人数需求、创业师资的发展能力等因素，目前中国创业教育的师资缺口很大。

2. 建立创新创业教育协调机制

加强创新创业教育，管理是高校全面推进创新创业教育不可或缺的要素，更是创新创业教育制度化建设的一个重要标准。中国高校创新创业师资缺口大、质量低，存在师资管理混乱现象。扩建创新创业师资队伍，提升创新创业师资质量的首要任务就是完善创新创业教育协调机制。借鉴国外已有经验，必须着力加强管理，加强顶层设计，将创新创业教育规划融入高校整体发展战略，提出明确的师资队伍建设计划。

高校要组建有效的创新创业教育管理委员会等协调机构，统筹全校创新创业教育师资队伍的管理与分配；全面指导全校创业课程、创业教育项目、创业竞赛、创业训练营及各种类型创业活动的开展等。

高校要成立由校内外人员构成的创新创业教育咨询委员会，着力解决创新创业教育实施过程中遇到的师资聘用、师资企业挂职、创业资金运用等实际问题。

3. 兼顾理论与实践的师资遴选标准

创新创业教育在本质上是一种素质教育，具有普适性。1999 年 6 月发布的《中共中央国务院关于深化教育改革全面推进素质教育的决定》，表明了素质教育包括提升“创新精神和实践能力”在内的两大核心，这与创新创业教育培养具有首创精神和创业能力的目标是一致的。创新创业教育反映了素质教育的核心与重点。实施创新创业教育，目的不只是帮助学生走上独立创业或自谋生计的道路，更重要的是帮助学生将创业精神和能力迁移到各项工作与活动中，适应瞬息万变的社会。

素质教育理念下的创新创业教育，要以创业理论知识为基础，以创业实践知识为重心，要求教师具备先进的创业教学理念和实践导向的教学素养。在师资选拔上，要避免过去单纯以高学历、高职称作为选择标准，树立以教师素质与创业人才培养相契合的选聘导向，避免将“纯粹知识教学”的教育痼疾带入创新创业教育。

4. 制定灵活的兼职师资选聘制度

制定灵活的企业师资选聘制度，提升企业师资的参与力度和质量，对专业需求、教学任务、薪金制度、项目参与需求、企业师资与专业师资合作做出合理安排。

企业师资选聘应兼顾创业教学的多层次需求。以不同教学时长的教学任务为例，第一个层面是学校层面的创业通识课，应采用校内辅导员、研工部、学工部等教师为主，兼职教师为辅的师资组成结构。每门课程选配一位或数位能够担任短期课时的兼职教师，采用讲座、互动、专题讨论的方式开展创业教学，作为入门创业知识的补充。第二个层面是学院层面的创业融合课程，应采用专业教师与兼职教师一对一的协作模式，选聘能够担任半个学期或一个学期时长的校外兼职教师，与专业教师共同授课，结合理论与实践提供系统的创业课程。第三个层面是专业层面的创业课程，应选用兼职教师独立教学的组织方式。根据创业学课程人才培养的需要设立专门的创业课，选聘创业学领域的专家，专门开设一门或数门相关的创业课程。

高校要着力完善企业师资选聘制度。根据3个层次课程的不同需求，真正将校外兼职教师融入创业教学中来，改变过去蜻蜓点水式的教学辅助，真正对学生的教学与创业实践起到有效的指导。

（三）形成合理的师资结构

1. 组建结构合理的教师队伍

创业师资由企业师资、专业师资和创业辅导员三部分人员构成。各高校应根据国家规定，以及实际课程的教学需求，建设师资规模与结构合理的教师队伍。

鉴于现阶段创业师资严重匮乏的现状，在实际操作中，高校一方面要坚守师资选择标准的原则底线，扩大师资选择的范围，从参与KAB、SYB等培训人员扩大到创新创业教育的实践者和研究者，乃至各专业院系不同专业的专业人才，不拘一格地选拔人才，形成稳定的校内教师队伍。另一方面还要设立一条或多条优秀师资的绿色通道，广泛吸引海内外创业学专家，建立创业教席。与此同时，高校还应当与当地产业相结合，吸引成功的企业家、风险投资商、律师、政府官员等不同领域的人才系统地参与高校创新创业教育，并根据教学层次的需求建立结构合理的教师队伍。

2. 统筹优化现有师资资源

院系壁垒成为阻碍高校内创业师资相互沟通与成长的主要障碍。各高校可以结合现实需要，参照3个层次的创业课程设置，开展不同层次的创新创业教育，打破学院的制约，重新整合师资力量，形成通识教学、融合课程教学、创业学教学3种不同的教学模块。通过课程体系的构建，将创业师资组合成密切联系的教师网络。

根据完成的实际创业过程，形成不同的师资合作模式。第一，组建一主多翼的师资团队。此类型师资团队以一次完整的创业项目或创业活动为依托，能够满足整个创业过程需求，由不同专业的专家构成师资队伍。推举一位贤才作为统筹者，组织相关教学活动的讨论、教学内容的选择，制定阶段性的发展目标。第二，根据创业不同阶段或专业领域的需求组建师资队伍。高校可以将不同领域的专家根据创业不同阶段或专业领域的需求，形成特定的师资队伍。学生根据自身能力需求与创业发展需求，选择相应的师资咨询。

统筹优化现有的师资资源，形成不同形式的师资团队合作方式，最终目的在于充分发挥每一位成员的优势，更好地为创新创业教育发展服务。

3. 制定科学的教师协作教学制度

大量引入高校外部兼职教师是中国创新创业教育发展的现实需求。专业师资主要依赖校内师资，师资流动稳定，而企业师资主要依赖于高校外部的企业人士的引进，流动性大。

随着“全校性创业教育”理念的推广，专业教师的人数在大幅度增加，而且不同师资类型、不同课程专业类型、不同课时长度的兼职教师也使得师资管理工作变得更为烦琐。在此状况下，没有完善的师资衔接制度作为保障，一旦出现教师离职的状况，必定导致师资链条断裂，破坏教育教学的整体性。为此，高校必须在创新创业教育管理部门的统筹规划下，在紧密联系社会、主动挖掘不同领域优秀人士的同时，制定严密的师资衔接制度，做好短期、长期师资聘任规划，与应聘师资之间保持密切联系。

4. 完善创业师资的激励机制

忽视“以人为本”的师资管理模式，必然导致选人、用人、育人和留人各环节衔接的断裂。在创业师资管理方面，高校应明确树立“以教师为本”的管理理念，确保教师在创业教学中的主人翁地位，帮助教师树立正确的创新创业教育价值观，认识到创新创业教育对教师自身和学生成长的重要作用，建立能够促进教师个体发展的激励体制和管理体制。

具体到实际操作层面，高校要努力将教师的个人发展目标与创业教学发展目标相统一。引导教师根据学校创新创业教育发展的定位和实践型人才培养需求组织开展教学活动。对教师在科研、教学、实践等不同领域所取得的成绩，给予科学的评价和合理的回报。努力实现管理方式从压力的传递向内在激励方式的转变。

成立创业师资发展基金，奖励在创业课程建设、教学方法革新、创业实践及创业研究等领域做出显著成绩的教师。一方面，制定符合教师劳动投入的薪酬制度，落实创业师资的工资、福利等各项政策，切实保障创业师资的利益。另一方面，努力营造一种宽容失败，推崇创业，鼓励冒险的宽松、自由环境，为教师提供良好的创业教学氛围。

（四）建立形式多样的师资培养体系

1. 加大创业学学位体系建设

高质量创业师资短缺已经成为阻碍中国高校创新创业教育发展的主要瓶颈。短期速成的创业师资培训既不能达到较高的质量标准，也无法满足不断膨胀的创新创业教育师资需求。解决这一问题的根本在于构建系统化的创业学学位体系。通过创业学学位体系培育大批创业教育师资，迅速提高创业师资的素养，达到提升创新创业教育质量的目标。

创业学学科的发展和创业学学位的设立，不仅有利于吸引优秀的企业与管理人才加入创业研究的阵营，提高创业研究的质量与效果，而且有助于创业师资的长期发展，形成师资供给的良性循环。近年来，中国在创业学学位体系建设方面已经取得初步成效，有的高校已经设立了本科阶段的创业学学位，甚至出现了创业学的硕士和博士学位。但现有的教育资源远远无法满足创新创业教育的教学需求，必须继续加大创业学学位体系的建设力度。有条件的高校必须加强创业学学位建设，有计划、有步骤地开发创业课程，逐步设立完整的创业学学士、硕士、博士学位培养体系。

2. 提升双师型教师培养力度

加大“双师型”创业师资培养力度，必须保障充足的培训资金和合理的师资培训平台。各高校应设立专门的创业师资培训基金，吸引资金赞助。以产学研为依托，将高校的知识优势与企业的实际操作优势相结合，制订校企合作师资培训计划。培训内容要以企业管理、项目运营、危机处理为核心，强调师资的创业感受与体验，提升师资的创业认知。此外，高校还应逐步制定“双师型”职称认定制度，积极引入具备“双师型”条件的创业人才。

在“双师型”创业师资培养过程中，还应秉持以下原则：尊重师资职业发展意愿的原则；师资专业领域与企业领域相匹配原则；兼顾高校与企业双方利益原则；理论与实践相协调原则。

3. 拓展创业师资培训渠道

政府可以开展“千人创业师资项目”等培训项目，大力推进创业师资培训工作。高校在经过 10 余年的创新创业教育发展历程后，已经积累了相当多的师资培训经验，形成了一定数量的优秀创新创业教育团队和创新创业研究团队。未来高校可以尝试将市场竞争机制引入高校创业师资培训，增强高校在师资培训方面的主动性，提供多样化的培养方案。培训过程要着重开展体验式、活动式的培训方法，在改善教师创业知识结构的同时，更要提升教师的创业能力。

培训渠道要与相关国际机构结合。有条件的高校应当有目的地选拔部分优秀教师参与国际上声誉较好的师资培训项目，学习先进的培训理论和内容，了解国际创新创业教育的前沿动态。除了参与创业师资培训外，鼓励并支持教师参与创新创业教育国际交流，与世界顶尖学者充分沟通，吸收先进的经验，促进浙江省高校创新创业教育理念和方法的发展。

4. 构建创业学习平台

建立创业网络学习平台，加强经验交流与资源共享。尝试在区域层面建立统一的创业学习网络虚拟平台，鼓励各所高校潜心学习、研究、借鉴各种培养模式，拓展创新创业教育师资培养渠道。

（五）组建适应区域发展的创业师资

1. 适应区域市场发展的师资培养导向

金融危机之后，世界产业格局体现出两大特征：一是国际产业转移向纵深进行；二是新兴产业的重要性日益凸显。2011 年国家发展与改革委员会发布《中华人民共和国国民经济和社会发展“十二五”规划纲要》，强调一方面要求改造提升制造业，培育发展战略性新兴产业，另一方面指出要营造环境，推动服务业大发展。2012 年，国务院印发《服务业发展“十二五”规划》，要求“到 2015 年，服务业增加值占国内生产总值的比重较 2010 年提高 4 个百分点，成为三大产业中最高的产业”，推动各省形成以服务业为主的产业结构，产业重点从传统的第二产业转向第三产业。2013 年，转移和升级传统制造业、培育和发展新兴产业、提升服务业规模和效率成为中国各省产业结构调整和发展的 3 条主线。

区域产业结构变化势必引起经济发展重心的转移，必然需要创业者对社会环境的变化保持高度敏感。创业师资培养，必须考虑到区域未来市场发展需求，基于“三二一”的产业格局，调整“双师型”创业师资的培育重点，尤其要注重结合各地区的重点发展产业带的产业需求。

2. 利用区域企业优势选聘企业师资

在创业定位上，高校创新创业教育主要面向中小企业。各高校要充分利用区域优势，尤其要结合不同区域的企业优势选聘企业师资。

以浙江省为例，浙江已经形成四大经济发展模式，即“民营经济为主，公有经济为辅的‘温州模式’；变小公有经济为民营经济的‘杭州模式’；国有、集体、民营、外资经济四轮驱动、混合发展的‘宁波模式’；以及市场先发、商贸主导的‘义乌模式’”。其中，区域性与国际性并存是义乌中小企业一个显著特征。该地区拥有全球领先的小商品批发市场和遍布世界的商贸经销网络，以及由此带来的巨大商流、物流、资金流和信息流。10 多个本土企业的销售范围涉及中东、欧美等多个国家。伴随中小企业成长起来的本土企业家，不乏国际化的视野和气魄，是最佳的创业师资来源。高校要充分利用区域企业所能提供的企业家优势，采取多种措施，吸引企业家参与创业教学。

在高校与企业之间建立长期的、制度化的合作机制，力求在师资训练、专业互助、产业转化、资金、创业咨询等方面达成共识。重点强调学术型教师参与挂职，深入高新技术企业体验创业过程，研究创业案例，提高创业能力。

3. 运用产业集群开展师资培训

产业集群是一组在地理上靠近的相互联系的公司关联机构，它们同处于一个特定的产业领域，由于具有共性和互补性而联系在一起。其主要特征表现为：第一，相关产业在空间上高度聚集，形成网络化的空间联系；第二，集群内核心产业与辅助产业相互促进、学习、竞争与合作的经济功能相联系。

产业集群的产生为创业师资培育带来了极大便利。一方面各产业呈块状分布，高校教师可以依据产业分布，划分不同专业的师资培训模块，提升不同专业师资培训的区分度。另一方面，产业集群的集聚标志着相同企业专家的集聚，企业家资源的集聚标志着知识集聚，为同类师资培训提供了大量知识与技术支持。

中国不乏结构完善、资源充足的产业集群。政府和高校可以发挥其在创业师资培训中的统领作用，分专业、分模块、分区域统一开展高校创业师资培训。

第五节 新形势下我国高校创新创业教育体系提升策略

一、转变教育观念

（一）转变高校教育观念

随着时代的发展，高校教育的教育模式要和社会发展接轨，但事实上我国高校教育还存在与社会脱节、与实际不符的情况，尤其是开设的专业课程内容相对陈旧，培养出来的学生与社会的要求不符，较难实现人才素质与社会发展相适应。在教学方面存在知识落后、教法单一等弊端，这样的教育体系极大地约束了人的发展和文化多元化的发展，培养出来的人才观念保守，缺乏创造力，难以适应科技创新要求和复杂多变的社会生活。因此，高校必须转变教育的思路和观念，以创业素质教育为核心。高校教育不只是培养学生的技能，更重要的是培养学生的创新能力和学习习惯，教育学生要正确认识自己的择业观念，将专业对口的静态就业观转变为不断创业的动态就业观，不仅解决自己的就业问题，还可以提供更多的就业机会。对大学生进行具有创新精神和创业能力的创业教育，是当前高等学校进行教学改革的重要任务。高等学校应改革传统的人才培养模式，改变观念、大胆创新，以培养复合型人才为宗旨。

人才培养的目标是多样性的，转培养技能单一人才为综合性人才，不再是意识缺乏、专业定向、思维僵化的人，而是拥有多种技能，具备扎实基础，适应社会多变等素质的创业型人才。高校教育不仅是传授专业知识与技能，更应该传授生存理念和创造意识，培养生存能力和创业素质。

在过去由于社会劳动力供不应求，我们高等教育的培养目标在于知识的掌握和技能的训练，强调人才的技能熟练程度，较少考虑学生的主观能动性和创造潜能，这在当时的社会条件下，对维护社会的稳定，促进社会的发展是有益的。但是如今劳动力供过于求，它的局限性日益明显，尤其是在就业形势日趋严峻的情况下，高等教育急需提高学生的创新创业能力，所以深化人才培养模式改革和创新势在必行。

从一定意义上来讲，大学生创业能力培养机制是建立在高等院校的创业教育基础上。高等院校要实施创业教育需要改变教育理念，它是大学生创业能力培养机制形成的前提。我国的大学教育具有完善的学科体系，教学中以知识的系统灌输为主要方式，以培养适应我国社会经济发展所需的就业者为目标。在这样的教育模式下，终身性职业的观念深入人心，随着新型教育理念的兴起，世界范围内的劳动力就业市场的变化以及科技发展对人力的替代作用的凸显，原有的就业观念已不能适应生存的需要。因而，我国大学的教育应跳出学科体系的藩篱，积极引入创业教育的理念，培养学生创新精神。在传授专业知识和技能的同时，将培养学生实践能力及创新能力纳入教学过程中，使学生勇于创新、艰苦奋斗、把握机会、敢于创业。为了使大学生更加适应社会，一定要打破传统的就业模式，树立正确的就业观，高等教育就得想实招、想新招，通过创业知识的普及和技能的训练，培养学生自我发现商机及创业机会的能力，要让学生完全感受到创业是实现自己人生目标，体现人生价值和承担社会责任的理想途径。

创业教育是创新教育的一种，需要突出培养大学生的创新能力及创业精神。创业教育是教育领域内一种全新的价值追求，从教育内容方法、功能等各个方面都需要重新定位和变革，在本质上具有实效性的教育改革。创业教育的实质是培养人的创业意识、创业思维、创业技能等各种创业综合素质，并最终使被教育者具有一定的创业能力的教育。创业活动培养大学生要具备自主、自信、勤奋、坚毅、果敢、诚信等品格与创新精神，要把大学生培养成未来社会的创业者与领导者。同时对大学生的培养应注重开拓精神、分析问题与解决问题的能力培养。这就要求高校领导要把培养大学生创业教育意识作为一项重要工作来抓，明确大学生创业教育的重要地位，切实有效地在全校范围内大力引导教育，统一思想，形成良好的培养大学生创业意识的氛围，上下一体，众志成城，大力支持创业教育，改变原有的人才培养模式，真正把创业教育作为学校教育的一项重要任务来抓，扎扎实实培养创造型、创业型人才。

（二）转变家庭教育观念

家庭是孩子的教育的摇篮，家庭环境对人的影响是终身的，尤其在心理素质培养方面、人格品质养成方面，它的影响力是学校及社会教育无法相比的。因此，家庭教育对孩子养成健康的心态、包容宽容的性格、积极乐观的态度、对新鲜事物的钻研精神都是非常重要的。尤其是父母的言行、举止、待人接物、处事态度、吃苦精神都是孩子模仿学习的榜样。所以家长一要“言必行，行必果”，一定要起到模范作用。

目前，我国的家庭教育未能完全发挥这方面的影响作用，而基本上延伸了学校的教育模式，注重学习，不但不弘扬学生的个性，反而有所遏制，很大程度上影响了孩子的全面发展。由中国教育发展战略学会和国家教育发展研究中心组成的“中国独生子女问题研究”课题组，通过对辽宁、江苏、甘肃、天津、河北、湖南、深圳等7省市(在北京、天津两地也做了部分补充专题调查)的334所中小学校、85795名学生、9545名教师、12155名家长进行问卷调查，以及对江苏、天津、河北、辽宁等4省市80名优秀独生子女学生及其家长进行深入访谈，对于我国独生子女群体的基本状况、主要特征及其形成原因有了初步分析，父母普遍认为排在第一位的是“学习成绩优异”，把具有“独立能力、有主见”“有善良心、同情心”“勇敢、帮助他人”等排在了后面，这不得不让人担心家庭教育的恶果，把孩子健康的成长扼杀在萌芽状态。

对于一个农村人口占很大比例的国家而言，家庭教育就尤为重要。大多数农民只上到初中，个别上到高中，但还有小部分农民处于半文盲状态，这必然存着视野上受限、认识上的差异、阅历上的缺失等问题。家长的文化层次，直接决定对孩子的教育方式，不可能对孩子的教育有很好的规划，也只能照葫芦画瓢。尤其对上了大学的孩子，很少要求创新，只认为尽快就业，改变家庭生活状况才是正确的。因此，家长要关心孩子成长、成才，尤其是未来发展，所以家长和社会必须努力做到：

第一，家长和学校要加强沟通。要完全了解孩子的想法，了解孩子的优缺点，才能更加有目的地主动对孩子进行教育，而不是一味把孩子的教育推给学校，只有学校和家长双重重视了，才能更好教育孩子，才能挖掘他们的潜能，更有创造性的学习和生活，这就为培养孩子的创业精神打下了坚实的基础。创业精神要提前给孩子灌输，让他们认识到艰苦创业、自强自立的重要性。

第二，条件成熟的学校可以组织家长相互交流，尤其加大对农民家长的交流。使家长从思想上完全接受孩子创业的理念，并列举一些实例，使他们既要看到创业有风险，又要看到创业对提升各方面能力有很大的促进作用，从心理上完全接受这种育人模式，真正实现家庭完全支持学生创业，学校努力实施创业教育。

第三，家长应尊重孩子的选择，并支持孩子的事业。鼓励孩子多参加社会实践、参加知识援助、参加创业技能大赛、参加素质拓展等，培养孩子适应各种环境的能力和独立做事、动手的能力。还要培养孩子的思维能力、处事能力、克服困难的能力等。不要挫伤孩子的积极性，让孩子知难而进，培养他们坚强的品格和顽强的意志，这些都是创业所必需的。

二、优化大学生创业环境

（一）培育浓厚的校园创业文化

校园创业文化是一种观念形态的文化，是全校师生敢于开创事业的思想意识形态，是社会存在的反映。创业文化氛围的营造需要全体师生的共同努力，其影响力是非常巨大的。高等学校可以通过开展一些与创业相关的论坛、讲座、交流会、研讨会及模拟创业活动等，动员学生广泛参与其中，培养其创新创业意识，塑造创业品质，提高创业素质，练就创业本领。创业能力需要从实践中去锻炼，所以高校应该提供相对宽松的学籍管理环境，开展一些特定的创业类竞赛，组建学生创业咨询机构，设立学生创业基金，并形成适合学生创业的制度，使大学生创新成果走向产业化。

高校有着得天独厚的创业市场及环境，学生熟悉学校情况，了解学校资源，明确课程设置，从而易于培养学生创业的素质。高校应向大学生提供校内的创业市场，让大学生充分利用校内资源进行创业锻炼，例如建立创业示范基地和创业实验室，学校提供资金支持，并设置专门的老师负责指导，帮助学生解决各种难题。现在好多高校已经设立创业示范基地或者创业园，形成校企共建，以各种方式为学生创业提供条件，从而培养他们勇于创业的精神和创业必备的能力。

大学生难以筹措创业所需的资金，高校可以设立一笔专项资金，并成立专门的风险基金管理组织。科学、规范的设立学生创业项目，聘请专家对大学生项目进行评审，选出符合创业条件的项目立项，实时监控各创业项目经营情况，对各项目适时进行调控，要保证风险资金的顺利回收及循环利用。让学生在实践中领略创业的乐趣，培养他们敢于冒险的精神。

学校应利用现代化的资源，建立创业服务网站，负责信息的收集、研究和处理，以及相关创业信息和政策的发布，为学生创业及就业提供充分的信息。学校要尽可能调动一切资源，充分发挥人才优势和资源优势，协调一切可利用的资源为学生创业所用，促进各项创业成果的转化，多方位提供技术、信息、资金的支持。学校要大力宣传创业的重要意义，宣传创业成功的典型及案例，营造校园创业文化氛围，弘扬创业精神，充分利用校刊、广播、网络等宣传工具，引导学生重视创业，参与创业。

（二）营造良好的社会创业氛围

在创业教育中学校承担着教育的功能，起到主导性的作用；家庭起着鼓励孩子树立坚强意志创业品质的力量；政府起着创业教育投入政策和经费支持的作用。所以，创业教育要动员全社会的力量营造良好的氛围。良好的社会环境对创业教育会起到意想不到的结果。尤其在社会教育方面，大力开展创业优势的宣传，积极引导人们关注和支持创业教育，利用各种媒体积极宣传具有典型的成功案例，使人们能从思想上认识到创业教育的重要性。

创业氛围的形成对创业教育的良好发展起到了推波助澜的作用，同时对全体师生有潜移默化的启发和影响。高校浓郁的学术氛围可以帮助学生成长成才，高校要积极营造一个文化教学氛围，实现资源优化配置，从精神及舆论层面鼓励大学生接受创业教育，树立创业成功者为大学生学习的榜样。还有，学校应该大力支持辅导创业工作的教师或科研人员，在经费政策以及评职称方面给予倾斜，调动他们对创业教育风险的积极性和热情，设立一个专门负责创业教育的管理机构，鼓励大学生积极参与，形成浓厚的教育实践氛围。可以定期开展各种教育理论讨论活动，创办创业教育网站，及时分享各种创业心得体会。经常组织学生去创业成功的企业参观学习，使学生零距离接触创业企业，改变其传统的就业观念。

政府要支持高校开展大学生创业教育，既要为创业教育提供政策支持，又要对大学生创业提供一些贷款，帮助大学生启动创业。其他单位要完全响应政府号召，为大学生创业提供方便。一些企业可以与高校建立稳定的长期合作关系，提供人力、智力及场地支持。在家庭教育方面，鼓励孩子父母重视创业教育，家长要教育孩子，要有不怕失败、敢于担当的精神，要充分发挥他们创业的积极性。政府要调动一切社会力量支持和参与创业教育，全社会应该形成一种重视创业教育的联动文化氛围，积极提升大学生创业意识及品质。

（三）建立和完善创业组织机构

社会发展到今天，我国的创业教育仍然没有普及，缺乏一定的理念指导，没有纳入高校的教学计划当中，既缺失管理机构，又缺乏专门经费、课程设置、评价体系。在一些高校中，只是把类似于“挑战杯”大赛、“创业”大赛、大学生科技协会等活动由校团委组织实施；个别高校把就业和创业放在就业中心管理，并且把创业教育和就业教育混同。因此，我国高校普遍缺乏专门的创业组织机构，这跟创业教育工作走在前面的美国有明显差距，美国的创业教育组织形式呈现多样化，有创业教育中心、研究中心，还有创业家学会、智囊团等，组织机构较完善，并形成了相关制度，这些都值得我们去借鉴。

各高校应统一创业教育思想，并且形成制度，建立健全创业教育工作保障机制，设置专门负责创业教育的组织机构，确保创业教育工作落实到位。学校还应该设立督导考核机构，分阶段督促各部门、各单位积极落实创业工作，并适时给予指导。创业教育领导班子应结合学校自身定位及发展规划，制定创业教育政策，优化创业教育环境，可以通过狠抓培训服务及加大激励等环节，强化师资队伍，深化大学生创业意识，努力搭建师生满意的大学生创业服务平台，把建立和完善创业组织机构作为大学生创业的坚强后盾。

三、社会配套体系对创业教育的支持

在信息化时代的今天，要重新定位创业教育，就要改变认识。创业教育的实施不仅是学校的任务，更是全社会应该共同承担创业教育的责任和义务。高校创业教育要与社会的认同和创业的外部环境相适应，不仅仅是高校与学生个人之间的教育与被教育的关系。因此，建立和完善与创业教育相适应的社会认可体系非常重要，社会对创业的鼓励和支持，对创业者的宽容和理解，为大学生创业创造有利的成长环境，所以推进高校创业教育的发展，完善社会配套体系对创业教育的支持是非常重要的，因为高校创业教育要真正成为高校的教育内容，还需要社会的认同，社会的关注。

（一）加大政府对高校创业的支持力度

高校创业教育当中的政府职能可以体现在两方面，一方面在实施过程中扮演倡导者，一方面扮演扶持者。为了避免高校创业教育最终形式化，政府要出台相关政策对新的体系进行维护和扶持。当前我国正处在市场经济的大环境下，为满足市场需求，同时给大学生提供更为良好的创业环境，政府相关部门制定了可以满足市场经济需求的政策方针，这一举措更好地推动了高校创业教育的发展。国家和地方政府出台了相关政策，旨在鼓励毕业大学生进行自主创业。劳动和社会保障部提出多条措施，北京和上海等地开始了相关的实施工作，也为鼓励大学生自主创业提供了优惠政策。在办理工商执照后，凭学生本人的相关证明和北京、上海户籍证明，可以申请 5~50 万元不等的小额担保贷款。但在创业过程中，企业启动资金和后续资金的缺乏严重制约了创业的发展，同时影响到大学生创业的积极性，所以对于大学生创业初期的资金和政策的支持，需要社会各界和政府部门共同努力才能为大学生创业保驾护航。

目前政府已有相关文件要求，对各类高校毕业生创业提供了便利，包括对营业执照的办理，管理费、合同费等的减免都做了相应的规定，鼓励大学生毕业创业。各地政府出台了相关的创业优惠政策，有的地方提出两年之内免除全部税收，争取把大学生的创业风险降到最低。而对于一个刚进入创业阶段的大学生来说，更需要政府部门、行业专家给予指导，让创业的大学生更有信心去智力投资。同时，建议国家逐步放宽相关政策的限制条件，鼓励更多的大学生参与创业，使全社会形成一种良好的创业氛围。

（二）积极谋划，强化校企合作

开展就业指导与服务是高校学生工作的重要内容之一。近年来，随着高校毕业生就业形势日趋严峻，很多高校都开始鼓励大学生创业并逐步开展创业教育。对大学生进行创业教育是一种创业意识培养，创业教育就是为了培养大学生自主创业的方法、技巧和理念，与此同时，必须注重和企业合作对大学生创业教育的影响，不能片面强调高校的作用，要强化学校和企业对大学生创业意识培养的不同角色与任务。众所周知，创业教育的核心是实践，而企业恰恰能为大学生提供实践机会，同时也能在资金方面提供便利条件。目前，很多高校都非常重视校企合作与联合办学，很多企业为了扩大影响，引进人才，也都积极与高校建立合作关系，很多企业都在高校以自己的名义设立了奖学金。这种校企合作关系的出现与不断强化，为大学生创业教育的开展提供了重要平台，对企业与高校而言无疑是一种双赢的局面。

校企合作的优势之一就是创业教育实践服务基地的建立，它对高校学生课外科技活动的开展提供了强有力的支撑，能够使大学生创业教育在广度与深度、内涵与外延方面得到不断深化，逐步形成一个系统教育工程。就目前而言，高校有多种活动方式可以强化这种教育工程，诸如聘请企业家做专题讲座、企业在高校进行宣讲会等，在这种不断丰富的校园创业教育实践过程中，一部分大学生开始萌生创业意识，开始积极投身实践，开始培养自己的创业意识，并不断矫正自己的认知盲区。据了解，目前很多高校都有鼓励大学生创业的学生社团，学校和企业为他们提供活动场所和必要的资金支持，这俨然已成为校园里面亮丽的一道风景线，这些创业先行者们的一言一行都在影响着校园文化，改变着我们固有的择业观念，很多创业实习基地的建立都充分证明了这一点。

对企业而言，这种日益强化的校企关系也能为自身带来便捷。学校可以为企业输送大量实习生，帮助企业解决实际问题，同时让大学生通过一线的实习、实践，产生对创业的兴趣，这在很大程度上对大学生来说是一种很好的创业教育。目前，很多民办院校和专业技校的专业设置和市场接轨比较明显，以学生就业为最终目的，走出了一条产、学、研紧密结合、互惠双赢的新路子，受到社会各方面的一致好评。总之，强化校企合作，建立创业教育实践服务基地，实现校企间各种资源的优化配置，越来越受到高校和企业的青睐，这无疑对大学生创业教育提供了良好的内外部环境。

（三）发挥创业教育中介优势

创业教育中介组织是一个由西方高等教育中介组织引进的概念，至今大约已有一百多年的历史。教育中介组织的形成，为政府、高校和社会共同起到了桥梁纽带作用。在世界各国的教育变革和发展中扮演着重要的角色，发挥着特殊作用，任何组织和个人都无法替代。推动我国教育中介组织的发展道路还很漫长，还得政府的大力支持，但随着创业教育的兴起与发展，创业教育中介组织其作用日益凸显。建立创业教育中介组织就是充分发挥政府力量、鼓励民间力量，建立若干个创业非营利组织。这些创业中介组织不仅可以通过项目推介、对学生进行创业教育与培训、对学生的创业项目进行评估与指导、协助学生办理政府小额创业贷款、承担创业贷款担保等分担政府对创业承担的风险，而且，创业中介组织还可以通过提供创业信息服务、市场指引服务、技术咨询服务等项目，为高校大学生创业教育提供便利条件，分担了高校大学生创业教育的工作压力，使高校创业教育多渠道，创业教育形式具有多样化。

具有专业知识和技术的创业教育中介组织为学校和其他教育主体提供各种服务，可有效地降低教育支出和成本，提高教育效益和效率。它为学校之间的沟通和联系提供了便利，互通有无、交流经验、统一认识和态度，为学校提供教育咨询、评估等服务，有助于学校及时发现问题、解决问题，实现学校的长足发展。还为政府和社会公众提供信息服务，加强信息共享，增进交流与合作。另外，信息的获取和处理应用需要具有很强的专业性，政府和学校专业人员水平有限，导致信息的精确性降低，而创业教育中介组织因其专业性，提供的信息更加客观、准确、针对性更强。比如在一些西方发达国家，政府部门没有信息收集的专业部门，在信息收集方面都是委托创业教育中介组织来收集，以期作为政策制定的依据。同时，创业教育中介组织是独立于政府和高校之外的组织，其信息容易被社会所接受，其分析结果可信度高，因而可增进社会公众对政府和高校的认识和理解，减少发展阻力，促进政府、高校和社会共同发展。

另外，发挥创业教育中介组织作用，以对高校实施创业教育进行客观公正的评估，为更好地监督高校创业教育的实施起到保驾护航的作用。根据实际情况合理构建创业教育中介组织的评估机构专家团队，把一些资深企业家、企业管理高层、高校决策者、主管企业发展的政策领导们加入专家团队，对大学生创业进行定期的分析评估，充分发挥创业教育中介组织专家团队的优势，建立健全高校创业教育制度，把创业教育工作做细、做实。

第五章 “互联网 +”与“创新创业 +”教育研究

第一节 “互联网 +”形势下创新创业教育

在“互联网 +”形势下加强创新创业教育，能为社会创造更多的就业岗位，在一定程度上理解为，转型期间创新创业是可以解决社会关注的学生就业难的焦点问题、有效缓解就业压力的一条较好出路。它有助于创业者不断创造就业新岗位和开创新企业，进而来缓解劳动力资源与社会岗位供需之间的矛盾，缓和目前就业难的困境，从而使社会更加和谐稳定，健康发展。

一、“互联网 +”形势下创新创业教育的作用

创新创业教育的顺利有效实施，有助于转变就业观念，激励青少年自主创业，培养大批具有创新精神和创业能力的高素质人才，提升人才质量。创新创业教育是在社会经济转型期，为中国高等教育提供有益的、必要的补充和发展。它对于推进经济发展、缓解社会矛盾、维护社会稳定、顺利实现社会经济转型具有极为重要的意义。因此，开展创新创业教育是时代的要求。具体有以下几个有力补充。

(一) 有利于知识经济的发展和社会经济的转型

知识经济就是由知识与科技信息取代劳动力、资本、土地、原材料等原始资源的地位而成为具有创新动力的驱动资源。它是以自然资源生产为中心的工业革命时代之后再一次深远的社会变革，其核心的问题就是如何最大限度地发挥人的创新潜能。然而，知识的提升必然会促进经济的发展，知识的提升更是以培养高素质的创新型人才为重要基础的，这种高素质、复合型、创新型人才是具有强烈的创新意识与精神、实训实践能力、创业能力的一种全面发展的复合型人才。高等学校作为国家创新体系的重要支柱与科技知识传授的中心，它在创造知识、传播知识、转化知识及应用知识等诸多领域具有无可取代的优势，在推动知识经济发展中起着重大作用。目前，人才培养要求伴随着知识经济发展也发生了相应转变，高校的教育目标也跟随着发生了改变，应从培养传统的就业型人才调整为培养新型的创业型人才；从培养应用型的人才调整为培养创新型的人才。为此，高

等学校只有在知识经济时代培养出具有极强的创新意识和精神、实训实践能力和创业能力的全方位、复合型人才，才可满足知识经济发展对创新创业型人才的急迫需求。

中国正处在社会主义市场经济转型发展的特殊时期、关键时期，即资源配置和经济发展方式的转变时期。计划经济的弊端仍然没有完全消失，市场经济还不成熟、不完善，仍未形成有序的运行机制，社会上还存在不少矛盾和不稳定因素。改革旧制度才能适应未来经济发展的需求，建立更加健康合理、全面协调可持续发展的经济。高校开展创新创业教育有助于中国转型时期经济整体素质的提高和跨越式发展；可以促进新兴产业、新兴工业的出现，增加新的经济增长点，延伸、优化产业链，促进现有产业结构的完善和提升；可以使受教育者具备从业与创业的双重本领与能力；具备较强的自主创新创业能力、全方位的职业转换能力和参与国际市场竞争的潜能，进而满足社会主义市场经济转型发展期间对高校人才培养方面的诸多需求。

（二）有利于提升全民综合素质与深化教育改革

只有提升全民素质，实现中国教育发展的深化改革，才能够真正与知识经济时代科技的进步和市场经济的发展需求相适宜，才能满足随着知识经济的发展和市场经济体制的逐步完善，社会对人才越来越高的要求。创新创业教育在内容和形式上是传统教育、传统就业教育的创新。有研究报告中指出，从改革教育，倡导要从新学习中找到解决经济增长局限的困境与消除人类之间差异的方案。当学习不足时，会致使人类现状的恶化与人类间差距的扩大。当学习方法落后时，会致使个人和社会未做好任何准备，而无法去应对全球问题的挑战。因此，改革传统教育，推行面向未来的“创新性学习”，是迎接历史挑战，关系到国家生存和发展的关键一环。创新创业教育不仅仅对受教育者就业与创业观念产生了转变，更使人们的教育观念与人才观念发生了重大的转变，它也是中国高等教育的一次新的大的变革。国内的创新创业教育在借鉴发达国家先进经验的基础上，因地制宜创造性地开展各学科创新，逐步深化创新创业教育的教学改革，形成具有中国特色的创新创业教育教学特色。

教育改革，从教育理念到内容体系，从方法手段到环境设备，以教育目标指向为核心问题的一系列重大问题亟待解决，什么是教育目标指向，简单地说是按照什么样的目标培养人的问题。在未来的一段时期里，特别是在国家经济结构调整和转变经济发展方式的特殊时期，如何提高地方国民素质，更好发挥优秀人才在振兴本地区经济建设中的相应作用的问题很重要。在教学内容方面，突破专业与行业间的壁垒，拓宽涉及专业，不断丰富完善知识结构，使受教育者按其需要与喜好，选择性地对知识内容进行学习，构建其个性化的知识结构。在学习中将创新创业意识深深根植于学生们的心中。在教学形式方面，除传统讲授以外，要积极鼓励运用讨论、练习、角色扮演、案例分析等参与式方法，使学生们学会如何去发现新的市场商机、如何寻找合作伙伴、如何去创立新企业。通过形式多样、丰富多彩的创业实践活动，令不同类型的学生们均可在未来的创业中积累有益经验，来提升学生们的社会竞争能力。所以，要将原有教育功能的传统定式进行改变，实现社会、经济、教育三方相互促进、协调发展。不断加强提升学生创新精神、实训、实践能力、创业意识与能力，只有完善教育，为建设创新型国家输出大批的创新创业型人才，才是教育本身实现可持续发展的基本前提和必然要求。创新创业教育的发展和实施对提高全民综合素质和深化中国高等教育综合改革具有重大的意义，它是知识经济时代的呼唤，是国家创新体系对高等教育的挑战，也是中国高等教育的使命与责任。从国情出发必须发展创新创业教育，如何更好更快地促进高等教育的深化改革，是人们关注的焦点，它已成为当今教育界普遍关注的一项重要课题。高校开展创新创业教育要从两个方面来诠释：一方面，创新创业教育活动有助于孕育、造就一大批高素质且具有创新精神与创业观念的社会接班人，提高人才整体质量；另一方面，高校开展创新创业教育是对中国转型期高等教育内容体系的弥补和进一步完善。

（三）有利于推进与支撑区域经济的发展

创新创业教育的推广与实施，创新型人才的挖掘与造就，是西方社会经济高速运转发展的重要内因动力，它也为区域经济发展发挥着不可预计的推动作用和实力支撑。国家每个区域的经济都以其区域特色产业和优势产业为核心来发展，创业者们在其区域经济发展中创造了前所未有的巨大财富。创业者自身的质量、水平高低与创业者数量多少，都决定着社会经济发展的速度与发展质量，决定着区域经济发展的长远性、协调性，决定着新创办企业数量增长的速度，而新创办的企业总数与质量也被视作国家经济发展至成长期的一个重要权衡指标。

（四）有利于大学生个人成长与职业的发展

国家要求教育培养全面发展的人，要造就数以亿计的高素质劳动者。原国家教委副主任柳斌同志曾在《创业教育系列丛书》序中指出：“在人的全面素质中，不仅包含了思想品德素质、基础文化素质、技术和职业素质，还包含了创业素质；一个具有全面素质的人，应具有开拓意识和创业精神，是社会主义现代化建设的开拓者和创业者；创业者不仅要能创个人与家庭的小业，而且要为祖国繁荣和富强创大业，以促进社会经济发展，这就需要我们的新一代具有层次更高、综合性更强的创业素质。”在受教育者的综合素养中，创新创业素质是较为核心的内容。在教育活动拓展中，它是具有指引性和驱动力的高层次核心素质。大学生的个人成长和职业发展是一个长期而复杂的过程，在这一过程中，有诸多因素和条件在起作用，就自身因素和条件而言，创新创业知识、意识、品质、能力起着重要的支撑和导向作用。接受过创新创业教育的青年学生，通过创新创业素质的提高促使其内在的创造潜能和全方面能力得到充分释放和发挥，进而促进其全面发展，将来才有条件担当大任，适应经济社会发展和参与国际市场竞争需要，使创业成长、成功、成才作为满足自我全面发展、实现职业发展与自身社会价值的过程。

培养学生创新精神和创业能力是实施素质教育的重要组成部分。从某种程度上说，一个人创业能力的强弱直接反映了他的创新潜能与动手实践技能水平的高低，创新是创业的灵魂，创业是创新的实现形式与载体，创新教育根基扎实与否，直接决定了创业的成败，“创新与创业”归属于“创新实践”，并在此框架范畴内研究创新创业活动，特别是高科技的创新创业活动，而最终开展创新教育的成效通过其培养的人才在未来的创业实践中的成果来体现。创新教育和创业教育一个是注重对人的素质发展总体的把握，一个是注重如何培养具有开创性的人和如何实现人生的自我价值。二者的内容本质上是相通不可割裂的教育理念，其不仅是促进又是制约，是密不可分的辩证统一关系。创新创业教育是培养受教育者创业精神与创业技能的训练和实践，还包括创新精神和创新能力的培养等，作为一种新的教育思潮，创新与创业教育应该是一个统一的系统。学生们是高校创新创业教育主要任务与内容的承担与承载者，在高校教育理论与实践研究中，应该日益关注和重视学生们创新意识和创业精神的培养与提升。目前，就整体现状而言，高等学校学生们创新创业教育是严重不足的。

（五）有利于营造创新创业的社会环境与文化氛围

一个企业的创办与顺利运转，与拥有完善的社会大氛围和环境是密不可分的，而营造这种大氛围、环境又都与政府等职能部门重视与管理息息相关。首先，政府要提供政策支持和资金支持。通过国外的创新创业教育实践不难看出，在创新创业教育方面走在世界前列的国家，都已投入了巨额费用来支持创新创业教育，都在全民综合教育体系中融入了创新创业教育，以视为国民教育的重要内容，都提供丰厚的政策来支持与保障创新创业教育，政府以此来鼓励和吸引更多企业来参与其教育活动。其次，要弘扬创新文化、规范市场行为、培育创业文化。政府的首要任务是规范市场行为，为弘扬创新文化营造一个良好氛围，才能真正实现开放自主、激励创新、勇于创业、公平竞争、规则完善、有序运转的市场体系，才能确保所有的市场主体在其经济环境中，依据市场经济运作规律去实施。

（六）有利于缓解就业难的社会问题

加大力度发展创新创业教育是缓解大学生就业之忧的有力保障。以创业来带动和促进就业，现已成为全世界各国教育理念的共鸣。在美国目前已约有2200万个私营小企业，这些企业在雇用劳动力上，承担了全国劳动力总数的53%，显而易见，美国社会面临的就业压力因此得到了一定程度上的缓和。据中国劳动部门估计，未来10余年里，中国的新增劳动力将以每年约1000万的速度增长。高校毕业生总数也会逐年递增，曾被称为“史上最难就业季”的2016年，其毕业生总数量约700万，比2015年高校毕业生增加了约20万。然而，相关部门已预计随后全国高校毕业生总数将突破“史上最难就业季”而创下历史新高，加之前几年仍未就业的学生们和用人需求结构性矛盾，使得中国的大学生就业形势面临着更为严峻的局面。现在，在转变经济发展方式与金融危机冲击的背景下，提高人才质量已经是中国高等教育的重中之重，如何提高教育质量已成为社会向高等教育提出的一个重要主题。

二、“互联网+”背景下大学生创新创业的影响因素

当前中国经济和社会发展正处于深刻调整期，大学生创业面临着严峻的形势，主要表现在以下5个方面：一是自主创业环境不理想；二是缺乏获取启动资金的机会；三是大学生创业能力有待提高；四是家庭社会支持力度不够；五是缺乏可操作性的项目。

对大学生而言，创业不仅是为了解决个人生计，更是为了实现自己的理想。大学生创业是目前解决就业困难的一个重要途径，也是大学生实现人生自我价值的一个重要途径。目前，大学生正处在从理论到实践、从求知到创业的重要转折时期，大学生科技创新、自主创业越来越成为人们关注的话题，它对个人及社会都会产生深远而积极的影响。然而，自主创业是一项极具挑战性的社会活动，是对创业者自身智慧能力、气魄胆识的全方位考验。除了个人的素质和能力影响创业以外，家庭、学校、社会及亲戚朋友等因素都会影响大学生自主创业。大学生创业影响因素主要可分为4类：学生的个人背景、个人特质、创业综合素质及创业环境。

（一）个人背景对其创业的影响

个体价值观的形成与个人背景息息相关，大学生创业价值观的形成也是如此。每个个体从生物人经社会化后逐步成为社会人是一个漫长的过程。在社会化期间，个体通过对自身外在环境的接触，不断接收到外来环境的信息，这些信息包含社会的方方面面。每个个体从出生开始，首先接触到的是家庭及家庭周围的社会环境，包括人文地理、风土习俗等。每个家庭的构成、社会关系、经济情况是不同的。在整个漫长的社会化过程中，由于不同个体所接触的外部环境不一样，加之家庭对其后天的教育也不尽相同，这就决定了不同个体会形成不同的价值观。

价值观随着性别差异的出现而不断变化，随着年龄的增长，不断地与不同社会群体接触，教育程度逐步加深等，个人对外在环境会形成不同的评价。当成为大学生这一社会群体后，又存在专业的区分及学历的差别，这些因素经过个体大脑的加工形成了不同的观念，这就使每个大学生的价值观存在显著差异。这些价值观方面的个体差异包括两个方面：一方面是对自身的价值定位（即个人价值），包括对物质财富的评价与追求、对个人需要的定位与满足、对社会关系的认知与建立、对个人权力与欲望的追求、对个人成就的渴望、对社会地位的向往、对社会认同的期待、对个体思想的验证追求等；另一方面是个人的社会价值定位，这些包括个体对他人、国家、社会等的付出意愿。

大学生的性别、年龄、专业、学历、经验、个人特长、家庭出身、家庭成员、从业结构等个人背景因素对创业都有着不同程度的影响，主要表现在创业态度、创业意愿及创业能否成功等方面。

1. 个人特质对其创业的影响

早期研究中，创业者被认定为拥有一组特定的个人特质，创业行为由创业者的个人特质所驱动。美国国际开发署调研发现，成功创业的特质体现在 14 个方面：积极主动、执着、注重效率、关心质量、预测风险、有独创的解决问题的方法、发现和利用机会、有说服力、亲自寻找信息、系统的计划、履行合同、有决断力、有信心、使用有影响的策略。斯蒂沃特在研究和验证创业目标和个性特征关系时，指出不同创业动机水平的大学生个人在特质上存在着较为明显的差异。凯琼维特斯认为控制源、成就需要、风险取向、精力水平、需要、自主水平、个体自我控制和思想等特质影响大学生创业。

2. 创业综合素质对其创业的影响

大学生的创业综合素质是指大学生在创业活动中所呈现出来的一种综合的胜任能力，包括创业意识、创业精神、创业知识、创业能力和创业思维五大部分。

（1）创业意识：创业意识是指创业者根据自身和社会的发展需要而引发的创业动机或愿望。创业意识是市场经济的法律规范、主体市场的预测分析在思维意识中形成的价值追求，是一个创业者素质的最为核心的要素。创业意识是提高其创业认识，进一步提高创业素质的思想前提，是创业活动过程中的内在精神动力。大学生创业应该具有强烈的事业心，追求卓越、重视效益的态度和及时掌握信息的能力。

（2）创业精神：创业精神是创业者主观世界中具有开创事业的品质和意志力。创业是一个较为复杂和特殊的过程，在此过程中需要创业者时刻保持创业热情，树立坚定的必胜的信念，保持高度的责任心。也就是说，创业的大学生需要具备高度的社会责任感和诚信的优良品质，除此之外，良好的心理素质、合作精神、冒险精神和竞争意识也是必不可少的创业精神。

（3）创业知识：创业知识主要包含两个方面，一方面是创业的基础知识，主要体现在商业知识、市场运作、法律法规等方面。另一方面是需要掌握专业知识，主要是指大学生在校期间所学的专业课程知识，如经济学、市场营销学、管理学、人力资源管理、会计、财务管理、商法、税法、公司法等。

（4）创业能力：创业能力是一种决定创业能否成功的关键因素，主要表现在能否在创业过程中恰到好处地运用所拥有的知识解决具体问题的能力。创业能力是个人综合能力的一种体现，在创业的过程中发挥着不可替代的作用，在一定程度上决定着事业的持续扩大与发展。创业能力是创业者各方面能力的综合，包括学习能力、沟通能力、领导能力及决策能力等。

（5）创业思维：创造性思维是创业者应具备的一种重要素质，运用创造性的方式、方法解决所面临的难题或者筹划未来发展，其主要包括系统思维、发散思维、创新性思维和逆向思维等。另外，大学生的创业活动与外在的宏观经济环境有着密切的关系。宏观环境主要包括政府的支持政策与倾向、当地的经济发展水平和生活水平及生态环境、信息环境和创新文化，此外，也包括市场、技术环境和相关的行业发展状况。

（二）创业环境对大学生创业的影响

大学生创业环境可划分为两个方面，即软环境和硬环境。软环境是指国家给大学毕业生提供的创业相关的优惠政策法规和措施。硬环境是指大学毕业生从风险投资机构所能获得的创业支持。国家政策和法律对大学生创业的支持，是构成创业动力的政治基础。

1. 教育环境的影响

高校拥有大量的无形资产，巨大的无形资产优势与品牌效应也为企业的快速发展奠定了基础。高校本身的信誉度较高，在市场运作中，其产品更容易被客户认可，产生品牌效应，而大学科技园在形成技术创新和技术转移平台，在培育创新环境、培养创业人才、孵化科技企业、推进技术转移等方面，对推进高新科技企业的发展都将起到作用。

大学生创业的发展离不开具有创新创业精神和能力的人才，培养具有创新创业能力的一流人才，是高等教育承担的重大历史责任，也是高等院校教育发展的一个巨大契机。高校的创业教育创新性直接影响了大学生的创业效应。创业教育包括创业技能教育和创业精神教育两种。创业技能教育是高校通过开设具体技能课程，提高大学生的创业成功率。中国开展创业教育起步晚，近几年随着高校学生就业压力的不断增加，许多高校在鼓励其毕业生创业的同时，也提供一些必要的创业教育服务。自 20 世纪 90 年代开始的创业教育已经在全国高校铺开。

由于中国长期实施应试教育，学生的个性发展受到一定程度的限制，导致创新创业意识的缺乏，观念也以求稳为主，因此实施创业精神教育和技能教育相结合的教育方式能够使中国大学生创业走得更远。

为此，中国高校必须尽快地、大胆地进行教育的改革创新，以便为社会不断地输送具有创造性思维和创新能力的各种人才。创新创业教育的本质是提高学生的创新创业素质，了解什么是创新创业，如何创新创业，怎样创新创业。创业教育的非功利性应体现为“揭示创业的一般规律，传承创业的基本原理与方法，培养学生的企业家素质，而不是以岗位职业培训为内涵，或以企业家速成为目标”。创新创业教育是结合专业教育传授创新创业知识，培养学生的创新创业能力和创新创业品质，使学生毕业后大胆走向社会，实现自主创新创业和自我发展的教育。因此，建立符合创新创业人才培养的一个完整的教学体系和管理体系才是出路。

2. 社会环境的影响

影响大学生创业的社会因素有两个方面：一是社会为大学生提供的创业硬软件环境；二是大学生创业的社会舆论。对大学生自主创业来说，“硬”的社会环境主要指风险投资机构对大学生创业项目的关注和扶持；“软”的社会环境是指与大学生自主创业相关的政策环境、法律环境、商业环境。整个社会对大学生自主创业的看法，不但影响大学生的择业，还影响大学生自主创业的成功。

值得一提的是，最近几年来，新闻媒体高度关注大学生的自主创业，人们也纷纷议论大学生的自主创业，对大学生自主创业的宣传和评论存在“严重偏离适度”的误区。对大学生自主创业吹捧或者过度唱衰都是不可取的，应该正确对待大学生自主创业，正确评价大学生创业。

从大学生创业选定的行业来说，行业发展空间与社会、政府对个体支持的影响相比较，其对大学生创业有直接的关系，行业发展空间的大小与大学生创业的意愿和创业成功与否呈正相关。

3. 家庭环境的影响

大学生个性特征及背景与家庭环境有着密不可分的关系，不同家庭环境中的子女，他们的价值观、世界观、人生观及性格和爱好都存在较大的差异。研究表明，创业者的亲戚是否拥有自己的公司对大学生创业会产生不同程度的影响。家庭成员或者大学生社会交际圈内的人员的创业经历可能对其的创业态度和动机产生直接影响。亲戚朋友的交际圈中有正在创业的或有创业成功经历的都会对大学生的独立判断力、职业生涯的发展规划起到积极的引导作用，在一定程度上起到了推动大学生创业的作用。除此之外，家庭对大学生创业支持与否，从某种程度上是影响大学生是否能够走上创业之路的关键因素。

提倡和鼓励大学生创业，是提高大学生能力素质和心理素质的一条有效途径，它能够给平时一心只读圣贤书的大学生提供一个直接接触社会的机会，对开阔视野和提高创新能力都是十分有益的。另外，创业过程中的共同合作，能够增进彼此之间的了解，增强学生团队协作精神。大学生往往对新发明新创造充满最旺盛的活力，对新的高科技具有敏锐的触觉及强烈的开拓进取意识，而这些正是加速科技成果市场化进程中不可缺少的。同时，大学生创业有力地促进了创业教育的改革和发展。不论大学生的创业成功与否，经过创业实践活动的锤炼，将能培育出一大批创新型人才，造就一支高素质的企业家队伍，并塑造一批未来社会的中坚力量。

三、“互联网 +”背景下大学生创新创业的路径选择

（一）大学生创新创业路径培育

在经济社会转型升级处于关键时刻，在创新创业成为一种社会需求的今天，大学生创业是大势所趋，是现实需要，纵观西方发达国家，经济的可持续发展都是靠大学生创新创业驱动的。

1. 大学生创业的现实需求

第一，大学生创业是经济平稳转型的形势所需。国内正处于经济社会转型发展的重要时期，创新型人才的缺乏使得企业的转型尤为艰难，而创新创业教育尤其是高校的创新创业教育是培养高技能创新型人才的有力保障和重要平台。浙江省是民营经济活跃的地区，更加需要创新创业的高技能型人才，这为浙江省高校的创新创业教育提供了难得的发展机遇。高校应该顺势而为，积极适应市场要求，主动求变，培养出具有区域特色的创新创业高技能人才，让更多的学生愿意创业、敢于创业、喜欢创业、崇尚创业，形成创新创业的良好氛围。纵观发达国家，创业已成为一种潮流，成为社会经济快速发展的不竭动力，创新创业教育无疑成为增强国家经济实力、解决就业问题的一个良策。

第二，大学生创新创业教育已成为高等教育改革的必然趋势。2015 年两会上，李克强总理在《政府工作报告》中指出，要把“大众创业、万众创新”打造成推动中国经济继续前行的“双引擎”之一。他强调，推动“大众创业、万众创新”是充分激发亿万群众智慧和创造力的重大改革举措，是实现国家强盛、人民富裕的重要途径，要坚决消除各种束缚和桎梏，让创新创业成为时代潮流，汇聚起经济社会发展的强大新动能，这必将激发新一轮的创业高潮。社会对创新创业人才的渴求史无前例，也必将推动高等教育改革加速进行。高等教育改革将成为一种势不可当的趋势，创新创业教育是高等教育改革的有力突破口，是高等教育尤其是职业高等教育的必然选择。

早在 1998 年，世界高等教育会议上发表的《高等教育改革和发展的优先行动框架》强调指出，“高等学校，必须将创业技能和创业精神作为高等教育的基

本目标”，要使大学生“不仅成为求职者，而且逐渐成为工作岗位的创造者”。

第三，创业成为大学生自我发展的需要。大学生是国家的栋梁、国家的希望，具有强烈的责任心，是知识密集型群体，他们对自我价值的实现比一般人更强烈，想实现自身的全面发展，为国家建设发展做出自己应有的贡献，而创业就是其实现人生价值的最好舞台。通过创业，可以把自身的聪明才智很好地展示出来，为社会创造出更多价值，在实现社会价值的同时实现自己的人生价值，以自己的创业带动更多的人就业，帮助更多的人实现就业，从而实现社会的和谐稳定发展。

2. 基于互联网环境下学生创新创业路径培育

互联网技术的飞速发展已经影响到生活的各个角落，而其对高等教育的影响不言而喻，教育改革的呼声也越来越高，创新创业教育是高等教育改革的有效途径和突破口。基于“互联网 +”技术的高校创新创业教育体系的构建意义重大，体系间是一个周而复始、循序渐进的过程 (图 5–1)。

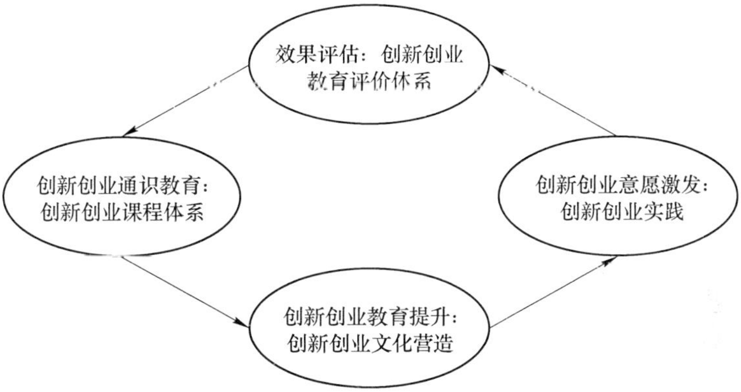

图 5-1　创新创业教育循环

第一，基于互联网技术构建创业课程体系。创新创业教育课程是提升学生创业知识、传授创新创业教育理念的主要载体和依托，通过创新创业教育课程的合理设置能够实现其目标，也是实施创新创业教育的主要途径。根据大学生的特点和需要，利用“互联网 +”技术构建立体式、全天候、高覆盖的自助课程体系，如开发专门的创新创业教育网站，涵盖创业经典故事、创业网络课堂等，上网的次数和时间可以折算成课时作为学分计算；制作“碎片式”手机 APP 移动创业课堂，给予一定的流量补贴，激发学生随时随地学习创业课程；建立校方创业微信群，让创业者有问题随时得到解答等；建立创新创业教育大讲堂，定期举办活动，逐渐办成有影响力的品牌课堂。

第二，发挥互联网的优势构建创业文化体系。结合学生自身特点成立创新创业教育社团，并以此为依托，不断加大人、财、物的投入，大力开展创新创业教育活动，形成较有影响力的品牌活动，营造良好的创新创业教育氛围；在学报专刊、校报校刊、校园广播、橱窗板报、校园文化长廊、网络等各种刊物媒体上开辟创业宣传阵地，对创业文化和成功创业事迹大力宣传弘扬，加大对学生成功创业典型的表彰和奖励力度，以此全方位激发他们的创业意识。浓厚的创新创业教育文化氛围，在潜移默化中使学生的创业知识得到增加，创业意识得到提升，创业意愿更加强烈，从而促使大学生增加创业的内在驱动力，迈出创业的第一步，使自身的理想和专业技能有机结合，最终成功创业。

第三，发挥互联网优势，为学生提供资讯服务。在互联网技术突飞猛进的今天，谁不能很好地利用互联网技术，谁将失去主动权。青年大学生是互联网的主流消费者，高校可以开发相关的 APP 手机客户端，及时推送有关创业知识和创业讲座信息等，让学生时时接受创新创业教育的熏陶，感受创业的魅力；建立网上创业答疑系统，随时解答学生的提问；建立本校的创业微信群，让有志于创业的学生能够充分交流沟通，信息共享；加大投入，建立企业家与学生互动交流的平台系统，让企业家与学生能实现实时互动，学生通过平台找到合适的企业进行创业实习。

第四，基于互联网技术构建创业实践体系。创业是一种实践性很强的活动，要利用“互联网 +”技术设置一系列创业实践活动，改变传统的实践方式。例如，构建线上线下创业实践平台、网上模拟创业；校方可利用“互联网 +”技术建立网上大学生创业园，组建学生创业公司，线上线下实战经营；建立远程创业视频系统，与创新创业教育专家和创业成功人士互动交流，创业实践活动要突出“创造性、实践性”特色。

实践基地应由相关主管校领导牵头负责，通过建立长效机制来保障实践基地的有效运作，通过建立一套相关的考核制度来促进学校各部门参与到学生的创新创业教育工作中来。要把创业实践基地纳入日常教学管理工作中，进行相应的预算投入，在人、财、物等方面来保障实践基地在创新创业教育中发挥实效。

第五，以“互联网 +”技术为支撑构建创新创业教育评价体系。实证研究中，创业综合素质、创业能力的提高、创业学生的数量等三方面指标不能全面反映创新创业教育的实际状况，为更好地确定创新创业教育实施情况和最终效果，需利用“互联网 +”技术建立以创业率、创业成功率、创新创业教育影响力等因素为核心指标的创新创业教育评价体系；建立相关模型，用大数据分析法，得出科学结论，以推进创新创业教育健康持续发展。

（二）大学生创新创业路径模式

1. 大学生创业路径演绎规律模型

大学生创业者在创业实践中不断地从变动的市场环境中学习和模仿，创业模式是一个伴随着创业者学习曲线和外部环境变迁而不断演化的过程，必须从动态和演进的视角审视大学生创业模式。大学生创业模式的动态演化过程强调内在资源禀赋、内部创造力与外部机会、外部资源的不断优化重组，不同类型的初创模式具有不同的特征和资源能力，因而其各自的演化和成长路径也是不一样的。根据不同类型的初创模式所具有的不同特征和资源能力，可以将创业模式的内生演化分为 5 种不同的路径 (图 5-2)。

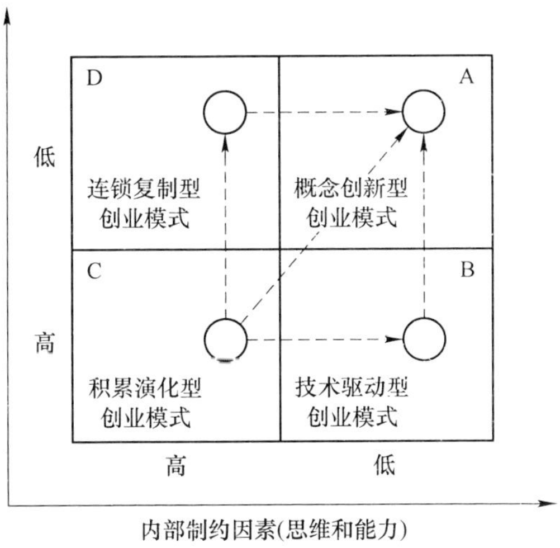

图 5-2　创业路径演化模型

（1） D→A 路径：从连锁复制型创业模式向概念创新型创业模式演化。

（2） B→A 路径：从技术驱动型创业模式向概念创新型创业模式演化。

（3） C→A 路径：从积累演化型创业模式向概念创新型创业模式演化。

（4） C→D→A 路径：从积累演化型创业模式经由连锁复制型创业模式向概念创新型创业模式演化。

（5） C→B→A 路径：从积累演化型创业模式经由技术驱动型创业模式向概念创新型创业模式演化。

2. 学生组织拓展大学生创业路径

高校学生组织在对青年进行引导、教育、管理时，需要充分发挥学生自身的优势，从而更好地服务于大学生的创新创业活动，为创新人才创造一个健康的外部环境，利用新思维和新技术促进集创新思维、创新能力及创新精神于一体的大学生的培养。

（1） 各类学生组织促进大学生创业的重要性和可行性：开展促进大学生创业活动，可以充分发挥高校基层学生组织自身优势，结合党和政府对学生的期望、社会对人才的需要、青年学生自身的需求，推动经济、社会与个人的共同发展；也能通过鼓励创业促进就业，缓解青年大学生的就业压力，提高就业率；还能提高学生的综合能力，尤其是创新能力，促进创新型人才的培养。此外，对学生组织自身来说也能增加青年群众基础，获得青年大学生的拥护，从而提升学生组织的凝聚力，增强其核心竞争力。

高校学生组织在加强自身组织能力建设、拓展职能(包括校园服务职能、社会职能)的同时能更好地服务于青年学生的就业创业活动，为其搭建更好的平台。具体优势包括先进的育人工作理念、科学的学习方法、创新的行为模式、丰富的人脉资源等。高校学生组织除了利用自身便利条件促进青年学生的自主创业外，还可以通过主动探索先进的科教思想、科技产业，培养大学生的创新意识，提高大学生的创新能力，最终促进创新创业活动的高效开展。

（2）大学生自主创业的现状及其存在的问题：近年来，高校对大学生创业支持政策越来越多，学校通过开展创新创业教育，开设创新创业教育课程，开展创业实践或模拟创业等形式服务学生，通过创建实践基地，提供实践机会来为学生提供创业帮助。大学生广泛参与自主创业活动对社会产生了良好的效益，既能提升学生自身的实践能力，谋求自身更好的发展，也能起到担当社会责任的作用，为更多的社会青年创业起到榜样作用，此外还能促进就业。基于此，越来越多的学生毕业后也选择自主创业。虽然大学生创业的数量与日俱增，但实际上很多创业者因初入社会，创业资金匮乏，社会交际圈子狭小而以失败告终。

目前，大学生创业存在的问题：中国现行的创业就业体制还不够完善，来自社会的支持力度不够；创业者自身资金匮乏，管理经验不足，心理承受能力差及就业创业理念过于陈旧等；高校所提供的就业创业指导过于狭隘，指导内容和指导范围存在问题较多，大多停留在咨询和理论知识介绍阶段，缺乏实际的系统性指导规划等。

（3）各类学生组织进一步促进大学生创业的路径：针对上述大学生创业存在的问题，高校学生组织应当充分发挥作用，发挥自身优势，挖掘潜力，竭尽所能为大学生创业提供服务。高校基层学生组织应当结合高校的高等教育规律、学校的人才培养工作、学生成长成才的内在需求，再结合学生组织的自身特点，促进大学生创业，为其提供更好的环境和条件，促使大学生想去创业、敢于创业、有能力创业、能成功创业。具体而言，基层学生组织可以从以下几个方面促进大学生创业：

一是在充分发挥思想政治优势的基础上，激发大学生的创业活力。高校基层学生组织有较强的政治性和思想性，其作为高校青年学生的领导组织者，在青年思想政治工作开展和优秀青年培养工作上有丰富的经验和优良的传统，这也决定了基层学生组织应当把思想教育工作作为其首要职责。

二是充分利用各类学生组织覆盖广的优势，积极引导学生创业。学生组织本身有较为完备的组织体系，所覆盖的层面也很广泛，整个组织架构也很清晰，纵向上从校学生会到院学生会再到各个班级，横向上则是各个独立的学生支部之间、院学生会之间，都是紧密联系着的，这种组织结构使得学生工作的开展更为方便、快捷，上层也更容易获得下层的信息反馈，能更好地掌握学生的需求，更好地为其服务。

三是利用学生组织的文化阵地优势，提升学生的创业素养。要想提升学生的创业素养，需要将新时期的青年人的特征与学生组织的文化特征相结合。新时期的 80 后、90 后青年学生与以往的青年学生不同，他们有更鲜明的心理特征，性格上天生就富有创新精神，对自我价值的追求较高，更富朝气，这对创业工作来说也是一大优势，但这种优势的实现需要学生组织的转化。在对待这一类青年学生时需要采取合适的方式，既要保护他们的创业热情，还要通过一定的培养、培训提升其创业素养。实际上学生组织作为一个敢于突破传统、追求创新精神的先进组织，通过文化阵地的优势，能较好地处理好这一关系，更好地为青年学生的创业活动服务。

四是充分利用学生组织作为载体平台的优势，增强学生创业能力。利用学生组织的平台优势主要是通过充分利用学生组织的校内资源，创建创业平台，举办创新创业教育和实践活动，以此增强学生的创新能力和创新创业意识，提升其综合素质，降低创业的风险。要锻炼学生的创业能力，需要先做好素质拓展计划和拓展训练。针对目前大学生普遍存在的不能吃苦、眼高手低、缺乏社会经验、缺乏合作意识等问题，积极开展素质拓展活动，通过组织各类社会实践和志愿活动，提升大学生的动手能力、社会责任感、社会经验和创新能力。吸收各个高校的先进经验，将素质拓展计划落实好，确保其高效实施。

五是充分利用学生组织的社会资源，为学生搭建创业平台。高校基层学生组织因其广泛的组织体系而拥有丰富的资源，包括人力资源和资金资源。此外，又因学生组织的工作范围较广而社会化运作机制凸显，这为学生组织带来丰富的社会资源。学生组织应当充分利用这类资源为大学生创业活动搭建桥梁，推动学生创业与社会各界共同发展，实现互利共赢。对青年学生而言，能有更好的机会提升自身的组织能力、管理能力，积累创业经验，而对社会企业来说，能引进更多的先进人才，促进合作。在这一过程中，学生组织主要起到桥梁的作用，其向青年学生主要提供的是校友资源和资金来源。其中，校友资源主要是借助各届校友帮助在校生做职业分析或与广大师生交流工作经验，从而对在校生的创业起到指导或借鉴作用，避免走弯路，走出就业误区等。此外，学生组织主要是通过社会捐助或贷款、基金等形式，为大学生创业提供资金，促进大学生创业项目的发展。

3. 政府支持下的大学生创业路径

20 世纪 60 年代，国外学者研究发现，创业对于促进国家的经济发展、促进就业具有积极的作用。英国政府明确提出，大学必须与工商业界建立更加密切的联系，要把服务社会作为学校的重要职能，通过专利转让、创办科学园、合作研究项目等多种形式为社会经济与科技发展服务。中国党和政府也在积极创造条件，千方百计鼓励和扶持大学毕业生自主创业，制定推行创业的扶持政策和措施。但也要清醒地看到，中国社会目前还处于转型期，相对于欧美比较成熟的市场环境，中国大学生创业者肩上的负荷更重，创业所需要的各种服务还不完善，创业政策还不能得到很好的落实，创业的制度环境还需要进一步优化，大学生创业的社会配套体系还需要进一步建立和完善。

（1）倡导创业精神，营造全社会尊重和包容创业的舆论氛围。受几千年传统文化思想的束缚和多年计划经济的影响，社会中普遍存在着对创业的惰性，加之创新创业教育的缺失，又导致了大学生创业素质的缺乏，使许多大学毕业生不敢创业、不愿创业、不会创业、不能创业，这成为严重束缚大学生就业和创业的“瓶颈”，严重制约了大学生创业的积极性。因此，作为政府既要积极创造条件鼓励大学生立足现有岗位创业，又要积极营造有利于大学生创业的良好社会舆论环境，广泛宣传诸如温州人的“四千精神”，即“走遍千山万水，说遍千言万语，历尽千辛万苦，想尽千方百计”的创业精神，宣传大学生身边的典型事迹和致富经验，把他们的创业经验作为大学生创新创业教育的“活教材”，使每个人都为创业而感动而思考，引导大学生转变择业观念，增强自主创业意识。

（2）加强制度创新，增强对创新创业教育的宏观指导和行政推动。在高等学校创新创业教育体系中，国家在高等教育方面的指导思想、政策导向、管理取向对高等学校创新创业教育的深化具有主导作用。当前，在构建与实施高等学校创新创业教育体系、进一步深化高等学校创新创业教育的进程中，国家及教育行政部门应进行宏观指导和行政推动。创新创业教育也应从娃娃抓起，着重培养青少年的创业意识，到了职业教育和高等教育阶段，主要培养学生的创业素质和创业能力，并把创新创业教育纳入国民教育体系、国家教育发展规划、教育振兴行动计划、青少年思想教育、素质教育和职业生涯发展教育之中。

（3）加大扶持力度，优化大学生创业的政策环境和法制环境。政府各部门要积极思考如何更好地为大学生接受创新创业教育、开展创业实践提供有效服务和政策支持。这里需要特别指出的是，在对大学生创业制定政策时要从实际出发，他们是国家的未来，在他们身上寄托着社会的创业理想，对他们要特别关爱，政策制定或调整要更靠实、更优惠。同时，应进一步完善政府对大学生创业进行鼓励、支持、引导和服务的政策措施和工作机制，清除一切限制创业的体制性障碍，以营造良好的法制环境，这里牵涉公共政策和法规机制、政府行政管理机制改革等问题。

（4）搭建创业平台，完善大学生创业的社会配套体系。目前，中国创新创业教育的研究还主要局限在教育系统特别是高校内部，社会各界对创新创业教育的认识还很有限，高校有"孤军作战"之感。相比之下，美国创业教育的社会环境就好得多，正逐步形成一个完整的社会体系和教育研究体系，不仅包括普遍开设的创业学课程，还包括高校创业中心、各种孵化器和科技园、风险投资机构、创业培训机构、创业资质评定机构、小企业开发中心、创业者校友联合会、创业者协会等，形成了一个高校、社区、企业良性互动式发展的创新创业教育生态系统，有效地开发和整合了社会各类创业资源。同时，美国大学与企业紧密联系，企业乐于接纳学生开展项目研究，学生的研究成果也为企业的发展提供了帮助。在搭建创业平台、建立与完善大学生创业的社会配套体系方面，政府仍应发挥重要的主导和协调作用。第一，要形成以政府为主导、高校为主体、企业为支撑、全社会配合与家庭支持的"五位一体"的创新创业教育新格局；第二，在政府的积极鼓励和扶持下，建立起若干个创新创业教育非营利性第三者组织，为高校创新创业教育提供非政府支持，分解高校创新创业教育的工作压力；第三，积极扶植大学生创业的中介机构，使之为大学生在创办企业、产品开发、科研成果转化中寻求相关企业、资金支持，以及在法律、政策咨询等多方面为大学生创业架通桥梁，搭建平台。

第二节 "创新创业+"人才培养模式分析与构建

一、"创新创业+"人才培养模式内涵分析

"创新创业+"代表一种新的人才培养模式，是适应我国经济新常态下的一种教育模式改革的发展导向，是将创新创业理念深度融入传统的人才培养模式中的一种创新。

"创新创业"作为核心概念，其内涵是以构建培养拔尖创新创业人才为指向的现代高等教育模式为目的，引导学校师生不断更新和升华教育观念，深化教育教学改革，将人才培养、科学研究、社会服务紧密结合，实现从注重知识传授向更加重视能力和素质培养的转变，强化对学生创新创业精神、创新创业意识和创新创业能力的培养，切实提高人才培养质量。"+"作为模式外延，即将创新创业与高等教育中各类专业的人才培养及专业建设相结合，以创新创业教育为导向，改革传统的专业人才培养模式，提升专业建设质量，以适应我国经济新常态下对人才培养的需求。

"创新创业+"的人才培养模式，其外延是无限延展的，是可推广、可复制的。该模式不仅适用于高职高专的专业人才培养模式，同样适用于综合型大学、研究型大学的专业、学科建设及人才培养模式的改革创新研究。

二、“创新创业 +”的特征

（一）加强创新创业教育与专业教育的有机融合——培养理念

创新创业教育与专业教育是一个有机结合体，创造是一种思维方式，创业是一种生存方式，创新是一种发展能力，创优是一种精神品质。“创新创业 +”倡导先进的创新创业理念，努力实现创新创业与专业教育由“两张皮”向有机融合的转变，由注重知识传授向注重创新精神、创业意识和创新创业能力培养的转变，由单纯面向有创新创业意愿的学生向面向全体学生的转变，切实增强学生的创新精神、创业意识和创新创业能力，努力造就大众创业、万众创新的生力军，不断提高高等教育对稳增长、促改革、调结构、惠民生的贡献度。

（二）关注综合素质与“四创”能力的培养——培养目标

“创新创业 +”作为一种新型人才培养模式，是一种以构建培养拔尖创新创业人才为指向的现代高等教育模式，它引导学校师生不断更新和升华教育观念，深化教育教学改革，将人才培养、科学研究、社会服务紧密结合，实现从注重知识传授向更加重视能力和素质培养的转变，强化对学生创造、创新、创业、创优“四创”能力的培养，切实提高人才培养质量。

（三）注重人才培养每个具体环节的渗透——培养过程

“创新创业 +”是将学校的创新创业融入专业教育的每个过程中，在专业教育过程的每个环节中不断地提高“创造、创新、创业、创优”的四创能力。

（四）强化创新创业研究内容的跨界融合——研究基础

“创新创业 +”是跨界融合，“+”就是跨界，就是变革，就是开放，就是融合。敢于跨界了，教育创新的基础就更坚实；融合协同了，教育过程智能才会实现，从创新创业教育到专业教育的路径才会更垂直。

（五）注重创新创业哲学思维的有力指导——理论背景

“创新创业 +”是道，是用创新创业的哲学、创新创业的思维去指导高职教育或完善提升传统教育，培养符合现代行业需求的学生。

（六）坚持开放生态、解构重塑的模式创建——研究方向

关于“创新创业 +”，生态是非常重要的特征，而生态的本身就是开放的。我们推进“创新创业 +”，其中一个重要的方向就是要把过去制约教育创新的环

节化解掉，以生为本，创新思维，重塑结构，开放心态，改变创新创业教育与专业教育的“两张皮”“孤岛式”的现实状况。

（七）力求多方位、多层次、多维度的辐射——社会效应

“创新创业 +”模式，其中“+”的方式是多种多样的，是多方位、多层次、多维度的，是力求对多学科、各专业创新创业教育的辐射与带动。其根本出发点是以创新创业作为学校教育的发展方向，让它具有带动性、开放性、包容性和战略性作用，为相关专业以及其他院校创新意识、创业能力扩容、升级、增值。

（八）完善人才培养模式与经济新常态的有机结合——时代要求

“创新创业 +”是在“创新创业”内涵的基础上的人才培养模式的外延，是一种新的人才培养模式，是适应我国经济新常态下的一种教育模式改革的发展导向。新常态下，信息革命、全球化、互联网业已打破了原有的社会结构、经济结构、地缘结构、文化结构。产业不断变化，新业态不断出现，知识的需求也发生根本性变化，迫使教育也必须适应时代的改革。“+”作为模式外延，即将创新创业与新常态下的人才培养及专业建设相结合，以创新创业为导向，改革传统的专业人才培养模式，提升专业建设质量，以适应我国经济新常态下对人才培养的需求。

三、“创新创业 +”人才培养模式改革背景

当前，我国已进入全面建成小康社会的关键时期和深化改革开放、加快经济发展方式转变的攻坚时期，形势凸显提高国民综合素质、培养创新创业人才的重要性和紧迫性。在 2014 年 8 月召开的中央财经领导小组第七次会议上，习近平总书记强调：“创新驱动实质上是人才驱动。为了加快形成一支规模宏大、富有创新精神、敢于承担风险的创新型人才队伍，要重点在用好、吸引、培养上下功夫。”高校创新创业教育工作与稳增长、调结构、促改革、惠民生提出的新要求相比，还有很大差距，特别是在人才培养工作中的短板效应越发明显。因此，加强大学生创新创业教育，提高其创新精神、创业意识和创业能力，鼓励其开展创新创业实践，是学校服务于国家转变经济发展方式、建设创新型国家和人力资源强国的现实要求。“创新创业 +”的创新人才培养模式正是基于这样的背景而提出的。

首先，“创新创业 +”人才培养模式是在理念论、思辨哲学和实用主义教育观的指导下，构建出的相对协调与完善的符合我国高等教育实际情况的创新创业理念体系，为在不同类型的高校、不同层次大学生中开展创新创业教育提供较为具体的认识定位与实践指导。理念是一个靠内在逻辑发展，其中包含着逻辑的起点和诸多的逻辑中介，最后形成的逻辑终点将起点与中介纳为自身有机组成部分

的一个协调体系。高等教育的理念是对高等教育内在的本质规律、价值取向，外化的功能、目的和方法等一系列基本问题理论化、系统化的，具有相对稳定性和生长性的理论体系。高等教育的创新创业理念从属于高等教育的理念。因此，它将更为具体地揭示创新创业的诸多方面。

其次，“创新创业 +”为我国高校培养大批的创新创业型人才提供较为具体的推进模型与行为方式，以促使我国高校的培养目标由知识型向创业型转变。人类的任何一种活动，都是目标引领性的活动。由于目标设定的层次、取向的不同，就使得行为主体要设计不同行为方式来达到不同层次的目标。创新创业的目标是一个体系、一种模式，由不同的创新创业板块的分目标所构成，其合力最终成就了创新创业的总目标：培养大批的创新创业型人才，为国民经济的活力与可持续发展提供源源不断的人力资源。“创新创业 +”引导学校师生不断更新和升华教育观念，深化教育教学改革，将人才培养、科学研究、社会服务紧密结合，实现从注重知识传授向更加重视能力和素质培养的转变，强化对学生创新创业精神、创新创业意识和创新创业能力的培养，切实提高人才培养质量。

再次，“创新创业 +”解决了创新创业教育与专业教育“两张皮”“互为孤岛”的问题。近年来国内一些高校在创新创业教育方面进行过一些有益的探索，但普遍存在未能将创新创业渗透到学校教育教学全过程的问题，以及创新创业与专业教育严重脱节的现象。然而，创新创业教育同专业教育应当是有机融合的。首先，创新创业教育必须依赖专业教育，专业教育是高等教育承担的基本职责。脱离专业教育的创新创业教育只是舍本求末、缘木求鱼。其次，创新创业教育的实施，对专业教育的改革提出了新要求。高等学校应该将教育的触角从专业教育延伸至创新创业教育，实现创新创业教育与专业教育的有机融合的转变，充实素质教育的建设内容。

最后，“创新创业 +”具有较高的实践意义和价值，它适应了学生和社会多元化的需求。“创新创业 +”满足学生多元化的需求，大学生是最具自主创新创业能力的社会群体，是创新型国家建设过程中最为积极活跃的因素，因此实施“创新创业 +”的人才培养模式，可以发挥大学生的创新创业素质，为其就业、创业提供直接的指导服务。同时还可以缓解社会就业压力，对于构建和谐社会、促进经济增长、建设创新型国家都起到积极作用。

四、“创新创业 +”人才培养模式构建

（一）国外有关人才培养模式的研究

1. 德国的“双元制”模式

德国双元制人才培养模式是德国职业教育的核心。所谓“双元”，是指职业

培训要求参加培训的人员必须经过两个场所的培训：一元是指职业学校，其主要职能是传授与职业有关的专业知识；另一元是企业或公共事业单位等校外实训场所，其主要职能是让学生在企业里接受职业技能方面的专业培训。

德国双元制人才培养模式是企业（通常是私营的）与非全日制职业学校（通常是公立的）合作进行的职业教育模式。接受双元制的学生在学习过程中，学制一般为三年。第一学年主要进行职业基础教育，集中学习文化课和职业基础课，学生要从职业类别中（以经济、技术、社会工作或服务三个领域为主）选择并确定学习内容。第二学年转入所选定的职业领域进行专业实践训练。第三学年则向特定职业（专业）深化。这是一种将企业与学校、理论知识和实践技能结合起来，以培养既具有较强操作技能又具有所需专业理论知识和一些普通文化知识的技术工作者为目标的教育。德国双元制模式的本质在于，向年轻人提供职业培训，使其掌握职业能力，而不是简单地提供岗位培训；不仅注重基本从业能力、社会能力的培养，而且特别强调综合职业能力的培养，更加注重的是综合职业能力的培养。

德国双元制被看作是当今世界职业教育的一个典范。作为德国职业教育的主体，它为德国经济的发展培养了大批高素质的专业技术工人，被人们称为第二次世界大战后德国经济腾飞的秘密武器。

2. 澳大利亚的TAFE人才培养模式

TAFE（Technical and Further Education）是技术与继续教育的简称，产生于20世纪70年代，泛指职业教育的培训和办学单位，是澳大利亚一种独特的职业教育培训体系。TAFE由澳大利亚联邦政府和各个州政府共同投资兴建并进行管理，由澳大利亚联邦政府和所在州政府共同承担办学所需经费，其中75%由州政府承担、25%由联邦政府承担。毕业后100%就业是TAFE学院的教育理念和最终目标，形成了一种在国家框架体系下以产业为推动力量的，政府、行业与学校相结合的，以客户（学生）为中心进行灵活办学的，与中学和大学进行有效衔接的，相对独立、多层次的综合性职业教育培训体系。

该模式受北美和英国职业教育的影响，强调能力本位和资格证书，澳大利亚国家培训局制定全国统一的TAFE标准，推行国家能力标准体系，TAFE每年提供上百种课程，这些课程以就业市场为导向，不只是理论的学习，更注重实践操作技能，使学生一毕业就能上岗就业。澳大利亚的TAFE模式是建立在终身教育理念基础上的技术与继续教育，作为澳大利亚职业与培训体系的重要组成部分，表现出了前所未有的活力，得到了世界各国越来越多的关注。

3. 美国、加拿大的CBE模式

以美国、加拿大为代表的能力本位教育培养模式(Competency Based Education，CBE)，生于第二次世界大战后。能力本位教育中的“能力”是指一种综合的职业能力，它包括四个方面：与本职相关的知识、态度、经验（活动的领域)、反馈(评价、评估的领域)。四方面均达到可构成一种“专项能力”，这个专项能力以一个学习模块的形式表现出来。若干专项能力又构成了一项“综合能力”，若干综合能力又构成某种“职业能力”。其核心是强调对受教育者的能力训练，以职业岗位的实际需求为出发点，合理制定受教育者的能力目标，再由能力目标服从具体岗位来设置相应的课程体系，最后利用能力分析表来评估人才培养的质量水平。

美国、加拿大的CBE模式强调以能力作为教学的基础，而不是以学历或学术知识体系为基础，对入学学员原有经验所获得的能力经考核后予以承认；强调严格的科学管理，灵活多样的办学形式。随时招收不同程度的学生并按自己的情况决定学习方式和时间，课程可以长短不一，毕业时间也不一致，做到小批量、多品种、高质量，从而打破了传统以学科为科目、以学科的学术体系和学制确定的学时安排教学和学习的教育体系。以岗位群所需职业能力的培养为核心，保证了职业能力培养目标的顺利实现。

由于能力本位职业教育显著的优越性，它引起了世界范围内的广泛关注，一度曾成为世界职教教学改革的发展方向。

4. 日本的产学官模式

日本的产学官人才培养模式是指在政府支持指导下推进高校与企业进行深层次合作的模式。具体表现在日本政府通过制定政策法规，提供资金支持等方式进行引导、扶持和干预；企业通过投资项目、接受实习生、参与学校的人才培养过程等方式与高等教育机构建立密切的校企合作关系；高等教育机构则为企业培养服务于一线的大批量的适应经济发展的应用型专业人才。

近藤将日本产学官合作模式划分为知识的共同创造、知识的转移、基于知识的创业三种类型。其中知识的共同创造模式包括共同研究、委托研究、奖学捐助金；知识转移模式包括专利交易、技术研修、技术谈判、技术咨询、研究员的聘用；基于知识创业的模式包括大学的衍生企业、创业型大学。

产学官合作模式，为日本产业界培养和输送了大量企业急需的熟练技术工人，建立适应社会发展需要的人才培养体制，使科研成果迅速转化为生产力。

（二）国内有关人才培养模式的研究

关于人才培养模式的内涵，至今尚无公认的精准表述。目前有一种侧重从总体上把握。教育部在1998年下发的《关于深化教育改革，培养适应21世纪需要的高质量人才的意见》中，将人才培养模式表述为：“学校为学生构建的知识、能力、素质结构，以及实现这种结构的方式，它从根本上规定了人才培养特征并集中地体现了教育思想和教育观念。”人才培养模式是在一定的思想和教育理论指导下，为实现培养目标而采取的教育教学组织方式和运行方式，它是关于人才培养过程质态的总体性表述，即对人才培养过程的一种设计、构建和管理，在人才培养中起着统帅作用。

现阶段，关于“人才培养模式”的定义主要有以下几种表述：

规范说：人才培养模式是一定的教育机构教育工作者群体普遍认同和遵从的关于人才培养活动的实践规范和操作方式，它以教育目的为导向，以教育内容为依托，以教育方法为具体实现形式，是直接作用于受教育者身心的教育活动全要素的总和和全过程的总和。它反映处于教育模式之下具体教学方法之上这样一个区间的教育现象，由培养目标、培养过程、培养制度、培养评价四要素组成。

过程说：李志义在《谈高水平大学如何构建本科培养模式》中指出，人才培养模式是人才素质要求和培养目标实施的综合过程和实践过程。也有人认为人才培养模式是在一定的教育观念、教育思想指导下，按照特定的培养目标和人才规格，以相对稳定的教学内容和课程体系、管理制度和评估方式实施人才教育的过程的总和。

方式说：杨杏芳在《论我国高等教育人才培养模式的多样化》中指出，人才培养模式指在一定的教育思想和教育理论指导下，为实现培养目标而采取的教育教学活动的组织样式和运行方式。也有人认为人才培养模式是学校为学生构建的知识、能力、素质结构，以及实现这种结构的方式，它从根本上规定了人才特征并集中地体现了教育思想和教育观念。

方案说：杨峻等在《面向21世纪我国高等教育培养模式转变刍议》中指出，人才培养模式是在一定的教育教学思想、观念的指导下，为实现一定的培养目标，构成人才培养系统诸要素之间的组合方式及其运作流程的范式，是可供教师和教学管理人员在教学活动中借以进行操作的既简约又完整的实施方案，是为实现一定的培养目标而采取的教育方案和教育方式。

要素说：俞信在《对素质和人才培养模式的基本认识》中指出，人才培养模式是指在一定的教育思想指导下，培养目标、教育制度、培养方案、教学过程诸要素的组合，是为实现人才培养目标而把与之有关的若干要素加以有机组合而成的一种系统结构。

机制说：阴天榜在《论培养模式》中指出，人才培养模式是指在一定的教育思想、教育理论和教育方针的指导下，各级各类教育机构根据不同的教育任务，为实现培养目标而采取的组织形式及执行机制。

系统说：人才培养模式是一个系统，至少包括创新人才的培养模式和人才成长环境两大部分。创新人才培养模式是创新人才培养的核心，是在一定的教学组织管理下实施的，包括培养目标、专业结构、课程体系、教学制度、教学模式和日常教学管理；创新人才成长的环境是创新人才的保证，包括师资队伍、教学硬件和校园文化氛围。高素质的创新人才培养应该是从教师到学生、从观念到制度、从软件环境到硬件环境进行全方位、多角度的综合建设。

从我国高等职业教育人才培养模式的发展历史来看，真正严格意义上的高等职业教育开始于20世纪80年代，这也是我国现代高等职业教育的孕育与发展时期。进入20世纪90年代中期，在大量吸收和借鉴国外先进的理论和经验基础之上，我国高等职业教育理论探讨和实践探索不断取得新的进展，出现了比较系统的有关培养模式的各种理论，逐步形成了一批相对成熟的人才培养模式：产学研结合人才培养模式、订单式人才培养模式、以就业为导向的人才培养模式、双证书制人才培养模式。

虽然当前国内外关于高校人才培养改革问题的论著不少，但从总体上看，存在着以下弊端：第一，研究重点主要集中在对人才的理论、现状、教育内容、教育方法等研究上，而对大学生的情感培养、创新创业教育则较少关注；第二，对人才培养途径和方法的可操作性等方面的研究，还鲜有人涉及；第三，对职业院校、民办高校的人才培养的研究成果比较缺乏。总体看来，单一视角的多，系统研究的少；问题、矛盾提出的多，对策措施提出的少，特别是能系统地上升到政策层面的建议措施更少。

（三）“创新创业＋”人才培养模式研究

1. 研究背景

2015年3月2日，国务院办公厅印发《关于发展众创空间推进大众创新创业的指导意见》，针对高校鼓励科技人员和大学生创业、丰富创新创业活动、营造创新创业文化氛围。

2015年5月4日，国务院办公厅印发《关于深化高等学校创新创业教育改革的实施意见》。文件指出高等学校创新创业教育改革的主要任务和措施是：完善人才培养质量标准；创新人才培养机制；健全创新创业教育课程体系；改革教学方法和考核方式；强化创新创业实践；改革教学和学籍管理制度；加强教师创新创业教育教学能力建设；改进学生创业指导服务；完善创新创业资金支持和政策保障体系。

2005年10月28日，《国务院关于大力发展职业教育的决定》中指出：职业教育要以服务现代化建设为宗旨，为提高劳动者素质特别是职业能力服务。实施双元制教学模式，对推进职业教育改革，加强与企业生产实际的紧密结合具有积极的现实意义和广阔的发展前景。中国的高校也纷纷推行双元制教育模式，学习德国“双元制模式”成功的经验，使现在的毕业生与以往的相比，从方方面面都有着显著的提高。

2010年5月4日，教育部颁发了《教育部关于大力推进高等学校创新创业教育和大学生自主创业工作的意见》，主要内容是大力推进高等学校创新创业教育工作；加强创业基地建设，打造全方位创业支撑平台；进一步落实和完善大学生自主创业扶持政策，加强创业指导和服务工作；加强领导，形成推进高校创业教育和大学生自主创业的工作合力。

2015 年 12 月 29 日，江苏省人民政府办公厅发布《江苏省深化高等学校创新创业教育改革实施方案》，文件主要要求：坚持育人为本，面向全体学生，把创新创业教育融入人才培养体系；以提高人才培养质量为核心，以创新人才培养机制为重点，集聚要素与资源推进教学、科研、实践协同育人，突破人才培养薄弱环节，增强学生的创新精神、创业意识和创新创业能力。坚持创新引领创业、创业带动就业，主动适应经济发展新常态，促进高等教育与科技、经济、社会紧密结合，加快培养规模宏大、富有创新精神、勇于投身实践的创新创业人才队伍，不断提高高等教育对稳增长、促改革、调结构、惠民生的贡献度。2020 年左右，建立健全创新创业教育与专业教育深度融合、知与行相辅相成的人才培养模式，基本形成课堂教学、自主学习、强化实践、指导帮扶、文化引领融为一体的高校创新创业教育体系，人才培养质量显著提升，学生创新精神、创业意识和创新创业能力显著增强，投身创业实践的学生显著增加，高校创新创业教育改革走在全国前列。

2.“创新创业 +”人才培养模式的概念

“创新创业 +”代表一种新的人才培养模式，是适应我国经济新常态下的一种教育模式改革的发展导向，是将创新创业理念深度融入传统的人才培养模式中的一种优化和更新。“创新创业”作为核心概念，其内涵是在创造、创新、创业、创优合一的教育观念和教育思想指导下，以构建培养创新创业人才为指向的现代高等教育模式为目的，为培养学生的创新精神和实践能力，按照创新创业教育的培养目标和人才规格，以提高学生创业基本素质、培养创业意识，形成创业能力、实现人生价值的高素质人才培养体系。“+”作为模式外延，即将创新创业与高等教育中各类专业的人才培养及专业建设相结合，以创新创业教育为导向，改革传统的专业人才培养模式，提升专业建设质量，以适应我国经济新常态下对人才培养的需求。

第三节 “创新创业 +”形势下人才培养模式课程与实践体系构建

一、体系与课程体系的含义

体系是指“若干有关事物互相联系互相制约而构成的一个整体”。这里，体系的含义至少包括三个方面的意思：（1）由若干事物构成，单个事物不能构成一个体系。(2)这些事物是相互联系和相互制约的，联系和制约存在一定的方式。(3)所有这些事物构成了一个整体，整体性是体系的基本特性。体系的英文是"system"，有"体制"和"系统"的含义。实质上，一个体系作为一个系统而存在，它具有系统的整体性特征。

正如"课程"定义的纷繁复杂一样，不同学者从各自的角度及不同的层次出发，对"课程体系"的阐释也众说纷纭。我们先厘清与课程体系密切联系的课程结构这一概念。下面列出了一些知名学者对"课程结构"的定义，可以帮助我们实现对"课程结构"全面而正确的理解。

顾明远认为，课程结构概念包括广义与狭义。广义的课程结构是指"学校课程中各组成部分的组织、排列、配合的形式"。它要解决的是根据培养目标应开设哪些门类的课程及课程的编排，重点要考虑各种内容、各种类型、各种形态的课程的整体优化，它具体体现为教学计划。狭义的课程结构是指一门课程中各组成部分的组织、排列、配合的形式，它要解决的是每门课程的教学目标、教学内容、教学组织及教学评价等方面的问题，它具体体现为教材(主要是指教学大纲和教科书)。施良方指出，课程结构是指"课程各部分的组织和配合，即探讨课程各组成部分如何有机地联系在一起的问题"。廖哲勋指出："课程结构是课程内部各要素、各成分、各部分之间合乎规律的组织形式。"它是以课程要素与课程成分为基础，由课程的表层结构和深层结构组成的有机整体。其中课程的表层结构是指一定学段课程的总体规划的结构，是由一系列学科与若干活动项目组成的整体；课程的深层结构是指一定学段的教材结构，包括每种教材内部各要素、各成分的组合以及各类教材之间的整体组合。司杨树勋认为："课程体系，又称'课程结构'，它是课程设置及其进程的总和。"他还指出，我国目前高等教育课程体系的结构模式包含两方面的内容：一是"层次构成"，即公共基础课、专业(技术)基础课、专业课、跨学科课程；二是"形式构成"，即必修课程、限定选修课程、任意选修课程。在《简明国际教育百科全书·课程》中，与课程结构关系较为密切的词条是"curriculum organization"(课程组织)。该书指出："课程组织是指将构成教育系统或学校课程的要素，加以安排、联系和排列的方式。"鉴于"课程组织"与"课程结构"在内涵上的相似性，深入了解"课程组织"的内涵对于"课程结构"概念的认识也是大有裨益的。张华认为，"所谓课程组织，就是在一定的教育价值观的指导下，将所选出的各种课程要素妥善地组织成课程结构，使各种课程要求在动态运行的课程结构系统中产生合力，以有效地实现课程目标。"

要正确理解"课程结构"这一概念，对"结构"进行深入认识也是必不可少的。按照一般的理解，结构即事物"各个部分的配合、组织"。结构作为系统科学的一个术语，是指组成一个系统的各个要素间的稳定的相互联系，是系统内要素间的排列组合方式。具体来说，它包括如下含义：（1）系统内部各组成要素；（2）要素间的联系方式和相互作用形式；（3）诸要素的比例关系及其发展变化的条件和规律。从本质上讲，结构可分为两类：自在结构（即自然结构）和人为结构（即设计结构）；而依据结构所揭示事物内在联系的深浅程度这一维度，结构则可划分为形式结构和实质结构两种类型。

在课程结构的研究中，研究者都站在自己的角度讨论课程结构或课程组织，课程结构有时与课程体系混用。本书将课程结构界定为：在一定课程价值观的指导下，学校课程体系中的各个构成要素、要素间的组织、排列形式及各要素间的配比关系。课程结构属于一种人为结构，是人们思想中占主导地位的价值观念在课程实践中的具体体现，是课程体系的主体部分。

让我们再考察课程体系的含义。课程体系也有广、狭义之分。狭义的课程体系特指课程结构，是各类课程之间的组织和配合。如，在赫冀成等主编的《课程体系与人才培养比较》一书中，他们认为课程体系又称为课程结构，“它是所设全部课程互相之间的分工和配合，是教学计划的核心”。广义的课程体系是在一定的教育价值理念指导下，将课程的各个构成要素加以排列组合，使各个课程要素在动态过程中统一指向课程体系目标（或专业目标）实现的系统。

一般认为，它包括三个层次：一指宏观的专业设置，涉及高等教育的学科及专业；二指中观的课程体系，涉及某专业内部课程体系的问题；三指微观的教材体系，是某专业内某具体课程的教学内容。本课题研究的课程体系指中观层面，是高等学校为了达到其专业培养目标而设计并指导学生学习的所有内容及其构成要素的总和。它包括课程在内并以培养方案所设内容为主体部分的学校教育教学系统。西方国家没有相应的“课程体系”一词，但“program”与之较接近。如卢晓东认为：“program”仅指一个系列、有一定逻辑关系的课程组合，相当于一个培养计划或我们所说的课程体系。在美国，专门化的教育是通过主修不同方向的课程来进行的。其组织方式以及隐藏在这种组织方式背后的指导思想与我国有很大区别。但不管怎样，从形式上看，“主修”和“专业”都是由不同的课程组织来体现的。从这里可以看出，“不同的课程组织”即课程体系，应该是我们培养人才的主要方式和途径。如果把高等学校看作一个系统，那么，高等学校课程体系就是在学校教育系统之下的一个二级系统。这样《中共中央国务院关于深化教育改革全面推进素质教育的决定》所提出的课外活动、社会实践活动和校园文化活动等都可容纳在课程体系之中，都是为了一定的教育目的服务，就是情理之中的事了。

由上可见，在课程结构的含义中，广义的课程结构比较接近于我们的课程体系含义。广义的课程结构是指，根据培养目标设置哪些课程，如何设置这些课程，各种内容、各种形式、各种形态的课程的相互结合如何达到整体优化的效应，它涉及专业计划的制订，这是我们要讨论的课程体系。之所以做这种定位是因为高等学校课程体系是高等学校培养人才的载体，包容了课程各层面的性质，把课程的知识、目标、计划、学习、评价诸多要素整合为一体。它把教育传授文化遗产的功能、服务社会和发展社会的功能、发展智力和培养个性的功能整合了起来。这一课程体系界定把有关课程的定义所框定的内容，如课程即学科知识、课程即经验、课程即计划、课程即社会改造等，都融合为一体，为培养高素质的专门人才服务。

课程体系是一个具有特定功能、特定结构、开放性的知识、能力和经验的组合系统。它不仅要将内部的要素诸如各类课程(专业基础课、专业理论课、专业技术课、专业技能课、专业应用课等)联结成一个统一整体，还必须充分体现培养目标和培养规格，适应社会经济发展的需要，反映科学技术发展的现状与趋势，符合学制及学时限制。由于与系统相对应的概念是要素，而要素是构成系统的组成部分。一个系统通常具有目标、内容和过程，因此，高等学校课程体系可由目标要素、内容要素和过程要素三大部分构成。

高等学校课程体系的目标要素指贯穿课程体系的总目标、课程体系结构目标、课程目标等。课程体系的目标要素是一个系统，以课程体系总目标(或称为课程体系目标)或人才培养目标为总纲。

课程体系的目标要素是由课程结构目标和各门课程的分目标(又称课程目标)等所构成的内在和谐的有机整体。课程结构目标是指课程体系中课程组织状态的目标。不同的结构状态可以达到不同的结构目标。课程结构目标是一种过渡性目标，是由课程体系总目标导向课程目标的过渡。课程目标是指导整个课程编制的准则，也是指导教学的重要准则。当然，课程目标与课程体系总目标在本质内容上也是相通的，如两类目标都要体现德、智、体、美、劳等全面发展的教育要求。但在概括性、可操作性、可检测性和使用功能方面却有明显的区别。首先，课程体系总目标在概括性方面高于课程目标。它一旦制定，就要求某类高等学校的学科(二级学科)的各门课程乃至各项教育活动都要服从这一目标的要求，而课程目标则往往限定在该类学科(二级学科)的培养目标之内。其次，课程目标更具体，更具可操作性。它特别要求目标要体现学科(二级学科)的特点，要通过学科的个性，体现课程体系总目标的共性。课程目标是具体课程编制的指导目标，是课程编制的起点和终点。它的可能性、操作性和可检测性对课程内容、课程结构、课程实施和课程评价都具有指导意义和实践意义。最后，在使用功能方面，课程体系总目标是某一学科(专业或二级学科)人才培养的设计和蓝图，而且要对培养方向、人才规格、适应岗位等提出要求，要体现逻辑性、序列性、阶段性、整合性的特点。而课程目标对课程工作者要求非常明确，它还要关注教师的教与学生的学，充分照顾到大学生特点、学科内容及社会需求的关系，具有较强的方向性和规定性。课程体系目标是课程结构目标与课程目标的归总。

内容要素，又称课程要素，还可称为结构要素，主要是指课程体系的组成成分、课程的联系方式和组织形式，这是从静态来看的课程体系。这些结构要素主要包括通识教育（普通教育）课程要素和专业教育（专长教育）课程要素及其相互关系和组织方式。这两大要素内含：基础课程、专业课程、跨学科课程，理论课程与实践课程，必修课程与选修课程，大、中、小、微型课程，显性课程与隐性课程等。它们之间的比例及关系从不同侧面反映了课程体系的轮廓，也是研究课程体系的主要线索。结构要素应该是具有长远影响的内容，而不是具体的事实、习惯或非常具体化的内容。现代化的课程体系必须是科学知识内容齐全、课程配比合理、时序恰当的综合结构。它不仅是形式的，而且是实质的；既有特定内容，也是历史形成的。

因此，我们课程体系是从宏观、整体和动态上把握课程体系内部的要素及其相互之间的关系，探索课程体系构建的基本理论及其运行规律。

南京师范大学朱小蔓教授指出：学课程的过程就是一个人成长的过程，就是增长经历的过程，就是不断地增加经验的过程。课程完全是学生参与文化活动的过程。课程本质的“经验”性突出了学生的课程参与，使学习者不再只是课程的追随者，而且也成了课程的主人和占有者。教育是引导个体去领悟生活的艺术。因此，学生的求知欲和判断力，以及控制复杂情况的能力等，都必须靠有机的课程体系来唤起。

课程体系不是一种只有形式而无内容的外壳，它是一个既有思想内容，又具形式结构的育人的“文化场域”。

高等学校教育最终都要落实到一系列用以培养人才的课程上。一所高等学校，学校系统再好，如果没有作为实体或课程组织形式的整体优化的（或以“专业”为单位的）课程体系加以配合，学校的培养目标就无法实现。高等学校课程体系主要解决两个相关的问题：一是实现培养目标应选择哪些课程及其内容的深度与广度；二是各课程间在内容和呈现方式上如何互相配合和衔接。从宏观来讲，所谓课程改革，首先就要解决好课程体系的整体结构问题。课程改革绝不是增加或减少几门课程的问题。对于课程体系整体结构，应当多角度全方位地考察和探究。从课程内容上看，要解决好德、智、体等各方面的课程门类、课时比例及其相互关系的问题；从课程范畴上看，要解决好课堂教学与课外活动、社会实践活动的比例和相互关系的问题，正式课程与非正式课程的关系问题；从课程形态上看，要解决好分科课程与综合课程、活动课程的相互关系的问题；从课程类型上看，要解决好必修课程与选修课程的比例和相互关系的问题，在选修课程中又要处理好任选课程与必选课程的关系的问题等。这些问题的解决，都需要处理好课程体系内部的一些结构要素的关系，为学习者成为不同层次、不同类型、不同规格的人才打好基础，使他们成为全面发展的人才。

高等学校课程体系是培养未来人才的发展性系统。教育的力量是从整体发出的，课程体系并不是由互不关联的独立部分拼凑而成的，它是具有特定功能的指向未来人才发展的系统。教育不是为过去培养人才，高等教育更不是培养被动适应社会发展的高级人才，因此，高等学校课程体系作为影响大学生终生的知识结构和职业适应力，从而影响社会创造力的重要途径，是为人才设计的超越过去、改造社会的发展蓝图。这一设计蓝图不是预先给定的“专业框架”，而是大学生根据社会发展需要、学校的实际情况以及自己的兴趣爱好等，在目前条件许可的范围内对自己未来前途的理想谋划，是“以实际选修课程的主干性结构体现其专业和就业方向”的运筹。针对学习者身心发展要求，高等学校课程体系从强调学习内容到强调学习者的体验和经验，从强调计划到强调人才培养的本质，其根本规定之一就是人是创造的主体。把“人的培养”观念整合到课程体系中，促进人的创造性发挥，才能形成对人的全面发展的终极目标的追求。可见，高等学校课程体系是走向未来的，是发展的，是对大学生未来前途和生活的定向。

《苏联百科词典》对“课程”的解释是：“科学、技术、艺术、生产活动某一领域选定的知识和技能的系统。根据内容分为通识教育课程或专业课程，后者决定人们培养专门人才的业务方向。”这个课程定义所框定的范围也是一个课程体系。这样就很容易混淆课程与课程体系的界定。将课程概念与课程体系内涵相对分开，有利于教育研究和人才培养思路的厘清。

如此，高等学校课程体系实质是提供给一个人让他如何去占领人类创造和积累的知识世界和选择文明方式的发展蓝图。高等学校通过以课程体系为主体的培养方案的实施，向每一位求学者提供一套学会生存与发展的知识、技能和素质体系。高等学校课程体系犹如大学针对社会的不同需要、向不同学科、专业及层次的学生提供的具有不同营养的“菜谱”，每一位学生可以据此选择喜欢的菜单并品尝其“美味佳肴”，以汲取自己需要的适合现实和未来社会经济发展的知识、能力和素质。

在人人都可以接受教育的社会，享受到自己所需要的教育就是每个人追求的理想。因此，高等学校课程体系是人才培养的总体蓝图，是大学生个体发展的适应指向。

二、创新创业教育课程体系涵盖的内容及其模块选择

（一）创业教育课程体系应涵盖的内容

创业是具有创业意识、创业技能和创业资源的主体发现和捕获创业机会，并由此创造出满足社会需求的产品和服务以及实现其潜在价值的过程。创业基本素质包括创业精神、创业心理品质、创业知识与技能三个方面。创业教育课程体系必须涵盖这三个方面的内容：（1）创业精神，指在创业实践活动中对个体起推

动作用的个性意识倾向，主要包括创业的需要、动机、兴趣、理想、信念和世界观等心理成分。表现为：一种自强自立的精神，坚信自己能够掌握自己的命运，并能通过自觉的奋发努力，实现自己的愿望和理想；一种艰苦奋斗的精神，不怕困难，勤俭节约，无私奉献，埋头苦干，务求实效；一种开拓创新的精神，有推陈出新的意识，实事求是，与时俱进，不断开创新的局面。（2）创业心理品质，包括强烈的自立需要和创业欲望，独立性和合作性兼备、敢为性与克制性并存、坚韧性与适应性相依的心理品质。（3）创业知识与技能，以烹饪专业为例，包括烹调的专业知识与技能、餐饮行业的经营管理知识与技能。后者具体指识别和评估市场机会、制订创业计划、获取资源、新创组织管理等几个环节。

借鉴国外创业教育经验，结合我国高等教育的实践，归纳和总结我国大学生创业教育在课程内容设置上应包括以下四个方面内容：创业意识、创业知识、创业能力和创业心理品质。创业意识主要包括创业需求、动机、兴趣、理想、信念、世界观的形成和培养，不仅要培养学生的创业自我意识，更要培养学生的创业社会意识；创业知识主要包括专业职业知识、经营管理知识和综合性知识的传授和教学，在传授职业知识的同时，重点是教会学生有效的学习方法，树立主动学习、终身学习的观念和善于运用知识，开阔知识视野的本领；创业能力主要包括专业职业能力、经营能力、独立工作能力以及技术、社交和管理技能的综合能力；创业心理品质主要包括独立性、敢为性、坚韧性、克制性、适应性、合作性、缜密性、外向型等品质的形成和发展。

（二）我国现有创业教育课程体系的构成

与一般的学科知识传授不同，我国高校所进行的创业教育是针对所有学科、专业的学生的，是素质拓展的一部分，也是就业工作的一个组成部分。它不以单独的学科或专业形式对学生进行理论和实践的教学，而以显性课程和隐性课程的配合渗透为特征进行创业理念和创业技能的传播。其中，显性创业教育课程是指高校以直接的、明显的方式呈现的课程，通过课堂教学和实践教学向学生传授创业知识，培养创业兴趣，包括学习创业基础理论知识的创业学科课程、进行创业演练的实践课程。隐性创业教育课程是指高校以内隐的方式间接影响学生身心发展、培养学生的创业能力和创业精神的课程，包括可以转化为创业资源的专业课程、强化创业意识的活动课程、营造创业文化氛围的环境课程。两者相互交叉融合，才能形成高校培养学生创业精神和提高创业能力的课程体系。

（三）创业基本素质的具体课程落实

1. 以培养学生创业精神为目标的隐性课程建设

（1）通过校园创业环境的长期熏陶，高校可以养成大学生的创业意识。高校可以通过校园景观设置、学校广播、校报和校园网等资源，及时宣传国家针对大学生创业而实施的优惠政策，报道创业中涌现的先进人物，为大学生营造良好的政策环境和校园环境，逐渐激发学生的创业意识。

（2）通过活动课程塑造学生的创业心理品质。通过举办创业计划大赛、组织创业协会、办创业论坛和创业沙龙、请企业高层人员到学校做讲座等，促进大学生完善创业所需的心理品质；通过科技发明大赛激发学生的创造性，通过户外野营生活挑战活动培养学生的自信心，通过户外拓展训练培养合作性和竞争性，为学生创业奠定良好的心理基础。

（3）通过专业课程推动学生掌握专业知识和技能。学生通过所在学科专业的课程学习，为创业储备可转化为创业资源的本专业的专业知识和技能，为创业提供良好的支撑。

2. 以培养学生创业能力为目标的显性课程建设

（1）通过创业学科课程掌握创业理论知识。创业学科课程主要包括与创业相关的企业经营管理知识、法律知识、心理学知识等。例如，通过开设“创业学”“创业管理学”培养学生具备分析市场、运作项目、筹集资金、企业运营管理等方面的理论知识，使之能在创业实践中准确运用理论知识指导创业实践活动，在创业的不同阶段把握好不同的机遇，从容面对各种问题。通过开设“公司法和合同法”使学生了解在经济社会中与创业相关的现行法律制度，掌握企业在运行过程中的法律与政策问题，熟悉各种创业法律规范，从而使学生能够在创业的过程中运用法律的武器来维护自己的权益，做个懂法、守法的创业者。通过对“创业心理学”的学习，学生能够在今后的创业过程中积极调整心态，做到创业成功时不骄傲，创业失败时不气馁。

（2）通过创业实践课程提高创业实践能力。由于师资力量不强、教学时间不足、教学条件欠缺等原因，当前我国创业实践课程不多。现阶段大部分高校主要通过经营者角色模拟等方式落实市场调查、创业前期准备、创业步骤实施等实践课程，提高学生的创业实践能力。

第四节 “创新创业 +”人才培养模式实践体系构建

一、“创新创业 +”人才培养模式实践体系构建的现状

（一）创新创业实践教育课程体系不健全

目前，很多高职院校还没有将创新创业教育课程列入人才培养方案，只是对有创新创业意愿的学生进行了创新创业培训，不仅受益面小，而且学生思想上也不太重视。部分院校虽然将创新创业教育课程列入了人才培养方案，但课时少，

没有形成创新创业课程体系，更少有创新创业实践课程，无法满足学生获取创新创业知识、提升创新创业能力的需要。

部分院校创新创业教育仅以就业指导、创业讲座等公选课或者兴趣班等形式存在，创新创业课程体系建设没有清晰思路。专业教学设计里普遍轻视对学生的创业意识、创业精神和创业能力的培养，忽视了大学创新创业教育作为一种多层次的素质教育，应使学生在掌握理论和实践技能后成为具有创新思维和创业能力的高素质人才。

（二）创新创业教育活动体系不健全

据调查，高职院校的创新创业实践活动开展不多，通常是精英式活动，绝大部分学生没有机会体验和参与，没有形成创新创业实践活动体系。

部分院校在就业指导、创业讲座和创业大赛专家指导方面，偏重理论讲授，缺乏必要的实践环节。建设实践教学基地的时候，偏重建设以专业技能为培养目标的实践课程体系，没有融入创新创业教育的内容。

（三）创新创业教育平台（基地）体系不健全

很多高职院校创新创业教育起步较晚，即使开设了创新创业教育实践活动，但都是简单地依托校内实训基地或活动中心开展的，未专门设置大学生创新创业的教育和孵化平台（基地），或简单地设置孤立的创新创业基地，未形成融课程实践、综合实践、顶岗实践和孵化实践为一体的创新创业教育平台（基地）体系。

（四）创新创业教育实践支撑体系不健全

（1）创新创业服务机构与平台匮乏。我国创新创业教育起步较晚，很多高职院校没有专门的创新创业教育机构。目前，大部分院校是由就业部门兼顾创新创业教育职能，负责日常创新创业相关的活动，创新创业教育教学通常由商学院或者管理学院负责；部分院校由团委或者学工处担负创新创业教育工作，具体教学则由教学单位或者思想政治教学部门完成，很难抽出专人为学生创新创业实践提供指导，同时缺乏信息化服务理念和投入，更未形成创新创业教育信息服务综合平台。

（2）没有形成创新创业实践师资体系。师资是创新创业教育的关键，大学生创新创业很大程度上受教师学识、经验和经历的影响。目前，很多高职院校从事创新创业指导的教师都是辅导员或一些没有专业课程的行政管理人员，他们一般日常工作都很繁忙，缺少足够的时间给学生提供创新创业指导服务。此外，他们同样缺少创新创业实践经验，甚至有些教师的专业跟企业管理都没有关系，这就导致他们在市场机会识别、项目可行性评估、风险预测指导等方面很难做到专业。

（3）创新创业实践支持体系不健全。一是少有专门的创新创业基金。大学生创新创业最大的困难之一就是资金短缺。很多学生有创新创业热情，也有好的创新创业项目，但因为缺乏创新创业启动资金，只能放弃。个别院校虽然设置了大学生创新创业基金，但总量很小，平均到每个创新创业项目数额更少，对于众多想要创新创业的学生来说也是杯水车薪。二是社会对大学生创新创业缺乏援助。创新创业教育的社会性与个性并存，完善的社会支持体系非常重要。近几年来，虽然政府出台了鼓励和扶持大学生创新创业的相关政策，但仍很少有社会风险投资商主动或专门对大学生创新创业进行投资。三是较少企业参与大学生创新创业实践。目前，针对大学生创新创业，学校是教育主体，政府也在积极呼吁和鼓励，而企业作为创新创业实践经验和资源都比较丰富的机构却没有参与到大学生创新创业实践中来，很少有企业愿意主动提供机会让学生在企业进行创新创业实践，也很少有企业家主动为学生创新创业实践提供咨询和指导。

二、“创新创业 +”人才培养模式实践体系构建

（一）变革人才培养目标，增强创新创业实践意识

以秉承注重素质和文件建设、技术技能实践、服务社会、突出应用创新和文化创意的教育思想作为引领，造就具有高度社会责任感和创新创业能力优的高素质技能型专门人才，从而谋求创新创业实践教学新突破，实现人才新跨越，大力推进创新创业实践人才培养质量，适应时代和社会发展的要求。

（二）以“学生可持续发展”为导向，构建分阶段进阶式的创新创业教育实践体系

以三个课堂阶段为依托，构建一套进阶式的创新创业教育实践培育体系，拓宽学生创新创业视野。

1. 立足第一课堂，培育创新创业实践认识

改革创新创业实践课程设置，面向所有在校生开设大学生创新理论课、创业基础课和大学生职业生涯规划课等课程，同时依托公共选修课的方式，开设大学生职业生涯规划、创新创业风险投资与管理决策等课程，并以此建立与本专业核心课程和项目单门课程的联系，拓展学生对创新创业实践的基本认识，提升学生创新就业的软实力，并最终培育学生良好的自我创新创业实践意识。

2. 立足第二课堂，实施创新创业实践体验

以第二课堂为依托，锻炼与提升学生创新创业实践基本职业品质。通过强化综合性实践和拓展性实践，柔性化教学管理，以导师制主导实践和学生自选项目选题并组织实施实践这两种方式进行创新创业项目（科研）实践体验，让学生在

项目（科研）中获得设计、组织、协调等实践技术能力，成为真正参与创新创业项目实践活动各个环节的主体，如大学生实践创新训练计划、综合毕业设计及成果展示会、各类纵向横向科研课题研究等。

3. 立足第三课堂，实施创新创业实践培育

创新创业实践教育的基本点在于对社会实践的认同。在创新创业实践人才的培养过程中，应以在高校间开展创新创业计划竞赛、校企创新创业实践基地、创新创业孵化基地等多种方式打造实践平台，从而引导与催化学生获得实际创业技能，强化实践动手操作和解决实际问题的能力，让学生与教师共同打造服务平台，创办企业。

三、“创新创业 +”人才培养模式实践基地和平台构建

（一）完善校内实训基地建设

完善实训基地功能，提升实训基地档次和硬件建设。继续打造实现实训中心职业技能运用、职业能力训练和职业素质培养的主要职能，继续开设面向行业的实训课程，同时承担各种以模拟实际职业环境的训练方式进行的培训，缩短学生就业前与企业岗位技能要求的差距，提升学生的创新创业实践能力，满足多层次人才实训的需求。

（二）打造校内创新创业教育实践平台和载体

创新创业教育实践的困难在于为学生营造客观、真实的创新创业实践环境，提供大学生能够真正地从事创新创业的有效平台和载体。为满足大学生创新创业实践的客观需求，统筹规划校园空间布局，优化设计三大功能区域：一是规划整修校园内沿街部分商铺、部分活动中心、部分食堂区域，作为大学生开展实体店铺创业与实践辅导的功能区；二是将学校体育馆和图书馆部分空间改造设计成大学生创新创业实践活动中心，作为大学生开展创新创业培训和创业沙龙的功能区；功能区域不仅注重基础条件建设和环境布置，更强化服务功能作用和教育引导，重在为学生搭建真实的创新创业实践平台。

（三）构建创新创业孵化扶持体系

创新创业教育实践贵在完善学生创新和创业的创新创业扶持体系，提供学生创新和创业的制度保障。依托学校教学酒店，成立创新创业指导中心，并专门设立大学生创新创业扶持基金，通过对创新创业项目的遴选、孵化、扶持、跟进、指导，使创新创业项目从萌芽、发展，直至壮大，有了一定的市场竞争力，创新创业项目才能健康、持续发展。

创新创业内容涵盖技术研发、文化创意及商务服务等领域：通过项目负责人申报、组织专家对申报项目进行遴选的方式决定最终人选的扶持项目，项目负责人都由学生担任，学生组织团队，写策划书、申报书等，负责人需依次对项目创意、团队组织、市场评估、营销策划及运行现状等内容进行介绍和展示，专家评审认真听取项目汇报，并对照评分标准给予项目评级，遴选优秀项目入选扶持项目，项目入选以后，需为学生提供创新创业环境，充分发挥学生的创新创业才能。

学校不仅为在校大学生创新创业团队提供创新创业所需的创新创业场所方面的“硬条件”，而且为在校大学生创新创业团队提供资金、项目、指导和管理方面的“软服务”。

（四）搭建学生校外“众创空间”平台

利用校企合作的资源优势，搭建创新创业教育“众创空间”平台，为学生提供可持续的创新创业发展空间。通过校企合作优势的互补，依托深度合作平台的作用，与企业建立“紧密型”合作关系，广泛建立校外创新创业实践基地。通过校企合作基础为学生拓展专业实践空间和创新创业实践视野，使学生奠定坚实的专业知识、职业素养和创新创业能力。与合作企业建立校企合作创新教学工场。校企合作创新教学工场是学生与企业互通“耦合”的创新载体，其组成结构单元是：以学生为主体、教师为指导的“虚拟项目”和社会真实项目。在校企合作创新教学工场中，学生“虚拟公司”的创业实践可以和学业学分挂钩，参加创业实训项目的学生可以获得相应免修课程的资格，真正实现“教学”与“创新创业”的有机耦合。

第五节 “创新创业 +”人才培养模式评价体系建设

为了适应现代社会的发展，培养适应社会需求的高素质人才，大学教育必须改革传统教学中以教师为中心的填鸭式教学方法，在教学中广泛吸收和应用现代化教学方法或采取现代化多媒体教学手段。教学方法的革新，是提高教学质量的关键。以优化教学效果为核心，以促进学生学习能力提高为宗旨，改革传统的、旧的教学方法，大力推行先进的教学手段和方法。在“创新创业 +”的教育教学改革过程中，更要特别重视教学过程的教学方法和考核方式的转变，过去教师满堂灌的传统方式已不能满足高职院校的人才培养需求。学校应积极采取措施，如开展各类教学方法的研讨活动，广泛开展启发式、讨论式、翻转课堂等的参与式教学，开展“以训带学、以研促学、以赛助学”，将学生带入教师的科研课题中学习，带入各类大赛里学习，注重培养学生的批判性和创造性思维，激发创新创业灵感，根据不同的学生需求开展分类分层学习，充分利用现代信息技术开展在线学习，鼓励学生自主学习，并创造条件将学生参与的各类活动和在线学习、自主学习纳入学业成绩考核中等。同时需改革学生教学评价模式，建立新的教学质量评价体系，改变传统的“以理论考试成绩为主、以期末考试成绩为主、以任课教师评价为主”的评价模式，建立以“培养学生综合素养和职业能力”为主线的人才培养模式。评价模式的改革，有利于树立全面的“人才观”，有利于推动“教学模式”的改革创新，有利于推动人才培养模式的改革创新等。

一、“教案”变“学案”模式

“学案导学”是以让学生学会学习、学会创新为宗旨，打破过去只以教案教学的常规。以学案为载体，通过“先学后教，问题教学，导学导练，当堂达标”，让学生直接参与、亲身体验和感悟知识形成的过程，探索发现问题、解决问题、形成结论、创新知识程序和方式方法。在整个教学过程中，教师不是“授人以鱼”，而是“授人以渔”；不是奉送真理，而是教学生真理。这种做法，划清了传统教育与现代教育的界限，对于培养学生的创新精神和创新能力具有重要意义。

“学案导学”是以“学案”为载体、“导学”为方法、教师的指导为主导、学生的自主学习为主体，生生、师生共同合作完成教学任务的一种教学模式。通过学生的自主学习，培养学生的自学能力，提高教学效益，让学生真正学会学习，成为学习的主人。

学案导学的一般过程如下：

（1）教师编“学案”。教师对学案的设计，应从教材的编排原则和知识系统出发，对课程标准(大纲)、教材和教参资料以及自己所教学生的认知能力和认识水平等进行认真的分析研究，合理处理教材，尽量做到学案的设计重点突出、难点分散，达到启发和开拓学生思维、增强学生学习能力的目的。

（2）学生自学教材。完成学案中的有关问题是学案导学的核心部分。它要求教师将预先编写好的学案，在课前发给学生，让学生明确学习目标，带着问题进行预习。同时，教师在学生自学过程中应进行适当辅导。

（3）讨论交流。在学生自学的基础上，教师应组织学生讨论学案中的有关问题，对教学中的重点、难点问题引导学生展开讨论交流，形成共识。而学生在讨论中不能解决或存在的共性问题，教师应及时汇总，以便在精讲释疑时帮助学生解决。

（4）精讲释疑。精讲释疑就是在学生自学、讨论交流的基础上，教师针对教学重点、难点及学生在自学交流过程中遇到的问题，进行重点讲解。

（5）练习巩固。练习的设计应紧扣本节课的教学内容和能力培养目标及学生的认知水平。练习题要求学生当堂完成，让学生通过练习既能消化、巩固知识，又能为教师提供直接的反馈。教师对练习中出现的问题应及时发现，给予指正，做出正确的评价。

“学案”可分为：学习目标、诊断补偿、学习导航、知识总结、当堂达标测试5个环节。

学习目标：目标的制定要树立“一切为了学生发展”的新理念，针对本节的课程标准，制定出符合学生实际的学习目标。目标的制定要明确，具有可检测性，并与本节当堂达标题相对应。

诊断补偿：首先，设置的题目重在诊断和新知识有联系的旧知识的学生掌握的情况，目的是发现问题后进行补偿教学，为新知识的学习扫清障碍；其次，有利于导入新课，激发学生的学习兴趣。

学习导航：学案设计思路：（1）树立“先学后教”理念，学案要以“学”为中心去预设。主要解决学什么、怎样学的问题。（2）教师在设计本部分内容时，要用学生的眼光看教材，用学生的认识经验去感知教材，用学生的思维去研究教材，充分考虑学生自学过程中可能遇到的思维问题。（3）给学生充分的学习时间，每个知识点学完后，要配以适当的题目进行训练，使学生理解和掌握所学知识。

知识总结：当堂形成知识网络，及时复习，力避遗忘。最好是学生自我总结。

当堂达标：紧扣本节课的学习目标，选择能覆盖本节课所学内容的题目，对学生进行达标测试，以查看本节课学生的学习效果，并针对学生反馈情况及时进行补偿教学；难度不可太大，以考查知识的掌握及运用为主。

强化学生的自学行为，充分发挥学生的主体作用，通过引发、诱导、启迪、导学、导练，把学生由听众席推向表演舞台；让学生在动眼看、动脑思、动耳听、动口说、动手做的过程中，参与知识创新的过程，自我领悟知识的内涵，从而牢牢地掌握知识，学会学习，学会创新。在广泛学习中外现代教学理论的基础上，密切结合本校教学实际，创新性地构建了“自主探究，学案导学”课堂教学模式。使用学案改革教案，变以教师为中心为以学生为中心，变重知识传授为重能力发展，学案导学教学模式是对传统教学方式的一次本质意义的革命。它以学生的自学信息反馈为依据，以师生活动为载体，以发现问题、自我探究为主线，以学生的多种能力的养成为目标，注重对学生进行学法指导和学习策略教育，有效地弘扬了学生的主体性，体现了现代教育的特征。

二、“网络环境下的自主课堂”——蓝墨云班教学模式

蓝墨云班课是一款可以供广大高校教师和学生在计算机上使用的教学工具，利用蓝墨云班课，教师可以提升与学生的沟通和互动效率，开展微课或翻转课堂教学。让课堂变得更加生动有趣，任何移动设备或PC上，都可以轻松管理自己

的班课、管理学生、发送通知、分享资源、布置批改作业、组织讨论答疑、开展教学互动。

学校充分利用师生的“自带设备”，积极探索移动互联网环境下课程教学的新模式、新方法。开发私播课课程，利用蓝墨云班课移动教学助手开展线上线下相结合的混合式教学。“线上”学生自定步调完成基础知识学习并参与讨论、参加自测；“线下”在教师的引导下，学生通过小组讨论、演讲汇报、场景模拟等实践教学。通过挖掘学生学习行为的大数据，加强对学生的学业预警和过程性评价。开展混合式教学既有利于因材施教，促进学生的个性化学习，又培养了学生的团队合作精神，使其在轻松有趣的环境中学习知识，发展能力；教师信息化教学能力也不断得到提高。

线上自主学习活动具体实施过程为：

（1）通知发布：通过蓝墨云班课的通知功能发布学生课前自主学习任务，并且预告课上学习活动内容，以便让学生做好充分准备。

（2）资源上传：将学生自主学习资源上传至蓝墨云班课，包括教学课件、教学视频、扩张资源、自主学习任务单等。

（3）讨论答疑：学生自主学习后，师生、生生在蓝墨云班课讨论答疑区进行同步或异步的讨论交流、解决疑惑、加深理解。

（4）课前自测：学生自定步调完成自主学习后，前往蓝墨云班课测试区参加课前自测，了解自己对自主学习知识的理解和掌握程度。

（5）敦促监控：利用蓝墨云班课的大数据分析功能，了解学生课前自主学习的任务完成情况,敦促没有学习资源或没有完成任务的同学完成课前自主学习。

（6）归纳反馈：学生通过自主学习和讨论交流，归纳课前所学，并且反馈仍然存在的困难和疑惑。

线下课题学习活动包括：

（1）利用蓝墨云班课的调查问卷活动开展与课程主题相关的问卷调查，让学生对调查结果进行小组讨论并形成总结。

（2）头脑风暴：让学生利用蓝墨云班课的头脑风暴功能列举所学知识点，一方面可以训练学生的理解能力，另一方面有利于学生的思维训练。

（3）汇报展示：学生对小组讨论的成果进行汇报，同时可以开展小组互评或教师评价。

（4）课堂反思：一堂课结束后让学生利用蓝墨云班课头脑风暴功能反思归纳本堂课所学，具体包括学到了什么，还有什么疑惑的，印象最深刻的是什么，课上最无聊的是什么。

讨论答疑：在使用蓝墨云班课进行教学的过程中，讨论答疑贯穿教学的整个过程，突破时空限制，实现任意时间、任意地点的学习。

学习效果：（1）学生学习行为发生了变化，蓝墨云班课的学习预警功能和经验值功能，使得学生积极地去学习提供的学习资源并参加老师开展的各种教学活动；（2）学生体验，由传统的教师讲授为主的课堂转变为以教师为主导以学生为主体的教学，并且课堂活动丰富，学生体验到了学习过程的乐趣。

学习成效：通过半个学期的实践，学生课堂变得越来越积极活跃。

第六章 创新创业教育创新模式、方法与评价

第一节 创新创业教育创新模式

重大赛事是创新创业教育的重要载体，本节主要以共青团中央、中国科学技术协会、教育部、中国社会科学院、中华全国学生联合会、上海市人民政府主办，上海大学承办，中国银行冠名的第十五届“挑战杯”中国银行全国大学生课外学术科技作品竞赛决赛(以下简称第十五届“挑战杯”决赛)为例，研究重大赛事在创新创业教育中的作用。

一、第十五届“挑战杯”决赛的主要特点

（1）办赛理念新。第十五届“挑战杯”决赛于2017年11月14~19日在上海大学成功举办，本届“挑战杯”决赛积极学习贯彻习近平新时代中国特色社会主义思想和党的十九大精神，以“创新、开放、协同、引领”为办赛理念，以“1+2+X”为赛制：“1”指主体赛，“2”指“一带一路”国际专项系列活动和海峡两岸大学生创新挑战训练营，“X”指在大赛框架内举办的一系列促进大学生科技创新的特色活动。

（2）参赛主体多。本届“挑战杯”决赛共有来自全国的2000多所高校、200多万大学生直接参加。终审决赛期间，全国430余所高校近5000名师生代表和观摩代表参加相关赛事活动，314所入围决赛高校(含中国香港、中国澳门高校11所)的755件作品(含中国香港、中国澳门高校参赛作品40件)在“挑战杯”的赛场上进行最终角逐。

（3）赛事体系新。本届“挑战杯”决赛的赛事体系实现了创新。首次在决赛期间举行“一带一路”国际专项赛和青年沙龙；首次举办海峡两岸创新挑战训练营；首次举行创新型人才专场招聘会等特色活动。

（4）媒体关注度高。本届“挑战杯”竞赛得到了新闻媒体广泛关注。国务院新闻办公室、新华社、中央人民广播电台、新华网、人民网、凤凰网、《中国青年报》、《解放日报》、《文汇报》、《新民晚报》等50多家主流媒体跟踪报道。其中，《中国青年报》《文汇报》以头版要闻和专版的形式，报道了本届竞赛特

色与赛况，并设专版报道了上海大学双创育人成果和“挑战杯”人物故事。

二、第十五届“挑战杯”决赛的五大效应

（一）引领效应：弘扬科技报国精神，引领青年学子奋发有为

各校参赛项目涵盖广泛，瞄准科技前沿领域，关怀弱势群体、关注精准扶贫等国计民生热点问题，广大青年以参赛为契机，贯彻习近平讲话精神，将“青春梦”融入“中国梦”，以实际行动，把论文写在祖国的大地上，把青年的科技成果应用在实现现代化的伟大事业中。

本次大赛的开闭幕式，以弘扬科技报国精神为主线，将“中国梦”、国际视野、科技创新、海派文化等融入其中。开幕式上，我国著名指挥家、93岁新四军老战士曹鹏老师指挥全场合唱国歌；闭幕式上，清华大学上海校友会艺术团合唱一曲《祖国不会忘记》，老一辈的爱国主义精神和年轻一辈的奋发有为有机融合，荡气回肠。

（二）集聚效应：提升大赛全球影响力，促进全球青年创新创业交流

本次大赛积极响应国家“一带一路”伟大倡议，通过举办“一带一路”高校创新人才培养校长论坛、来华留学生科创嘉年华、 “一带一路”国际专项赛，青年沙龙等活动，使大赛辐射哈萨克斯坦、乌兹别克斯坦、巴基斯坦、英国、美国等国青年，展现了“一带一路”青年科技创新的风采。以大赛为契机促进海峡两岸青年交流交往，创新设计并开展“海峡两岸大学生创新挑战训练营”，首次将中国台湾地区26所高校纳入“挑战杯”竞赛框架。6个台湾地区学生创新创业项目在大赛期间进行展示并开展参访活动。

（三）辐射效应：提升社会影响力，营造良好创新创业氛围

本届“挑战杯”大赛坚持面向社会开放办赛，在决赛期间面向社会公众、中小学生和学龄前儿童开放作品展区，来自静安区和上海大学基础教育集团的1000余名中小学生观摩了大赛的科技作品，累计参观量达21000人次；同时首次组织“挑战杯”宣讲团走进中小学宣讲，开设中学生科技作品展区，推动“挑战杯”竞赛向低龄广泛辐射。

学校在上海市范围内营造了浓厚的“挑战杯”和创新创业氛围。在轨道交通7号线开通“挑战号”专列，官方微信推出“我和挑战杯的故事”话题，走进上海故事广播与大众分享挑战故事，开展了口号、会徽、吉祥物设计及征名、主题歌等社会征集活动，开发“我爱挑战杯”等线上传播活动，制作科技文化地图等；开展“挑战杯”竞赛与创新人才培养的实践研究，出版《挑战之路 · 人物篇》专

著，还制作了《创新之城，挑战之路》“挑战杯”人物纪录片，在上海发布微信公众号上得到了推介。

（四）助推效应：服务科创中心建设，助力地方经济社会发展

本届“挑战杯”大赛积极协同地方政府、产业界、金融界等，助推一批竞赛优秀成果和优秀人才在上海落地落户，举行了“创新型人才专场招聘会”“创新成果发布会”“创新创业高端论坛”。近40家创投机构代表、50余个参赛项目参加发布活动，11个项目参与路演，推动“挑战杯”竞赛由创新成果交流展示走向创新成果交易转化的双向互动模式。中国商用飞机有限责任公司、上海汽车集团股份有限公司、花旗银行等80余家世界500强企业和行业标杆企业参加招聘会，共收到简历4000多份，200余人达成求职初步意向。大赛还开辟了“天使基金”绿色通道，为国赛获奖初创项目提供20万~30万元免息贷款作为启动资金，助力初创项目在上海落地生根。

（五）示范效应：构建坚强有力保障体系，为安全有序的赛事组织提供范例

为了保障本届“挑战杯”决赛安全有序开战，上海大学构建了坚强有力的保障体系，为类似重大赛事提供了成功范例。如赛事布展突出“集中、宽裕、便利”，理工类作品和哲学社会科学类作品分别在上海大学校体育场和东区钱伟长图书馆进行分场地集中展示，空间宽裕，布展便利；后勤保障突出“安全、周到、贴心”，按照最高标准实施安全管控，制定各项应急处置预案，为近万名师生提供全面的保障服务；赛事出行注重“绿色、低碳、环保”，提供共享单车和公共交通卡，同时，所有服务信息、导览、展位查询等全部采用手机APP软件信息适时推送，提高赛事个性化精准化服务水平；志愿服务体现“热情、规范、多元”，共选拔了4000余名志愿者，实行三级网格化和规范化管理服务，设立志愿驿站，服务总人次达20余万次。

三、第十五届“挑战杯”决赛的长效工作机制

上海大学以筹办本届“挑战杯”大赛为契机，深化综合改革，在完善组织运行机制、创新人才培养模式、引入市场化工作机制等方面进行了卓有成效的探索，为学校将来的创新人才培养工作打下了良好基础，激发了创新创业教育的新动能。

（一）完善组织运行机制

学校建立了全校办赛机制体制，根据工作职能成立了10个筹备工作组，按照项目化来工作运行，纳入部门KPI考核。项目制工作组的设立，优化管理工

作流程，加强部门之间、岗位之间协同配合，形成工作合力。结合上海大学综合改革方案的要求，项目制的工作方式值得进一步探索优化，形成组织运行机制上的经验，力求在未来能使高校管理体制更符合高等教育发展规律。

本次大赛的筹办也使学校青年教工得到了良好锻炼。赛事期间，各条块工作涌现了一大批敢于担当、勇于奉献的同志，他们由“要我干”变为“我来干”，克服自身、家庭等种种困难，在做好本职工作的同时，果断挑起大梁，主动作为，这正是“自强不息；先天下之忧而忧，后天下之乐而乐”校训精神的具体体现。这种精神也将成为一笔宝贵的财富，在未来的高水平大学和“双一流”大学建设中发挥重要作用。

（二）创新人才培养模式

钱伟长老校长指出：“学生的培养更重要在课外。”学生课外学术科技活动已经成为上海大学落实学生自学能力、实践能力和创新能力发展的载体，成为教育教学改革的方向和引擎。学校以筹办大赛为契机，完善了覆盖全校的学生课外学术研究项目培育激励方案，通过资源配置体系、评价体系和管理架构的系统重构，在全校营造重视人才培养、推动人才培养、抓好人才培养的良好氛围和工作机制，鼓励指导老师和学生开展学术项目。此次大赛，校内共有509件参赛作品参加校级初赛，共有100余人次的青年教师参与到学生课外学术科技创新指导活动中，创校内历史新高，以大赛为契机推动人才培养工作起到了良好效果。

同时，学校在筹办大赛期间，与香港经纬集团深度合作，成立了上海大学紫荆谷创新创业发展辅导中心，辐射并促进中国香港、中国澳门、中国台湾青年创新创业工作。今后，学校将会更多地引入市场的力量参与人才培养过程，探索课程、培训、大赛、实践、孵化、融资等相互衔接的创业教育体系，逐步整合创新创业教育资源，建立健全创新教育平台体系，增加和完善创业精神、创业思维、创业实践课程模块，面向全体、分类施教、结合专业、强化实践开展创业教育，力求为社会培养更多具有全球视野、公民意识、人文情怀、创新精神、实践能力，并能应对未来挑战的人才。

（三）引入市场化、公共性工作机制

本次大赛的成功举行，与各合作单位的大力支持是分不开的。学校与中国银行、经纬集团、中国华信等40余家企业单位达成合作，使办赛得到全方位资源保障。通过社会化办赛的运作，校企合作共赢的理念进一步深化，探索了更为高效科学的市场化操作机制，在需求和供给两方面进行了探索和改革，进一步保障了各方权益。同时，以筹办“挑战杯”竞赛为契机，学校与各类科技园区、高新技术园区、孵化器及创新创业基金会开展了深度广泛合作，更好地发挥产学研协同优势，为

科研项目提供转化服务，增强地方高校服务地方经济社会发展的能力，提高了把“纸”变成“钱”的能力，为创新创业人才教育和人才培养提供良好的生态环境。

四、“挑战杯”竞赛与创新创业教育

（一）“挑战杯”竞赛提升大学生的综合能力

近年来，各类学科竞赛和创新创业类竞赛蓬勃发展。高校通过各类高水平的创新创业竞赛，致力于人才培养和提升大学生的综合能力。

（1）训练学生的创新创业意识和思维。竞赛活动是学生各种思维过程的综合体现，是对学生理论知识和实践能力的综合运用。竞赛是对竞赛项目进行认真分析、有效推理、准确判断与综合运用的过程，也是对学生创新意识和创新思维的培养，从而激发学生的创造能力。

（2）锻炼学生的创新创业能力。创新创业的灵感和冲动往往都来源于实践，更需要在实践中检验。竞赛是将创新精神和实践能力有机结合，有“创新”的实践是真正有收获和意义的实践活动。竞赛就是需要学生们用“创新精神”去实践，需要构思、设计、实施和运行，将创新能力和实践能力紧密结合。

（3）提高学生的综合素质。在“挑战杯”这类高水平的竞赛中不难发现，学生的主观能动性得到了充分的发挥，在比赛过程中有大量的思考、观察、分析、比较、判断、推理、测试、沟通、协助等环节，在这些环节中不单单上考验了学生的知识水平，更大程度上考验了学生的意志水平，一次比赛就是一次生理和心理的双重考验。一次比赛更是促进了学生的人格养成，内外兼修才是创新创业人才培养的终极目标。

（二）“挑战杯”竞赛有利于创新创业教育

全国“挑战杯”竞赛已经落下帷幕，竞赛的良好势头与近年来推进创新创业教育关系紧密。通过创新创业类竞赛的影响，不断地促进创新创业教育，为创新创业教育提供了有力的辅助和保障。

（1）竞赛融入创新创业教育体系。随着创新创业教育在全国的蓬勃开展，高校对“挑战杯”等创新创业科技竞赛也越来越重视，这为“挑战杯”参赛项目质量的提升提供了沃土。大学生的创新创业理应区别于社会一般性创业，更强调学科专业和科研训练的相互结合。许多高校就是“以赛促创”，以比赛为契机，促进人才培养方式的改革，促进教学改革，通过学赛结合，理实一体，将竞赛融入创新创业教育体系和人才培养体系中。

2017 年 11 月 15 日，第十五届“挑战杯”中国银行全国大学生课外学术科技作品竞赛决赛在上海大学开幕。当日出版的《文汇报》以大篇幅关注了上海大学，从多个角度展现了上海大学将人才培养理念全面融入“挑战杯”办赛的全过程中，不断提升人才培养质量。近年来，上海大学不断加大人才培养改革创新的力度，先后在大类招生与通识教育、研究生联合培养等方面开展了有益探索。学校人才培养模式探索持续推进、人才培养资源保障体系持续完善、人才培养体制机制改革有序开展，人才培养成效显著，赢得了国内外良好的办学声誉。上海大学为了充分利用“挑战杯”等竞赛活动提升大学生的创新创业能力，建立了专门针对创新创业竞赛的工作体系，对院系级、校内、省市、国家三级科研项目建立了四级孵化平台，并发布了《上海大学“挑战杯”全国大学生课外学术科技作品竞赛奖励暂行办法》。

（2）竞赛项目与专业融合，学赛并重。在此次“挑战杯”竞赛中，科技发明项目占了很大比重。从比赛结果来看，自身科研底蕴较深厚的学校，获奖项目也相对较多。各高校的获奖都立足于相关专业优势。学生有专业背景，易于把研发成果转化为创新创业成果。只有将专业优势与创新创业融合，才能使项目“修成正果”。上海大学通信与信息工程学院的获奖项目《多维视觉卒中后手功能康复定量评估平台》就是基于学院专业特点，项目组与华山医院康复专家共同确定了一套中风后手功能康复标准评估动作，研制平台工程样机，通过光学智能动作捕捉与计算机视觉关键技术，解决中风病人手部精细功能识别困难的核心问题。采用非接触式、非介入、对患者无不适感的多维数据融合技术，相关核心技术申请发明专利多项，研制的工程样机，被华山医院康复专家称为本领域内首创。在康复医学方面极大地拓展了原有定性康复评估的认知，同时对于我国大量的中风存量病人，是一个重要的康复促进手段，具有极大的市场空间。

（3）竞赛对象建设梯队，创新接力。在依靠专业优势进行技术型创业的过程中，具备科研能力的学生与能提供科研指导的教师成为项目成功的关键。“挑战杯”竞赛很多都以团队参赛，因此需要在组队时保证队员有年级梯度和明确的分工。比如主要科研任务由三、四年级的学生负责，二年级学生可以参与一些实验操作、撰稿、绘图等事务性工作；等下一届的时候，原先的低年级学生就可以成为研究的主力。这样一种阶梯型队伍有利于保证重点项目的延续性和“以老带新”体系的形成。同时，多学科前沿技术交叉的作品具备较强的竞争力，学校不仅在选题上注意融合各个优势学科和各学科已有的科研进展，在队伍的组建上也贯彻学科交叉的思路，选拔优秀学生，根据项目的需要进行组合。如上海大学生命科学学院项目《基于抗结直肠癌活性SGKl抑制剂的结构修饰、合成与活性研究》就是一个跨学科、跨年级的组合队伍，生命科学专业学生负责生物研究、化学专业的学生负责药物合成；高年级学生负责论文撰写，低年级学生负责实验操作。这个团队在连续两届“挑战杯”中都进入最后决赛获得佳绩，也涌现了一批批“科研小达人”。

第二节　创新创业教育新方法

创新创业教育是中国高校创新创业教育发展的主要趋势，在具体实施这一教育模式的过程中，由于教育对象广泛、专业类别多样、培养目标分层等状况的现实存在，经常会听到实际工作者报怨“学生太多了，只能讲讲算了，根本没有条件使用其他教学法”，这就在客观上造成当前中国高校创新创业教育尚存在“教学方式方法单一，针对性实效性不强”等现实问题。多数高校形成了教学模式“以教为主”——易僵化、教学内容“以知识为核心”——重理论、教学方式“以第一课堂为主阵地”——缺乏实践的现实困境。缺乏行之有效的创业体验学习已经成为阻碍创新创业教育可持续发展的一个重要原因。本书充分考虑到创新创业教育的理论性、实践性和操作性入探索将案例教学法、体验教学法、项目教学法具体应用于创新创业教育的必要性与可能性，明确高校创新创业教育应用这些教学方法的组织形式、项目选材、考核评价、保障措施等具体问题，确保这些方法在高校创新创业教育中的成功应用。

一、教学方法创新的重要意义

（一）克服传统教学方式的弊端

有学者概括性地描述了传统教育教学的5个特点：（1）通过传授、记忆、回忆与再现的方式，由教师向学生传授知识；（2）更注重。“教”而不是“学”；（3）正确的答案被看作是重要的并给予奖赏，而近似的答案、猜测和多种解释不被重视甚至被排斥；（4）在教学过程中，教师的权威至高无上；（5）考试及其分数对学校、学生和教师都是至关重要的。对于学生来说，传统教学方式使得学生不用在学习上花费大量时间，费太多的脑筋，只要调动记忆的功能就可以完成学习任务，久而久之，也就习惯了这种教学方式。但是这种教学方式的最大弊端在于扼杀了学生的生命力，“从表面上看，学生是一个完整的人坐在课堂上，实际上学生并没有作为一个整体参与教学活动，调动的仅仅是理性方面的认识，而需要、动机、兴趣、情感、人格等非理性因素在课堂并没有得到应有的关注。”这样的课堂教学既缺乏生气与乐趣，也缺乏对智慧的挑战和对好奇心的刺激，不但使得学生厌学，也使得教师厌教。要想改变这一现状，就必须引入新的教学方法以改革课堂教学。

案例教学法、体验教学法、项目教学法可以有效克服传统教学方式的弊端，在创新创业教育过程中表现出来的优越性更是非常突出。概括来说，主要有3个方面：一是自主性。学生成为主角，通过教师的导演与指导，学生充分展示自己的才能。二是拟真性。给学生提供逼真的客观环境，使学生置身于特定的典型环境之中，并自觉地进入角色。三是交互性学生之间、师生之间可以互相交流、相互启发，培养学生解决问题的能力。这些显而易见的优越性的充分发挥，在现实教学实践中受到了传统教学观念与方式的制约。基于此，有学者在教学实践中发现，学生从心理上支持案例教学法，但在表现上又令人大失所望。其主要原因在于：不愿参与，不能参与，不敢参与，不屑参与。其中，“不愿参与”与“不屑参与”是态度和认识问题，是因为学生不想花费大量的时间和精力，而“不能参与”和“不敢参与”则是能力问题，长期的被动学习、压制性家庭教育和应试教育使一些学生没有公开阐述自己观点的勇气；总是担心出丑，担心犯错误。加上语言表达能力、独立思考能力、随机应变能力、思维活跃程度和进入角色的主动程度都有待提高，致使很多学生无法参与到案例教学过程中来。由此可见，以案例教学法来代替传统教学法，这样的改革不仅仅是单纯的技术性革新，也不是传统教育、教学的现代包装，而是一种较为全面的、彻底的教学改革。体验式教学法借助“体验”训练，引导学生在学习过程中进行反思，过渡上升到对于理论知识的理解，并启发学生将理论与实践有机结合起来。应用体验式教学法，可以有效打破传统教育体系里单一式教学、强制性灌输、理论性主导、静态式接收的学习模式，使学生能够在自觉、开放、轻松的学习环境中参与教学活动，进行知识积累和技能提升。在项目教学法中，教师和学生共同参与项目的完成过程，教师更多担任的是项目的提供者和指导者，而项目实施中需要运用哪些知识、问题的提出和解决均由学生自己来完成，因而能调动学生的积极性，充分发挥其主观能动性，培养其自主学习的能力，这也是创业过程中非常重要的一项能力。

（二）切实提高大学生创业能力

在全球创业观察 (GEM) 的概念模型中，“创业活动是创业机会与创业能力合成的结果。”当前中国大学生创业面临的主要问题是创业机会多而创业能力弱。因此，通过案例教学法在创新创业教育中的广泛应用，全面培养和切实提高大学生的创业能力成为目前最为迫切的任务。

创业能力与实践联系紧密，它更多关注“怎么做”而不是“是什么”。这种能力不能够靠“讲授型”的教学来传授，而必须靠“探究型”的教育来获得。有学者认为，“从以讲授为主的教学到以探究为主的教育，是一场革命”。这场革命有 3 个特征：教育的起点和主体从教师走向了学生；学习过程由学生的被动接受走向学生的主动探究；教育 (Education) 替代教学 (Teaching)。探究能够带给学生的除了知识与技能的习得外，还有“精神启示”“习惯”“智力品格”“心智状态”，而“学生的创造力首先是心智状态、思维方式问题，其次才是知识、技能问题”，这对于实践性特征突出的创新创业教育尤其重要。培养学生的创业能力不能过分地依赖知识的传授，而是要着力培养学生对自然现象和社会现象的关注度和敏感度、培养学生辨析和解决问题的习惯与能力、培养学生批判性思维的习惯与能力、培养学生拥有和珍视自己的心智生活。正如怀特海所言："虽然智力教育的一个主要目的是传授知识，但是智力教育还有另一个要素，模糊却伟大，而且更重要——古人称之为'智慧'。没有一些基础的知识，你不可能变得聪明；你轻而易举地获取了知识，但未必习得智慧。"要想让学生拥有智慧，就必须真正确立学生在创新创业教育中的主体地位，重建学生的学习方式，使学生通过探究与体验来进行有效学习，使知识内化为学生成长的养分，外化为"以整体性的人去看待整体的世界"的智慧。在创新创业教育过程中引入体验式教学法，使创新创业教育形成立体、开放、多元、互动的教学体系，让学生在自我教育、自我培养的过程中提高认同、找到归属，才真正有利于培养和提升学生的创业意识认同感和创新精神归属感。项目教学法涉及多方面的知识内容，采用的是团队合作的方式，在项目具体实施过程中，团队成员可以根据需要来选择自己的任务。如果为提高项目完成的效率，则选择自己擅长的部分；如果想学习更多的知识来弥补自己的不足，则可以选择自己尚不太能胜任的任务。同时，在项目的完成过程中，团队之间的竞争会激发学生的集体意识，团队成员也会为了共同的目标而一起奋斗，增强与他人合作的能力。

（三）有效应对高校创新创业教育的现实困境

由于当前中国高校创新创业教育课程普遍作为选修课程或者公共课程来开设，因而普遍存在课时少、上课人数多、专业背景复杂等问题，加上相关资源的限制，为所有学生提供实践机会非常困难。在这种情况下，要想保证创新创业教育的实际效果，只有借助于新的教学方法。

案例教学法本质上是以问题为导向，以客观事件为材料，训练和提高学习者在复杂情况下认识、分析和解决问题的理性思维与实际技能。它的精髓在于设置一种氛围和情境，引导学生在面临困惑、模棱两可及不充分信任的条件下，开动脑筋，勤于思考，做出决策，争取成功。案例教学法把求知和行动有机地结合起来，切合了创新创业教育的实践性特征，解决了通过课堂教学实现"做学结合""以学促做"的教育目标。通过体验式教学法，实现课堂教学、实践演练、参与体验"三位一体"，理论性、实践性、操作性"三维并进"，使更多的学生在体验过程中直击创业活动的现实问题，对于培养规避风险的能力具有重要意义。项目教学法通过项目的形式进行教学，项目的实施是学生通过运用自己的理论知识解决实际问题的过程，必然需要整合多方面的知识资源。同时，将学习知识和运用知识有机地结合起来，不仅能满足学生在创新创业教育中的实践需求，有效解决理论学习与实践相脱离的问题，而且能实现学以致用的教学目标。

二、教学方法创新的方向导引

创新创业教育具有十分突出的实践性特征。“创业实践活动既是作为一种教育影响，也是作为一种课程模式，使创业教育与其他教育类型有了质的区别”，是最能体现创业教育特点和性质的课程类型，不是单纯的理论和知识传授就能够完成的。创新创业教育领域存在着大量的“缄默知识”，与“显性知识”相比，“缄默知识”不能通过语言进行逻辑的说明、不能以规则的形式加以传递、不能加以批判性的反思。如果用“显性知识”的教育模式来传递“缄默知识”，就难以确保教育的有效性，迫切需要将课程教育与实践教育紧密结合，搭建起供大学生边干边学、做学结合、以学促做的“实践导向”教学方法体系。

（一）开展“实践导向”的课堂教学

课堂教学要重点解决两个问题。一个是“教什么”，也就是教学内容的问题。有学者通过对比教室学习环境与企业的真实世界学习环境后发现，“学校非常强调过去，聚焦于理解、反馈和大量信息的分析。而在真实世界中，企业家聚焦于现在，没有时间进行批判性分析。他们花费大多数时间处理问题，通过自己的经验、通过做来学习，即做中学(Learn by Doing)”。由此可以看到，“实践导向”的课堂教学要突出强调创设高度贴近企业家真实世界的学习环境,教学内容要“厚今薄古”，高度关注现实，将解决实际问题作为教学的中心内容。另一个是“如何教”，也就是教学方法的问题。在教学方法上，突出强调探究式教学方式，采取案例、体验和项目教学方法，重点强调“自觉性决策”和“创造性实验”。“实践导向”的教学方法要重点突出学生的主体地位，通过引导学生进行自觉性决策和创造性实验来激励和培养学生的创业行为。

（二）构建“实践导向”的参与体验平台

当前中国大学生创新创业教育的主要参与体验平台首推“挑战杯”中国大学生创业计划竞赛。通过这项比赛，每年有上万名大学生直接或间接地参与到创业体验中来，竞赛的教育功能得到了各方面的充分认可。但是对于这项创新创业教育实践活动，也有学者提出了学生参与不足，只是学生精英的赛事，多数学生仅是看客而已，过于重视形式(比赛环节)，轻视内容(赛前培训、赛后转化)，比赛轰轰烈烈，实际成果收效甚微等问题。实际上，这些问题有些是赛事本身的组织问题，有些则是赛事本身无法解决的问题，因为要想解决这些问题需要整个政府、社会和高校服务、培训、教育体系的密切配合。对于赛事本身来说，最为重要的是确立“实践导向”，将比赛向两端拓展。一方面向赛前培训拓展，比赛不是目的，目的是以赛促教、以赛促学，所以，要扎实做好赛前培训，培训的对象不要局限于参赛学生，而是要面向全体学生，通过这一过程普及创业文化。培训不只是讲如何做创业计划书，重在发动学生行动起来，深入开展市场调研，掌握第一手资料，为识别机会、把握商机、了解社会奠定坚实基础。另一方面向赛后转化拓展，比赛结束之后，还需要做艰苦细致的项目对接与运营工作，政府的支持、企业的投入、资本的汇聚等，所有这些涉及一个成功的创业计划由好的想法转化为商机的重要因素，都要有一个专门的部门来规划、统筹与协调。当然，这些任务不可能由赛事组织者来完成，而是要成立专门的机构来强力推动，只有这样，才能使更多的创业计划落地生根，产生实际效益。

当然，高校建设“实践导向”参与体验平台的方式还有很多，既可以通过孵化器和科学园作为教师和学生的研究与教学实验室，增加大学生衍生企业的数量，并提高企业的生存率；也可以通过支持学生社团或创业俱乐部、开办创业暑假学校、举办创业论坛、组织学生到企业进行创业实习、开展“一对一”的创业指导等方式，来切实地推动创业实践的深入开展。

（三）提供“实践导向”的保障措施

一是创建配套的教学制度和教学环境。现有的教学制度比较传统，灵活性不足，开放性较差，最突出的一个缺点就是理论知识学习与实践应用脱节，在这种教学管理制度下实施项目教学法比较困难，难以发挥案例、体验和项目教学法的优势特点，最终影响高校创新创业教育的实际效果。同时，案例、体验和项目教学法的实施，不同于传统讲授式的课堂教学，需要一个开放的教学环境，学生可能根据具体项目的实际需要，到教室以外的其他场所进行教学活动，比如实验室或某一实体公司，也有可能需要一些额外的软硬件设施，比如可能需要购买锻炼学生创新创业能力的模拟软件等。当然，在高校创新创业教育中应用案例、体验和项目教学法并不是要摒弃传统的课堂讲授法，而是要将两者结合，在课堂讲授法保证学生了解相关理论知识的基础上，通过具体项目的实施，使学生学以致用，边用边学，从而激发学生创造性思维的产生和综合分析能力的提高。

二是加强师资队伍建设。在高校创新创业教育中应用案例、体验和项目教学法时，教师的角色不再只是讲授者，更多的是监督者和指导者，角色的转换对教师教学的要求并没有降低，反而有很大提高。教师不再像传统授课那样仅仅进行备课、讲授、考试等教学活动，而是需要运用多方面的知识来满足更加综合的教学目标。例如，教师在设计项目时，不仅要考虑自己所教授的知识，还要考虑其他相关学科的知识。同时，教师不能只像往常一样教授理论知识，还要有较强的实践能力，才能胜任此类课程的教学。因此，在高校创新创业教育中应用案例、体验和项目教学法对教师提出了更高的要求，而中国目前这方面的师资相对薄弱，存在数量不足、质量不高和结构不合理等问题，在培养学生了解创业的基础知识、基本过程和基本技能方面，尚能勉强满足需求，在对创业兴趣浓厚的学生进行个性化培养时，就会感到心有余而力不足，因此亟须培养相关师资人才。

三是加大政策和资金的支持力度。在高校创新创业教育中应用案例、体验和项目教学法的一个前提就是有力的政策支持。政府是掌握和控制公共资源的主体，政府部门要准确定位，利用信息优势和行政职能，发挥其在推进大学生创业过程中的引导作用。目前，国家高度重视创新创业工作，“国家大学生创新创业训练计划”便是针对在校大学生的训练项目，通过创新训练、创业训练和创业实践三类项目，促进高等学校转变教育思想观念，强化创新创业能力训练，增强学生的创新能力和在创新基础上的创业能力；全国各地也出台相关优惠政策，通过“搭建平台、集聚资源”等措施，为大学生提供创业或创业训练的项目。所有这些都是对高校创新创业教育的具体而实在的支持，为高校创新创业教育的开展与推广起到了很好的指导与促进作用。

在高校创新创业教育中应用案例、体验和项目教学法还需要有充足的资金保障。案例、体验和项目教学法不同于传统教学法，不但教师的课业任务加重，还需要开展第二课堂活动，比如组织学生到实体公司实施具体教学项目或购买一些软硬件设施来支持项目教学等，所有这些都会加大创新创业教育的开支。国务院印发文件《关于深化高等学校创新创业教育改革的实施意见》，明确提出“完善创新创业资金支持和政策保障体系”的指导思想，指出“各地区、各有关部门要整合发展财政和社会资金，支持高校学生创新创业活动”。总结国外创新创业教育的资金来源模式，主要包括两大类：一类是以英国为代表的政府主导型资金来源模式；另一类是以美国等为代表的市场主导型资金来源模式。中国可以同时结合政府主导与市场主导模式构建一个综合多元的创新创业资金来源体系，在由政府设立大学生创新创业基金的同时，积极倡导社会及企业建立相关的援助创新创业的基金和组织，以提供充足的资金保障。

三、具体教学方法的应用与创新

（一）案例教学法在高校创新创业教育中的应用与创新

由于中国高校开展创新创业教育的时间较短，在科学运用案例教学法 (Case Method) 来提高高校创新创业教育质量和水平方面，目前尚处于起步阶段。借鉴国外案例的比较多，结合国情和地方实际情况自编案例并进行完整意义上案例教学的高校比较少。亟须通过深入研究来探索案例教学法在高校创新创业教育中具体应用的途径和方法，以此切实提高高校创新创业教育的质量并推动其不断走向深入。

1. 案例选材问题

案例选择的恰当与否直接决定着案例教学的成败。高校创新创业教育面向全体学生，这些学生来自全校各个专业，知识背景和专业兴趣有着很大差异，面对这种情况，如果照搬商学院或管理学院进行专业教学时使用的案例，则会使多数学生产生距离感，既无法吸引学生的注意力，更不能提高他们的学习兴趣，自然就不能主动参与课堂教学，所以在案例选材时要注意以下 3 点：

首先，选材的基本定位在于培养创业精神，而不是教学生开公司当老板。高校创新创业教育的基本定位是启蒙教育，通过开展这项教育要达到两个基本目的：一方面，要让全体学生了解创业的基础知识、基本过程和基本技能，从而在广大学生的内心深处播下创业的种子。虽然多数学生可能不会创业，但会成为创业拥护者，为创业文化建设奠定基础。另一方面，在教学过程中，发现那些对创业有着浓厚兴趣并想在大学期间或毕业时开展创业实践的学生，组织形成类似“创业实验（先锋）班”之类的组织，进行接续性的跟进教育，开展个性化培养，引导学生走上实际创业之路。基于启蒙教育的基本定位和两方面的基本目的，在高校创新创业教育中，要重点选择那些能够培养学生创业精神的“打气鼓劲”型的案例，通过案例教学使广大学生认识到创业并不是高不可及，形成人人可以创业的基本态度和价值观。当然，在对大学生创业进行“打气鼓劲”时要注意把握适当的“度”，不过分渲染大学生创业成功，给学生以创业容易成功的不正确暗示，使得不具备创业条件的大学生错误地走上创业之路。

其次，选材的基本方向在于结合不同专业特点，而不是“一例通教”。来自不同专业的学生都对与本专业密切相关的行业特别感兴趣，在这种情况下，选择案例的时候就要照顾到学生的基本专业特点。比如当前 IT 创业比较流行，于是就有教师针对计算机专业的学生选择 QQ 创始人马化腾的案例进行教学，收到了很好的教学效果。实际上大学里的很多专业都是适合创业的，如工程、艺术、体育、旅游管理等，但是由于学生不了解本专业的社会应用前景，一般对创业持悲观态度。在这种情况下，如果教师能够结合各个专业的特点引入案例，既会极大地激发广大学生的创业热情，更会调动他们努力学习专业知识的积极性。

最后，选材的基本原则是“就地就近”，而不是一味地追求“洋经典”。实际教学过程中发现，学生对于那些发生在自己身边的实例更感兴趣，讨论起来参与程度更高，而对于从西方引进的案例，除了几个耳熟能详的大公司和大人物之外，对于知名度不高的中小企业案例则很少有兴趣。从这一实际情况看出，在进行案例教学的过程中也不要言必称希腊罗马，却忘掉了本区本校。一方面，案例可以就地取材，中国经济具有很强的地域特色，长期发展过程中形成了晋商、徽商、潮商等著名商帮，改革开放以来又涌现出“苏南模式”“温州模式”等富有特色的经济发展模式，对于这些地区的高校，完全可以就地取材，对学生进行案例教育。另一方面，各个高校可以充分开发校友资源，将校友创业案例引入创业教育，用“身边人讲述身边事、身边事教育身边人”的办法开展教育，这样易于学生接受，并能较好地激发学生的创业热情，培养创业意识，克服对创业的畏惧心理。

2. 教师角色问题

案例教学虽然改变了传统教学模式中的师生关系，但是任课教师的教学水平和实际表现仍然是教学成功与否的关键因素。创业教育中的案例教学主要以讨论的方式来进行，在讨论过程中教师应该扮演什么样的角色呢？是“裁判员”还是“运动员”？是“引导者”还是“助产士”？教师的正确角色定位对于案例教学的成功实施至关重要。有学者认为，教师在开展案例教学前，要调整自己的角色和心态，在教学过程中主要是“倾听、促进和引导者的角色”，这样的角色定位与传统讲授式教学中教师扮演的“知识权威”角色截然不同。但是，由于高校创新创业教育存在的大班级课堂、各专业交叉、学生准备情况参差不齐等特殊性，客观上要求教师有相应的角色定位。

首先，“倾听”而不“放任”。案例教学法强调的是不同观点的呈现，其突出特点是不提供明显且无争议的标准答案，但是不提供标准答案不等于不纠正错误观点。教师在认真倾听每一个学生发言、尊重每一个学生见解的同时，要注意错误的观点和认识，进行汇总之后，以适当的形式给予澄清，让学生了解不是“什么都行”。

其次，“促进”而不“限定”。大班级课堂一般都在100人以上，一堂课45分钟，做到每个学生都发言几乎不可能，在这种情况下教师一般采取分组讨论，每组选一名代表发言的方式，以此来促进学生的充分讨论。与此同时，不能把这种形式限定得过死，肯定有学生还有与各组发言不同的观点，要提供两三人自由发言的机会，供学生表达不同观点。

最后，“引导”而不“主导”。教师之所以要引导，是因为学生在讨论时经常会偏离主题，在这种情况下，教师要通过必要的引导使讨论向着课程目标前进。虽然案例教学讨论的方式是自由的，但是这种讨论是有方向的，即“有方向的自由”。引导要注意把握度，既不能过早发表自己的意见，使学生不敢发表自己的独立见解，也不能以反对、嘲笑、谴责或命令的口吻来主导讨论进程。教师要和学生处于平等的地位，共同致力于知识的探讨，给学生以自由发言的信心，始终保持宽松自由的氛围。

3. 适用性问题

案例教学法的优势是很明显的，但也不是没有不足。有学者指出，案例教学法的“缺点或限制包括：应用案例教学法耗费时间和精力，应用案例教学法不利于中等以下程度或低年级的学习者，应用案例教学法仍不如实地经历”。特别是在高校创新创业教育过程中，由于条件和资源的客观限制，更是要充分考虑案例教学法的适用性。

首先，要明确案例教学的目的重在激励学生的创业行为，而不在于对案例进行理论分析。针对这一问题，有学者尖锐地指出：目前在创业教育中占优势地位的案例教学方法如果强调理论分析而不是自觉决策和创造性的实验，那么案例教学也是反创业模式的。为了有效避免占优势地位的教学方法蜕化为“反创业”的教学模式，关键在于准确把握开展案例教学的目的与精髓。

其次，案例教学法既不能与讲授法完全对立起来，更不能完全代替讲授教学，而是要与课堂系统讲授相结合。在学生通过课堂讲授系统学习了理论知识之后，在进行综合实践和实训的过程中辅以案例教学，这样就“有利于学生通过案例将所学知识串联起来，而且便于主题讨论的展开，有利于学生创造性思维的产生和综合分析能力的提高，从而做到‘以例激趣—以例说理—以例导行’”。通过两种教学方法的恰当配合，就可以充分利用“案例教学法”具有的实践属性和创新价值导向，丰富和完善讲授法的缺点和不足，实现理论和实践并重、传承与创新并举的全新教学方式。

最后，将案例教学、实践调研和多样化创业活动紧密结合。将案例教学向课堂之外适当延伸，将学生分成调研小组，利用课余时间亲自下到企业进行调研。配合这些调研，适当开展小型多样的创业教育活动，如小组讨论、讲习班、网络教学等，在教学过程中，可以邀请校外专业人士或企业家进行客座演讲，积极吸收社会力量参与案例教学，增强案例教学的实效性和针对性。

（二）体验教学法在高校创新创业教育中的应用与创新

创新创业教育是一项理论性、实践性和操作性较强的教育课程，若缺乏教学模式的创新、缺乏创业能力的体验与实践、缺乏具有针对性和实效性的教学方法，创新创业教育便会停留在空洞的理论传授层面。体验式教学法对于破解这些现实问题，切实提高高校创新创业教育的质量和效果具有重要意义。20 世纪 80 年代，美国学者大卫·库伯在总结了约翰·杜威、库尔特·勒温和皮亚杰经验学习模式的基础上，提出了体验式学习圈理论 (Experienial Learning)，即通过具体体验、观察反思、抽象概括和行动应用，让学习者投入到一种新的活动安排中。借鉴体验式学习的相关理论，从提升创新创业教育实效性的角度来看，体验式教学法是一种能够让学生亲身体验创业实践过程，仔细观察、认真思考、获取知识，进而促进其掌握技能、指导实践的教学行为和方法，解决创新创业教育的现实困境。

1. 具体应用

在高校创新创业教育中应用体验式教学法的最终目的，是让学生通过体验过程了解创新创业教育的精神内涵，而不是单纯地知道创新创业教育理论知识。这与达尔克罗兹的教育理念有异曲同工之处，该理念强调的是“感知、认知、学习、理解”的协调关联教育方法，并由此构成了达尔克罗兹体验律动教育理念：“在本课程结束后，不能使学生说‘我知道’，而是‘我体验到’。”高校创新创业教育同样强调学生的感知和认知过程,以此作为接受创新创业教育的前提和基础,但最终目的局限于达尔克罗兹教育理论的“学习、理解”，在体验中“验证”创业理论知识并“应用”于创业活动之中，才是体验式教学法的真义所在。

（1）感知体验之头脑风暴法。感知体验强调的是在创新创业教育授课过程中，使学生形成感知。头脑风暴法通过引导学生进行无限制的自由联想和讨论，从而产生新观念或激发创新想法，进而增强感知体验。该方法需要学生群体之间相互作用与影响，形成群体思维，借助联想反映、热情感染、竞争意识，产生思维激荡和碰撞，有助于创造性思维的产生，提升创新意识。

（2）认知体验之管理游戏法。认知体验根据客观存在对学生主观意识进行作用。管理游戏法则通过情景模拟方式，仿真各类创业模式，让学生在较短的时间内了解和掌握实训创业管理方法。对于创新创业教育而言，该方法是最直接、快速、有效了解自己经营效果的创新创业教育方法。

（3）验证体验之角色扮演法。通过角色扮演的方式，进行验证体验，是体验式教学法的基础“体验”方法。该方法通过情景模拟的方式，编制一套与实际相关、相似的创新创业环境和活动，要求扮演者用多种方法处理任何可能出现的问题，达到测评学生的实际操作能力、决策能力、领导能力、潜在能力、社会判断能力和心理素质。

（4）应用体验之沙盘模拟法。沙盘模拟训练法主要设定了代表相互竞争企业的沙盘盘面，各盘面涵盖企业运营所需的全部关键环节，将真实运营所处的内外环境抽象为一系列的模拟训练场景，进行实际运营。学生在这一过程中，借助参与沙盘载体、模拟企业经营、对抗企业演练、教师现场评析、学生自我后期感悟等完成一系列的实验环节。融合理论与实践一体、集角色扮演与岗位体验于一身的设计思想，使学生在分析市场、制定战略、营销策划、组织生产、财务管理等一系列活动中，参悟创业管理规律。

2. 主要问题

体验式教学方法以学生的主动参与、探索、操作和自主管理为特征，增强学生自主创业的意识。通过在创业实践教育的具体环节中对学生进行实际模拟操作指导，对学生的创业能力、创业素质等方面产生重要影响。在实践过程中也需要避免学生在积极体验的同时，出现“课上热闹、课下无效”“乐趣很高、效果不好”的体验式迷途。

创新创业教育教学中的体验恣意化。在创新创业教育中运用体验式教学法，为了创造、模拟真正的创业环境和创新平台，教师和学生的角色发生了转变：教师从传统的“传道、授业、解惑”转变为教育中的引路人，扮演着导演、裁判、咨询者角色；学生从传统的被动学习者变为自主学习者，扮演着创业者、企业家的角色。学生的自主权被无限放大，教师在学生为主体的课堂中成为辅助方和旁观者，容易忽略对于课堂整体的主导和把握，出现恣意化的体验现象。具体表现在言语恣意化、管理操作恣意化和角色体验恣意化。为了避免体验恣意化现象发生，需要教师在学生体验学习的过程中，对于体验走向、关键点位进行及时、有效的引导和点拨。针对言语恣意化，需要教师在体验活动开始之前做好引导，使体验活动按照预设顺利开展，在体验活动进行中，随时对学生言语表现进行观测，当言语活动出现偏颇时及时引导或予以制止；针对管理操作恣意化，教师可以做“适当引导”，但不能为了快速实现教育目标而强制学生执行创业活动；针对角色体验恣意化，学生在进行创业体验时，容易出现角色把握不准确、难以融入的问题，需要教师事先选定学生熟悉的创业角色，体验过程中适时做好疏导，避免影响体验效果。

创新创业教育教学中的体验虚假化。在高校创新创业教育中运用体验式教学法，其核心是理论与实践的紧密结合。将先进的教学方法与课本知识相结合，配以看得到摸得到的实例，让学生对创新创业教育有着更直观的认识，这就需要教师在运用体验式教学法的过程中，注重给学生以真正意义上的体验，而不是将体验教学虚假化，变为“走过场”。具体表现在体验模式虚假化和体验感受虚假化。体验模式虚假化，是指教师误以为在创业教育的课堂上搞一点儿体验活动即完成了体验式教学，体验式教学法提倡教师通过丰富的教育形式完成教学过程，但并不是单纯将其引入课堂、“走走体验形式”就完成了体验式教学。体验感受虚假化，是指教师在创业活动中，牵引学生进入预设好的创业活动节点，将学生固化在预设好的体验过程中，牵引体验过程、定义体验感受，而不是学生个体在体验过程中自然形成的体验感受。为了从根本上杜绝体验虚假化现象的发生，需要教师深入地了解体验式教学的理论内涵。

3. 促进机制

传统教学一般采用统一标准和固定模式，对教师的教学内容、教学形式和教学效果进行评价；参考固定答案，通过各种考试对学生学习结果进行评价。与传统教育相比，体验教学注重的是学习过程而非学习结果，以往的分数量化评价方式只能衡量出学习者对学习结果的记忆程度,并不能反映学习者的真实体验过程。单一固化的评价衡量标准，已经不适用于多元化发展的现代创新创业教育，需要注重多元化评价，使学生在统一评价的基础上表现出一定的弹性，从而为他们的个性化发展提供空间。体验式教学法应采取多元评价模式，不仅要正确知晓学习者的学习情况，更要对教学过程进行价值判断并为教学决策提供有效反馈：一是对教师的评价中，既应侧重授课内容及授课效果转化，注重案例选择、教学情景设计和以学生为主体的授课效果，又应侧重理论与实践转化，进行全方位培养；二是对学生的评价中，既应侧重教学效果的过程评价，即学生心理历程、交流沟通和理解应用，关注体验式教学过程总的参与程度和参与效果，又应采取包括课堂观察、测试与练习、学生作品评价、学生体验与反思等多元化评价标准，着重评价学生的思维能力和应用能力；三是评价机制的主体应兼顾师生双方，既涵盖师生双方互评，又涵盖教师之间和学生之间的评价，三者各有侧重，以此增强师生参与体验教学过程的程度和感受，进而形成体验式教学法在高校创新创业教育中有效应用的长效机制。

（三）项目教学法在高校创新创业教育中的应用与创新

项目教学法是指学生在教师的指导下，在特定的学习集体（项目小组）中，根据学习兴趣和生活经验提出问题或活动的愿望（项目创意），对活动的可行性做出决策（是否立项），并围绕既定的目标（项目成果）决定学习内容和学习方式，自行计划、实施和评价学习活动的教学活动。其突出特点是以项目为载体，实现各种知识与能力的整合与重构；以学生为中心，培养学生的自主学习能力；以小组学习为主要形式，实现探究与合作学习；以过程和产品为参量，衡量教学目标的达成。在高校创新创业教育中，以真实或模拟的项目为研究切入点，以开展项目为手段，能使大学生通过参与项目的方式激发其创业意识，培养其创业思维和创业能力，丰富学生的创业知识并提高其综合素质。在高校创新创业教育中运用项目教学法，应明确以下 4 个问题。

1．明确目标

目前，关于创新创业教育的目标，存在两种功利化的观点：--是狭义地理解创新创业教育，把创新创业教育简单等同于“企业家速成教育”；二是仅将创业作为缓解学生就业压力的权宜之计。创新创业教育作为企业生命周期的一个特殊阶段，有其深刻的意义。一个广为学者接受的观点是创新创业教育应以唤醒学生的创业精神与意识、提高学生创业技能及培养企业家行为为主要目标。本书探讨的高校创新创业教育的基本定位是分群类教，在校内教育部分，既要面向全体学生开展启蒙教育，也要结合专业教育开展嵌入教育，还要针对有明确创业意向的学生开展创新创业管理教育；在继续教育部分，还要针对初创企业者开展教育培训和帮扶。通过开展高校创新创业教育要达到两个基本目的：一方面要让全体学生了解创业的基础知识、基本过程和基本技能，从而在广大学生的内心深处播下创业的种子；另一方面，发现那些对创业有着浓厚兴趣并想在大学期间或毕业后开展创业实践的学生，开展个性化培养，引导学生走上实际创业之路。项目教学法在高校创新创业教育中的应用要努力促进此目标的达成，在 4 个层次的创新创业教育中均可利用项目教学法来提高教育的针对性和实效性。在面向全体学生开展的启蒙教育阶段，学生的创业意识非常薄弱，因此，可以有针对性地选取难度比较低、学生比较感兴趣的项目，通过引导学生进行自觉性决策和创造性实验来—

培养其“创业精神”，植入“创业意识”，培养学生“自主工作”和“持续学习”的能力；在与相关专业结合的“嵌入型”教育阶段，要根据不同学科的特点，结合专业特色,选择与学科相关性大的项目来引导学生根据专业特长进行创新创业;在“专业型”创新创业管理教育阶段，要以提升学生创业实战技能、培养实际创办企业的能力为目标，因此要选择知识融合度大(比如同时包含企业运营、组织与行为、市场营销等相关知识)的项目，还可以根据现实中的经典项目改编出需要锻炼这部分学生特殊能力的项目,使其掌握创办和管理中小企业的知识和技能，提高驾驭能力和规避风险能力，从而提升创业成功率；在继续教育阶段，初创企业者本身就拥有一个很好的项目创意，因此应侧重于将项目教学法运用到具体的咨询、培训和服务中，也可以提供以往教学中积累起来的与其项目相关的丰富经验，帮助他们度过企业初创期。

2. 组织形式

项目教学法采用的是团队合作形式，即一定数量的学生和教师共同参与到项目的实施过程中，教师在其中担任指导者的角色，学生充分发挥其自主性，并在教师的帮助下完成学习任务。美国学者彼得·圣吉指出：“当团队真正在学习的时候，不仅团队整体会产生出色的成果，个别成员成长的速度也比其他的学习方式快。”正因如此，团队学习形式是很好的组织实践教学的方式。芬兰于韦斯屈莱应用科技大学的团队创业学园就是很好的例子，在这个学园里“没有课堂，有的是开放的办公区；没有教师，有的是教练；没有班级，有的是对话会议；没有案例学习，有的是真实的项目；没有讲授，有的是大量的学习”。项目教学法满足了创业教育的实践诉求和“学以致用、边用边学”的教学目标，在高校创新创业教育中运用时，需要根据具体情况采用不同的组织形式。一方面，对于全体和各个专业的学生，在让其了解创业的基础知识、基本过程和基本技能时，可以采用普及式教育，即培养具有不同学科背景的广大学生的创业精神和创业意识。中国现存的选修课形式便是普及式创新创业教育的一种。在这种形式中，不同学科背景的学生之间组成的是临时性的团队,这种团队会随着课程实践的结束而解散。另一方面，对于那些对创业有着浓厚兴趣，并想在大学期间或毕业后开展创业实践的学生，采用聚焦式教育，即培养创业人才和创业教育相关师资或研究者。这种模式可以采用固定团队的形式，这种团队的周期长、综合性较强，通过项目的各种活动，形成专业的创业素质和创业理论体系。

3. 项目选材

项目选材是否恰当将直接影响项目教学法在高校创新创业教育中应用的成败。项目选择要以高校创新创业教育的目标为出发点，以教学内容为依据，既要包含教学知识点，又要能调动学生的积极性，让学生在运用所学知识的同时，充分发挥自己的创造力。具体可概括为以下几点：一是所选项目要有针对性。在具体项目选择时，要根据高校创新创业教育的具体目标、受教育学生的学科背景、学生的兴趣点及已掌握的创业技能水平进行筛选。二是项目的可行性。所选项目无论在实践还是资金等其他方面必须是切实可行的。三是项目的综合性。所选项目要涵盖多学科知识，在弥补学生知识空缺的同时，提高学生整合各种知识的能力。四是选择项目要有技巧性。要根据创新创业教育过程不同阶段中学生对创业知识的掌握程度，不断加深项目的难度，在符合学生接受知识规律的情况下，不断提高学生的学习能力和创业能力。

4. 教学效果考核与评价

在项目教学完成后，如何对学生的表现进行考核和评价是一个值得深思的问题。可以采用团队成员自评、成员互评、教师评价的方式，同时还可以根据具体项目类型设置网络投票环节，但这些过程都需要有一定的监督措施。评价标准可以由团队练习表现、文献学习和研读、实践环节表现 3 个部分组成。团队成员根据自己团队完成创业教育目标的情况，同时结合自己在团队中的表现，是否掌握了创业相关知识和技能来对自己做出评价；为了防止恶意评分的出现，互评可以采用去掉最高分、去掉最低分的方式计算评价结果；教师根据学生个人及所在团队的表现，给出评分；网络投票环节要严格把关，可以设置投票限制条件，比如只有本校学生才能投票。为了评分更加合理，可以选择部分创新创业领域专家，采用层次分析法计算出每一项的权重，对以上 4 项评价结果进行加权求和作为综合考核结果。

第三节　高校创新创业教育的科学评价

评价是改进、提高的基础，高校创新创业教育的质量和水平要得到持续的改进和提高，必须以科学评价为基础。由于高校创新创业教育效果评价存在着突出的“时滞效应”，所以必须清楚高校创新创业教育的作用机制和有效的边界条件，不能仅凭思辨来选择评价指标。加强评价体系建设的当务之急在于创建与高校创新创业教育特征相匹配的教育效果评估方案，充分考虑主观和客观指标、短期和长期指标等特殊因素，形成模块化评价指标体系。本部分具体探讨了评价主体、数量评价、个体发展水平评价和纵向综合评价 3 个问题。在数量评价方面，探讨了“创业率”评价的问题与改进措施，认为不能单纯以应届毕业生的创业率这一数量指标来评价创新创业教育效果；在“个体发展水平”评价方面，认为需要建立评价指标，对创业意向和创业能力进行评价；在纵向综合评价方面，深入研究了当前比较前沿的基于“计划行为理论”的纵向综合评价方法，对其评价指标选择和体系构建进行了深入研究。在此基础上建立起与高校创新创业教育相匹配的价值导向、质量标准和评价方式，进而形成全新的评价观。

一、创新创业教育质量评价的主体部分

创新创业教育的主要目标是要实现教师的教育思想和理念的变革，学科结构、课程内容和功能的变革，学生学习方法的变革。基于此变革重点，并结合评价体系框架的核心内容分析和上述评价指标体系的构建，我们认为评价机制中最复杂和核心的模块是对创新创业教育体系中的参与主体，主要是师资队伍及学生群体的评价、教学课程体系的评价 3 个部分。

（一）师资队伍的评价

在以往的教师评价中，比较多的是将教师进行分等排队，目的是将其分成优秀、合格、基本合格和不合格几个等级，以对其做出奖励或处罚。针对创新创业教育的发展，我们对评价的功能有了新认识，并意识到评价对象教师并不是被动的客体，而是评价活动的积极参与者，是评价中不可忽视的重要组成部分。因此，在评价中首先由教师进行自评，有利于提高收集到的评价信息的质量，做出客观正确的判断，有利于被评价教师本人发现问题并主动改进和提高。同时，随着创新创业教育的发展，教师自身的专业技能、素质技能等也都应该跟上时代的步伐，做好教育方面的各种工作。教师评价的目的已经不再是原来对教师工作的简单鉴定、认可、判断、证明和区分，而是注重为教师提供创新创业教育的信息、咨询和改进的建议。这样，既有工作数量、工作质量等指标，又有工作方法、工作态度、工作成效等指标，形成“态度、能力、实效”三维一体的评价机制。

在对教师的科研创新意识、能力及相关成果、教师创新创业教学能力等进行评价时，注重定性与定量、内部与外部、过程与结果的结合。

随着评价机制的逐步规范，以前广泛运用的定量方法，并不能充分反映一个教师的实际情况，许多评价内容不能用数量关系予以清晰的表示，一味地用定量方法进行评价会影响评价的信度和效度。因此，我们在运用定量方法开展教师评价的同时，采用一些定性方法。如座谈、问卷调查、个别访谈等。这样可以更全面地了解教师的实际情况，更有利于给教师一个切合实际的评价。每位教师都需要有不断发展的空间，需要根据评价结果在工作中不断反思与总结、学习和培训，从而不断提升自我。

（二）学生群体的评价方式

教育过程的一个重要环节就是对学生进行评价，评价的发展性功能集中体现了“一切为了学生发展”的教育理念。学生的发展需要目标、引导和激励。但传统的学生评价太过于强调学科知识体系，把测试作为评价的唯一形式，忽视了人文性，制约了学生综合能力的发展。创新创业教育的意义在于促进学生提高其创

新创业素质和能力，引导其不断发展和完善。在评价中，要通过对学生注意状态、参与状态等方面观察了解学生，评价学生，促使其在课堂中全身心投入学习，并在创新创业实践中体验满足、成功、喜悦等的感受，从而对后续学习和实践更有兴趣和信心。

在评价方式选择上要注意以下几个方面：

第一，明确学生创新创业学习和实践的目标。贴近学生实际，来设计和制定与其相关的发展目标和方向，进而确定评价的内容、方法，不断反思并改善教师的教和学生的学，发挥评价的发展性功能。

第二，注重评价过程。学生的发展是成长的过程，而促进学生发展也要经历一个过程。收集并保存学生发展状况的关键资料，呈现和分析这些资料，形成对学生发展变化的认识，在此基础上，针对学生的优势和不足给予学生有针对性的改进建议。而且，在这个过程中，学生的自我反思、自我认识更为重要，在自评、互评和他评的过程中不断发扬长处，纠正不足，实现发展、进步和提高的目标。

第三，关注学生个体差异。每个学生都具有自己不同的素质和生活环境，爱好、长处和不足也都是各有不同。学生的差异包括考试成绩的差异，以及生理特点、心理特征、兴趣爱好等各个方面不同特点，这些不同使得每个学生发展的速度和轨迹不同。因而要依据学生的不同背景和特点，正确判断每个学生的不同优势及其发展潜力，提出适合其发展的有针对性的具体建议。

第四，在评价过程中，应实现考核方式的多样化，鼓励教师改革考试制度。要根据创新创业教育课程的性质、特点、内容，结合教学大纲的要求，采取闭卷与开卷、半开卷，集中考试与阶段考核，场内完成与场外完成，个人独立完成与小组集体完成相结合的方式。通过评价，鼓励学生思考、尝试、创新和实践。

（三）课程体系的评价方式

课程体系的评价从总体上来说，就是要由原来的主要针对教师的“教”切换到现在的主要针对学生的“学”，具体方式如下。

1. 针对教学任务的评价

好的课堂要指导学生有效地学习，这对教师的要求很高。教师要明确地提出学习任务及目标，要让学生明白这堂课要学什么，达到什么样的要求与目的。在评价过程中，根据学习任务及目标提出明确与否，恰当与否，有针对性与否及学生完成情况和效果的好差给予适当评价，分出等级。

2. 针对教学过程的评价

教学过程要看教师发挥其主导作用及学生主体作用的表现情况，同时，教师课堂授课内容的组织设计和表达、学生对所学内容的参与活动和消化也要引起关注。此外，还得注意在教学过程中养成良好的学习习惯，教师引导与学生活动的时间比例、学生自主学习的体现等方面。在评价过程中，要针对师生双边互动情况，给予适当的评价和合理的分类。

3．针对课堂教学的安排情况

教师要注意课堂教学的组织安排不能一味追求教学任务的完成密度，要有张有弛地给学生必要的时间，以便他们能充分思考、讨论、提问及放松休息。在此过程中，还要充分考虑学生的年龄特征，避免学生在疲劳的状态下学习。所以，在评价时应视具体情况分析，不可盲目与单一。

4．针对引导学生提出问题及解决问题的情况

在课程改革的新形势下，对老师的要求就更加严格了，能设疑和解疑，还要能启疑和导疑，转变教学方法，即把过去的“教知识”转为“教方法”。即要求学生能找到提出问题、探究问题的方法。因此，评课时，应注意学生能不能提出有代表性的问题，能不能通过探究合作等方式实质性地解决问题。

5．针对教学效果的评价

教学效果，它是将课本知识、教师本身的知识及师生互动所产生的知识融为一体。除此之外，学生的认可程度也是反映课堂效果优劣的一个表现。平等地、实事求是地评价教师，并鼓励学生评说自己所学的课，体现民主意识。另外，评课时除了要对常规的知识掌握程度、能力培养程度、学生学会的比率等做出评价外，还应多接触学生，从学生中得到公正的结果。

二、“创业率”评价的现状、问题与趋势

（一）“创业率”评价的现状

社会上之所以用大学生毕业时的创业率来评价创新创业教育效果，是因为近些年来国家高度重视高校的创新创业教育，为创新创业教育持续投入了大量的人力、物力和财力，其目的就是要达到以创业促进就业的目标，这些举措认可的基本理论假设是经过系统的创新创业教育，大学生毕业时创业的比例应该有显著提高。但是，实际的情况却不像设想的那样理想。麦可思的报告显示：2008 年大学毕业生自主创业比例，211 院校为 0.54%、非 211 本科院校为 0.73%、高职高专院校为 1.36%。不能凭想象认为 211 院校的创新创业教育比非 211 本科院校和高职高专院校的好，但是中国的 211 院校在整体实力上强于后两类高校，社会对 211 院校的创新创业教育寄予更高的期望也是非常正常的。因此有学者认为，“即使是创新创业教育实施得比较好的学校，毕业生创业率仍然很低”。

（二）“创业率”评价的问题

“创业率”的概念一经提出，就受到了社会各界的关注，其中不乏尖锐的批

评和深度质疑。有学者认为："从测量角度看，创业率指标因为简单、可比而显示出实用性。这可能在市场经济发达的欧美国家较为适用，但是否适应中国背景下高校大学生创业教育效果的衡量，就很值得商榷了。"之所以出现这种情况，主要原因在于社会高度关注的"高校毕业生创业状况"是衡量高校人才培养质量的重要指标，因此它必须客观地反映毕业生创业的全面情况。创业率仅仅是指已创业人数在全体毕业生人数中所占的比例，这只是一个数量指标，只是创业状况的一个方面，缺乏更为重要的质量维度，不能够全面反映高校创新创业教育的整体质量。

"创业率"指标确实存在着明显的缺陷，但这是否说明用这一指标来评价创业教育的效果是错误的呢？笔者不这样认为。因为使用这一指标，一是可以看出中国高校毕业生毕业时选择创业的一般状况，可以作为反映高校创新创业教育实际效果的一个维度（不是全部）；二是从这个指标可以看出除了创新创业教育之外，创业环境对于大学生创业的实际影响；三是从这个指标可以看出与美国等国家相比，中国高校创新创业教育"时滞效应"的严重性和改进程度。所以，"创业率"这个指标并不错误，关键是不能用它作为评价高校创新创业教育状况的唯一指标。所以，对有学者提出的"教育主管部门每年应在主要媒体同时公布高校'创业率前十名'、'创业率后十名'和'就业率前十名'、'就业率后十名'"感到甚为不妥，而对同样是这位学者提出的"教育主管部门应将毕业生'创新创业状况'同'就业状况'一并列为高校办学水平和人才培养质量的重要评价指标"却感到甚为可行。因为"创新创业状况"是一个综合指标，它包含"创业率"，但不只是"创业率"，这就有效避免了单一量化评价指标带来的诸多不利影响，会对包括高校创新创业教育在内的各项工作产生健康而积极的促进作用。

（三）"创业率"评价的趋势

为了从根本上解决"创业率"评价存在的问题，增强"创业率"的解释力，学者在多方面进行了深入探讨。

有学者提出了"时滞效应"理论："所谓创业教育的时滞效应，是指从接受创业教育，到实际创业之间，有一个相当长的时间延滞。"笔者认为，"时滞效应"只能说明一部分事实。首先，美国大学生的创业率明显高于中国，这就促使人们思考这样的问题：难道美国高校创业教育就没有"时滞效应"吗？这一问题的正确答案是："有，但没有中国严重。"继续追问：中国高校创新创业教育的"时滞效应"为什么这么严重呢？这又使人们深刻认识到，"时滞效应"不能使高校创新创业教育完全"避责"，中美之间的对比和差距提醒人们必须努力改进创新创业教育。与此同时，也要跳出教育的小圈子，去思考造成中国创新创业教育"时滞效应"严重的现实成因，难道仅仅是中国高校创新创业教育自身的原因吗？社会的创业环境因素又需要做哪些相应的基本改进呢？其次，有学者根据“时滞效应”理论，发现“企业创办者的平均年龄为 33~35 岁，大约在完成大学教育 10 年之内创业”，并据此认为创新创业教育评价应该是纵向的长期评价。这里面实际上隐含着纵向长期评价的有效性问题，也就是说，大学生从毕业到创业这 10 年左右的时间里，进行着社会实践和继续学习，这些活动都会对大学生的创业行为产生深刻影响，在施测上不可能把这些影响与创新创业教育进行有效分离，也就不能把大学生毕业后 10 年产生的创业行为全部归因为创新创业教育的“时滞效应”。

鉴于“创业率”评价指标的局限性，建立全方位的质量评价方法和指标体系成为有效开展创新创业教育评价的基础和前提。很多专家学者在这方面进行了深入的探索与实践。笔者比较认同创新创业教育评价应是一种综合性评价，“宜粗不宜细、宜简不宜繁”，本着这一原则和思路，笔者认为当前可以进行实际操作的是创业教育的个体发展水平评价。

三、个体发展水平评价的现状、问题与趋势

（一）个体发展水平评价的指标维度

在个体发展水平评价方面，同样有数量和质量两个维度。在数量评价方面思路要更开阔一些，不能只评价学生创办了多少企业、创造了多少工作岗位、学生创业的收入情况等显性指标，而要立足“大创业教育观”，实现创业教育与就业教育的衔接联动，把学生的就业率、在就业岗位上的发展情况、收入情况等都作为评价参考。质量维度方面，由于创新创业教育涉及学生综合素质的培养和提高，在这方面有很多指标可供选择：既包括个体的主动学习精神和终身学习理念的确立，也包括个体在意识、个性。能力、知识的形成和掌握方面的提高和发展；既包括参加创业的社会实践情况，也包括是否能在创业实践中获得一些经济和社会效益；还包括是否明显增强了对社会生活的适应性等。但是问题的关键是如何对这些素质的培养和提高进行有效的测度，并建立起这些因素与创业教育的直接或间接关系。为了达到这个目的，必须删繁就简，以一两项核心指标评价为基础，进行创新创业教育的有效评价。

有学者提出了“内生变量”和“外生变量”的概念，认为应该从“内生变量”的角度，比如使用大学生创业意向和创业能力指标来评价高校创业教育状况可能会更加客观一些。以创业意向和创业能力这两项“内生指标”来评价高校创新创业教育，确实能够有效地反映出创新创业教育的实际效果，但问题是创新创业教育评价是一个巨大的系统工程，这两项指标也只能测评部分短期效应，而对于整体效果和长期效应则无能为力。创业意向和创业能力指标也需要在实践中不断完

善和改进。

（二）创业意向评价的现状、问题及趋势

1. 创业意向评价的现状

创业意向是引动创业行为的意识和心理元机制，创业意向研究在国外已有20余年的历史，而该研究于中国而言仍为新兴领域，将国外与国内创业意向评价的现状整合考察，才能从总体上看创业意向评价的整体状况。

国外创业意向研究在充分进行基本理论研究与实践现实应用之上更加关注创业意向评价的具体测量指标，主要表现为以下3个方面：第一，关注创业教育对创业意向的影响，着重从人力资源理论和创业自我效能视角出发探究创业教育对创业意向的正负向作用；第二，关注性别差异对创业意向的影响，尤其关注基于不同性别的个体创业自我效能的提升与实现；第三，关注角色模型对创业意向的影响，探究榜样示范力对创业意向的推动作用。

中国相关领域学者基于中国本土创业意向研究的特点，重点考察创业意向维度结构、影响因素及现状调查3个方面。在创业意向维度结构上，从创业意向的概念界定出发对维度结构进行实证分析，探索出需求性、可行性和行为倾向三级模型。在创业意向的影响因素上，国内学者虽选取不同的研究对象、视角及工具等，但归纳而言主要涉及个体的人格特质、背景因素、环境因素和自我效能感等变量。虽然研究对象、视角和工具选取不一，但有关大学生创业意向的调查研究依然取得相当成果。

2. 创业意向评价的问题

首先，创业意向的内涵研究有待深化。作为研究创业意向的前提性依据，当前有关创业意向的概念和内涵没有在学界形成统一认识，这为进一步深化和拓展创业意向研究的深度和领域带来了相当困难。创业意向的含义界定个性化、创业意向术语使用混合化、创业意向维度结构模糊化等，都需要创业意向研究的基础理论从根本上创新。其次，创业意向的测量研究有待统一。由于学界目前对创业意向的概念和内涵尚未形成统一的共识，创业意向在基础理论、前沿拓展等方面的研究不成熟，导致创业意向研究从多人出发、形成多种问题意识、有多种探索表达，集中表现为研究工具、统计方法、监测手段的不一致。再次，创业意向影响因素模型有待完善。构建创业意向影响因素模型是了解创业意向生成机制和干预方法的基础。虽然当前对创业意向影响因素的研究取得了一定进展，但向纵深发展依然是当前工作重点，应该进一步探究多个个体性变量及非理性认知对创业意向的作用、自我效能感等变量对创业意向研究的影响。

3. 创业意向评价的趋势

其一，开展跨国别、跨文化比较研究。比较研究的重点在于在不同文化间寻

求能够在新场域建立的间性因素，而作为国外成熟、国内新兴的创业意向研究，以世界的全球化和民族的宽领域为基础，探索不同国别、不同文化的创业意向比较，对于不同文化背景的创业意向影响、不同环境因素的创业意向构建、不同生态氛围的创业意向机制的发掘具有重要意义。

其二，建设实效性创业意向研究机制。当前创业意向研究的基础理论和实践应用有待深化，而能够推动创业意向研究的基础性工作是建立国家框架，为创业意向研究提供统一测量标准，并提供一个国家关于创业意向内涵及结构的权威性界定，从而推动创业意向研究在基础理论和实践应用等领域的拓展。

其三，强化潜在创业者创业自我效能。在创业意向研究中的关键中介因素即为“自我效能感”，这一个体性因素是了解创业行为的中心点和观测创业行为的最佳指标。由于人对自我的效能期望，才能由内在机制产生创业的兴趣和动力，并向外拓展为创业行为。由此，以恰当的创业教育对自我效能感进行合理引导是促进个体自我效能发展出最大价值的重要途径。

（三）创业能力评价的现状、问题及趋势

1. 创业能力评价的现状

目前，创业能力评价的研究主要聚焦于创业能力结构模型的构建。学者们一般是在创业者、企业家及相关专家访谈基础上，初步确定创业能力的要素，进而通过问卷调查和一定的统计分析方法，确定创业能力结构模型。比如，唐靖、姜彦福等学者认为创业能力由二阶六维度构成，即机会能力、运营管理能力为一阶维度，机会识别能力、机会开发能力、组织管理能力、战略能力、关系能力和承诺能力为二阶维度。此类研究中，重大攻关项目“大学生就业创业教育研究”的相关探讨更有代表性，该团队在学生访谈、创业典型分析、文献分析等基础上，运用结构模型研究方法，基于全国范围的大数据调研，构建了大学生创业能力结构模型，认为大学生创业能力模型、包括基本创业能力、核心创业能力、创业人格和社会应对能力 4 个基本维度，这一研究成果奠定了创业能力评价的基础，具有重要意义和价值。

2. 创业能力评价的问题

一是亟待加强创业能力国家框架的研究与探索。国外学者最初也比较注重创业能力结构模型的构建。比如，钱德勒和汉克斯 (Chandler & Hanks) 认为，创业能力包括识别与利用机会的能力、概念性能力、坚持不懈的能力、人力能力、政策性能力、技术能力等六大维度。曼恩和刘 (Man & Lau) 构建了包含机会胜任力、关系胜任力、概念胜任力、组织胜任力、战略胜任力和承诺胜任力的六维创业能力结构模型。但这类研究与中国目前面临的困境类似，即有限的研究对象和特定的研究目的，制约着创业能力模型的科学构建。美国、英国、澳大利亚、加拿大

等几个国家已经将就业创业能力作为国家战略进行深入研究，并形成了较为完善的就业创业能力结构的国家框架，从国家层面确定了就业创业能力的结构。二是创业能力过于关注单一的问卷自评式方法的研究与实践。创业能力评价需要指标体系作为参照，但也不是紧靠指标体系和问卷测评就可以完成。创业能力模型或者说指标体系更大程度上是一个规范性的指引，如何使用这个指标体系涉及创业能力评价方法的科学性问题，这方面还没有引起足够重视。

3. 创业能力评价的趋势

一方面是要把创业能力作为国家战略，整合优势资源和力量，构建中国创业能力国家框架，更为创新创业教育提供重要参数。另一方面，要进一步深入研究创业能力评价方法，基于创业能力国家框架构建一套科学有效的创业能力评价方法体系。在这方面有学者做了探索。比如，从创业能力分类培养的角度提出应该对大学生的创业能力进行综合性的、过程性的评价，认为创业启蒙阶段，应该采用量化测评的方式，对所有大学生的创业能力进行全面评价，了解各种具体能力的强弱；创业预启动阶段，当少部分学生决定创业时，要采用民主评议的方式，帮助学生分析各种创业类型需要的特定的核心能力，同时采用量化测评的方式评价特定能力的强弱；在学生创业初期，要采用专家诊断法，对学生在创业实践活动中表现出来的能力进行评价。这对优化创业能力评价很有启发意义。

四、纵向综合评价的现状、问题与趋势

纵向综合评价主要应用“计划行为理论”对创新创业教育前后态度与行为变化的情况进行有效测度，并进行长期跟踪，做纵向比较研究。由于计划行为理论具有良好的解释力和预测力，它能够提供形成行为态度、主观规范和知觉行为控制的信念，而这些信念是行为认知和情绪的基础，通过影响和干预这些信念，可以达到改善甚至改变行为的目的。

（一）纵向综合评价的现状

创新创业教育存在广泛性、分散性与持续性的突出特点，对学生产生多方面影响，深刻影响和改变受教育者的创业行为、技能和态度。三者当中，评价技能相对容易，而评价行为和态度的变化就非常困难了。行为和态度的变化既有短期的表现，也有长期的效果，如何对态度与行为变化的情况进行有效测度，并进行长期跟踪和纵向比较研究，是一个极大的难题，需要借助有效的评价工具。计划行为理论(Theory of Planned Behavior，TPB)提供了基于创业意向考察的创业教育系统化评价指标，对创新创业教育评价的发展有一定的借鉴意义。

计划行为理论是社会心理学中最著名的态度行为关系理论，该理论认为行为意向是影响行为最直接的因素，行为意向反过来受态度、主观规范和知觉行

为控制的影响。法约尔(Alain Fayolle)等学者引入计划行为理论对创业教育项目进行评价，根据计划行为理论3个核心要素——指向行为的态度(Attitude Toward Behaviour)、主观规范(Subjective Norms)、知觉行为控制(Perceived Behavioural Control)，设计了包含6项内容的综合评价指标，形成了系统化指标，这些指标综合评价了创业教育项目的纵向影响。对于这个评价体系，法约尔等学者认为有两点特殊之处：一是它是一个对创业教育效果进行纵向评价的一个相对的(而不是绝对的)方法；二是它是计划行为理论的一个特殊用法，不是用作创业行为的预言者，而是作为一个评价框架。与其他评价体系相比，这个评价方法聚焦于创业项目的影响，主要是根据学生创业态度和心态的革命性变化，而不是仅仅根据创办企业的数量来评价创业教育的效果。这就从根本上解决了一个问题，那就是有效地避免了学生参与创业教育项目原因单一设想，学生参与创业教育项目不只是对创办企业感兴趣，也可能是通过接受创业教育来提升创业意识和改变心态。当然，这个评价方法对于创业教育项目的社会、文化和经济影响也是开放和包容的。

(二) 纵向综合评价的问题

里查德·韦伯(Richard Weber)深入探讨了运用“计划行为理论”进行纵向综合评价时在理论与应用两个方面遇到的挑战。

在理论方面，计划行为理论面临的第一个挑战就是充分性问题。针对充分性的质疑主要集中于3个方面：过去行为(Past Behavior)、自我认同(Self-identity)和预期情绪(Anticipated Affect)。过去行为的频率不足以用来解释未来行为的表现。为了证明目前的行为受到了过去行为的影响，必须回答这样的问题：为什么一个人在过去会采取某种行为方式；现有针对自我认同的衡量标准并没能提供新的见解，也没能被应用于计划行为理论已有的3种态度因素之中；计划行为理论经常因否认情感或情绪反应的影响，被批判“过于理性”，预期情绪反应也会对意向和行为有直接的影响。但是，这个因素并没有为计划行为理论增添价值。第二个挑战就是关于理性的问题。计划行为理论被认为过于理性，它强调对操作模式的谨慎运用，忽略了直觉和自发的模式。由于与这一理论有关的行为模型都来自于信仰个人主义的西方国家的分析，因此人们质疑计划行为理论是否也可用于对非西方文化的分析(如一个更加倾向于集体主义的文化)。

在应用方面，计划行为理论面临的主要挑战就是研究方法的有效性问题。首先，是问卷设计是否具有良好的效度；其次，是自陈报告(Self-reports)有效性问题，自陈报告会表现出一些缺陷，因为受访者具有主观性，或出于对社会期望的考虑，他们可能遗忘了过去的行为，或者并不会准确地陈述过去的行为；最后，若使用问卷调查，也会出现“天花板效应”和“地板效应”。

（三）纵向综合评价的趋势

一是充分认识大学生创新创业教育评价的特殊性。计划行为理论在一定程度上可以测度从接受创业教育到真正产生创业行为的关系，这就为有针对性地设计兼顾长期与短期效果评价的评估方案提供理论支持。计划行为理论认为人的行为受到性格、经验、教育、家庭、年龄等综合因素的影响，这些综合因素通过影响人的态度间接地影响人的行为。这就要求在创业教育评价指标体系建立过程中，必须从创业教育主体出发，考量其创业意识、创业精神和创业能力上的各种变化。

二是全面研究创新创业教育效果的评估标准。创新创业教育对学生产生多方面的影响，总体来看，创新创业教育会深刻地影响和改变受教育者的创业行为、技能和态度。利用计划行为理论可以通过科学有效的方式对上述 3 个方面进行全方位的教育评价。艾伦·吉布将创业教育划分为 3 种类型：一是“学习关于创业的知识”；二是“为了创业而学习”；三是“经由创业或在创业的过程中学习”。学习体验是连接 3 种类型创业教育的桥梁和纽带，可以推动“学习关于创业的知识”过渡到“为了创业而学习”的阶段，进而开始真正地“经由创业或在创业的过程中学习”。因此要彻底改变单纯以学习成绩来评价教育效果的方式，根据创新创业人才培养目标，探索既包括学生创业参与率、成功率，也包括学生岗位创新，既包括数量统计，也有质量评估的科学多样的评价标准体系。

三是构建创新创业教育质量评价指标体系。就学生个体而言，注重个体的指向行为的态度、主观规范、直觉行为控制等计划行为理论中的 3 个核心要素；就课程教育建设而言，坚持以系统论思想为指导，进一步构建模块化评价指标体系，从而实现综合评价与单项评价功能的有机结合。尤其在探讨创新创业教育质量评估方面，注重与专业教学质量评估、教学管理评估、学生学习状态与效果评估相结合，形成常态化评价机制。

五、创新创业教育评价的发展趋势

（一）建立正确的评价观

做好创新创业教育评价必须明确一个基础性前提性问题，就是评价观问题。评价观决定着评价的目的、内容和方式，开展创新创业教育评价必须首先确立正确的评价观。

高校发展创新创业教育初始动力是通过创业来促进就业，创业具有就业的倍增效应，经过持续努力，以创促就成效显著；当前在以创促就的基础上，创新创业已经成为经济发展的驱动力量。“大众创业、万众创新”已经蔚然成风，其价值导向是在全社会厚植创业文化，营造鼓励创业、尊重创造的社会文化氛围。不论是以创促就还是创新驱动，均应以培养创新创业型人才为根本，这是正确的价值导向。从长远眼光来看，创业是推动一个国家或是一个区域持续快速发展的原动力，创新创业教育是提供这一源动力的“发动机”，这是被经济、管理、教育界学者反复证明了的。所以在评价创新创业教育的效果时，一定要立足长远，不能急功近利，不能看得太近，不能评得过急，既要看到创新创业教育对于学生实际创业的促进和帮助，也要看到创新创业教育培养学生形成的独特的思考和行动方式，不仅适用于商业领域，而且可以广泛应用于其他领域。从这个角度来评价创新创业教育，就超越了技能培训的视角，而是把创新创业教育作为一种教育的理念和模式来衡量，这是正确的评价价值取向。

在正确的价值导向的指导下，创新创业教育评价应该遵循 3 个基本原则：一是过程性原则。要准确把握高校创新创业教育的若干核心环节，对课程体系、模拟训练、市场体验、实操实创等环节进行全程监测，确保学生在每一个环节都学有成效，对于评价效果不好的环节，要及时改进。二是长期性原则。创新创业教育的效果长期存在，动态呈现，需要关注学生的长期发展，注重对学生的跟踪评价，进行及时反馈。评价体系的构建必须突出层次、抓住重点，不但要考虑创业教育的目标，还要考虑外界环境等综合因素，着眼于综合创业能力的提高。三是多重性原则。要将教育效果与学校办学特色、人才培养目标和学生个体实际等多个维度统筹考量，不能用唯一标准衡量。只有坚持多重性的原则，才可以全面了解大学生创业意向的趋势，从而为科学制定创业政策提供依据。

（二）制定科学的质量标准

高校创新创业教育具有突出的实践性特征，这不但要求在教育过程中突破精英化、理论化教学模式的约束，强调理论与实践的紧密结合，广泛采用“做中学”的实践教学方法，而且要在教育评价时采取与之相匹配的评价方法。试想，如果教学过程是“实践取向”，而评价方法是“应试取向”，那么不但会消解教学的效果，也会影响学生的积极性和主动性，最终束缚了学生在亲身体验中寻求解决问题方法的创造力。为了解决这个问题，必须确立全新、科学、全面的质量标准。对于创新创业教育来说，考核一个学生的学习质量，不是单纯看个人的知识掌握程度，而是要看学生感悟知识和运用知识的水平，不是鼓励学生埋头于知识的记忆和储备，而是要推动学生积极投身于更为广泛的思考与实践的社会天地，在实践中培养和锻炼学生的创新精神，进而考核创新创业教育总体培养质量，也不能单纯看创办企业和创造岗位的数量，而是要看创新创业综合素质的提高，看创新能力的培养，看创业精神的养成。完备的创新创业教育质量评价指标，既要包括个体的主动学习精神和终身学习理念，也应涵盖个体意识、个性、能力、知识等方面内容，还应包括个体参加创业实践等内容。

（三）正确选择评价的时点与内容

由于高校创新创业教育具有比较明显的“时滞效应”，创业数量、生涯满意度、对社会经济发展的贡献等项指标，往往不能在创新创业教育项目开展期间或者结束之后立刻进行测评。所以，正确地选择评价的时点和相应的评价内容就显得尤其重要。有学者根据学生接受创业教育的实际效果，将创业教育的评价指标分为“短期指标”和“长期指标”两类，认为“不同时间段的创业培训项目应用不同评价指标体系。在创业教育项目刚刚结束时，用行动意向、知识和技能的获得和创业自我诊断能力的发展等指标来评价，而在创业教育项目结束 10 年后来考察其效果，则可以用对经济和社会的贡献、商业表现和工作满意度水平来测量”。Block 和 Stump 研究出一套基于时间的纵向评估指标，他们将创业教育评价细分为 5 个时段，在每个时段分别评价不同的内容。在创业教育学习期间，主要评价学生的报名数、课程数目和对创业的一般意识与兴趣；创业教育结束后不久，主要评价学生行动的意图、对知识与技能的掌握和创业的自我诊断能力发展情况；创业教育后的 5 年内，主要评价创业的数目、收购企业的数目和创业者职位的寻求和获得数目；创业教育后的 3~10 年，主要评价公司的声誉与可持续性、公司的创新与声誉级别的转换能力；创业教育 10 年以后，主要评价对社会和经济的贡献、商业表现和对职业的满意度。这样一种细分时段、细分内容的纵向评价方式可以更加准确地反映出创新创业教育的影响力。

（四）科学把握发展趋势

一是评价的取向由经济效应转向个人效能。创业教育的兴起与促进社会经济发展密不可分，因此在创业教育评价初期都以创业教育的经济效应作为取向，例如，通过参加与没有参加课程的人的比较来评价创业课程的经济效应，参加过创业教育的学习者是否引发其创业意向，或者更直接一点用参加过创业教育学习者创办企业的数量或创造的就业岗位数量来评价创业教育。2004 年开始，由于认识到创业教育效果的时滞性，研究者越来越认识到在宏观经济层面上利用创办的企业数量和创造的就业岗位数量等数字作为评价创业教育的标准不科学，并将评价的取向由经济效应转向个人效能，这是让创业教育评价回归教育本身的巨大进步。研究者和评价的实施者将关注点更多地放在创业教育对个人效能的影响上，而非创业教育创造了多少经济财富，在这样的评价取向下，自我效能评价方法、认知方法和行为方法成为近年来创业教育评价的主流。

二是评价的模式由结果评价转向过程评价。在创业教育评价模式方面，国内外存在较大的差别。从已有的研究和评价实践来看，国内对于创业教育评价模式研究略显不足。绝大多数研究者避开评价模式，直接抛出大学生创业评价体系的构建，甚至简单地以指标体系的构建来取代对于评价体系构建的论述，只有少数研究集中在创业教育评价模式方面，在创业教育评价研究的系统性上有较大的空间。造成这种情况的原因是国内教育评价研究的范式主要以“指标量化评语描述”为主要模式，多数研究者和评价实践者忽略了对其他模式的批判与借鉴。

国外教育评价已经发展到第四阶段，这种评价理念的迭代不是后者取代前者，而是“齐头并进，各自发展”。常见的评价模式如“行为目标模式”“CIPP模式”“目标游离模式”“消费者导向模式”“应答模式”“反对者模式”“响应式建构模式”等，这些模式都经过了深入的理论探索与评价实践的改善。教育评价模式的研究成果应用在创业教育评价领域，更多的是对创业教育全过程的评价，而不是某一时间的结果评价或水平评价。评价目标不同模式的选择也不同，但近年来从创业教育评价发展的趋势来看，评价模式的选择排斥评比性、绩效性和批判性，而更倾向于诊断性、扶持性和协商性。基于此，对国外创业教育评价模式的借鉴，更加有利于中国现阶段创新创业教育评价的开展。

三是评价的方法由单一转向多元融合。不同的评价模式对应不同的评价方法，创业教育评价发展初期多以层次分析法构建评价指标体系，用同行评议法、专家法、问卷调查法或德尔菲法等进行评价实施。随着创业教育模式的多元化，创业教育评价的方法也呈现出多元化的发展趋势。特别是随着计算机信息技术的快速发展，大数据的概念引入到创业教育评价领域，创业教育的评价方法已经不局限于教育评价领域固有的方法，越来越多的其他学科的理论和方法被引入到创业教育评价领域。其中，心理学的能力评价量表、工程学的QFD(质量功能展开)、行为学的计划行为理论及统计学、人口学的一些方法成为目前创业教育评价领域的前沿方法。创业教育评价的研究者和实施者，在评价的过程中不再单一地使用一种方法，转而尝试不同方法的融合，这种融合体现在创业教育评价不同阶段，不同的评价方法之间的彼此顺接或相互验证。评价方法的多元化繁荣了创新创业教育评价的理论研究与实践，促进了创新创业教育的深入发展。